HI-YOUNG CHO

Die Bedeutung des Bankensystems für die wirtschaftliche Entwicklung Südkoreas

SCHRIFTENREIHE ZUR
INDUSTRIE- UND ENTWICKLUNGSPOLITIK

Herausgegeben von Fritz Voigt

Band 22

Die Bedeutung des Bankensystems für die wirtschaftliche Entwicklung Südkoreas

Von

Dr. Hi-Young Cho

DUNCKER & HUMBLOT / BERLIN

Gedruckt mit freundlicher Unterstützung der Konrad-Adenauer-Stiftung und des Bundesministers für wirtschaftliche Zusammenarbeit (BMZ)

CIP-Kurztitelaufnahme der Deutschen Bibliothek

Cho, Hi-Young

Die Bedeutung des Bankensystems für die wirtschaftliche Entwicklung Südkoreas. — 1. Aufl. — Berlin: Duncker und Humblot, 1977.
(Schriftenreihe zur Industrie- und Entwicklungspolitik; Bd. 22)
ISBN 3-428-03837-1

Redaktion der Schriftenreihe: Frank Walcher

Gedruckt 1977 bei Buchdruckerei A. Sayffaerth - E. L. Krohn, Berlin 61
Printed in Germany

ISBN 3 428 03837 1

Inhaltsverzeichnis

Drittes Kapitel

Die Bedeutung des Bankensystems für den wirtschaftlichen Entwicklungsprozeß Südkoreas

Tabellenverzeichnis

Abkürzungsverzeichnis

ADB	=	Asian Development Bank
AG	=	Aktiengesellschaft
BOK	=	Bank of Korea
BSP	=	Bruttosozialprodukt
CFOFC	=	Central Federation of Fisheries Cooperatives
CNB	=	Citizens National Bank
EPB	=	Economic Planning Board
IWF	=	Internationaler Währungsfonds
KDB	=	Korea Development Bank
KDFC	=	Korea Development Finance Corporation
KEB	=	Korea Exchange Bank
KFW	=	Kreditanstalt für Wiederaufbau
KHB	=	Korea Housing Bank
KIDC	=	Korea Investment Development Corporation
KIFC	=	Korea Investment an Finance Corporation
KSE	=	Korea Stock Exchange
KSFC	=	Korea Securities Financing Company
KTB	=	Korea Trust Bank
MIB	=	Medium Industry Bank
NACF	=	National Agriculture Cooperatives Federation
UNO	=	United Nations Organization
ZVLG	=	Zentralverband der Landwirtschaftlichen Genossenschaften

Einleitung

Um eine ausgewogene, selbständige wirtschaftliche Entwicklung zu erreichen, sieht sich Südkorea einer Fülle von technischen und wirtschaftlichen Problemen gegenübergestellt. Hierbei spielt die Beschaffung des für die gesamtwirtschaftliche Entwicklung notwendigen langfristigen Investitionskapitals eine dominierende Rolle, zumal diese Entwicklung primär mit Hilfe einer umfassenden Investitionsplanung vorangetrieben werden soll.

Unter dieser Prämisse kommt dem Bankensystem zur Beschaffung der notwendigen langfristigen Kapitalmittel eine zentrale Funktion zu. Diese gewinnt infolge der sich in den letzten Jahren ständig reduzierenden ausländischen Entwicklungshilfeleistungen noch an Gewicht. Somit wird zwangsläufig das einheimische Bankensystem zur Mobilisierung von Kapitalmitteln in noch stärkerem Maße herangezogen werden müssen.

Heute sieht Südkorea die Voraussetzung für eine weitere Wirtschaftsentwicklung dann als gegeben, wenn im Lande selbst das Investitionskapital soweit wie irgend möglich gebildet wird.

In welcher Weise und inwieweit die Schaffung von Investitionsmitteln zur gesamtwirtschaftlichen Entwicklung auf das Bankensystem angewiesen ist, wird somit im Rahmen dieser Untersuchung zu zeigen sein.

Nach allgemeiner Auffassung hat, z. B. auch in Europa, der marktwirtschaftliche Industrialisierungsprozeß wesentlich davon abgehangen, wie sich das Kreditsystem und die Elastizität der Geldschöpfung in einem Lande entwickelt haben[1].

Die Industrialisierung braucht nämlich eine Kapitalakkumulation, aus der sich die notwendigen Investitionsmittel für das Industriewachstum gewinnen lassen. Also verlangt jeder volkswirtschaftliche Wachstumsprozeß als notwendige und hinreichende Bedingung die Vornahme von Nettoinvestitionen[2], die ein elastisches Bankensystem voraussetzt. Auch die Industrialisierung in Europa ist erst durch ein derart elastisches Kreditsystem möglich geworden.

---

[1] Vgl. *Voigt*, F.: Industrie- und Gewerbepolitik, unveröffentlichtes Manuskript, Bonn 1970, S. 90.

[2] Vgl. *Voigt*, F.: Industrie- und Gewerbepolitik, S. 85.

In den 60er Jahren läßt sich in Südkorea ein starker wirtschaftlicher Aufschwung erkennen, der nicht zuletzt auf die Wirtschaftsentwicklungspläne der Regierung zurückzuführen ist. Eine sehr entscheidende Rolle spielten dabei die Deviseneinnahmen, wodurch Südkorea hohe Wirtschaftswachstumsraten (im Durchschnitt der Jahre 1962 bis 1969 ca. 9,9 % real) erzielen konnte.

Die Finanzierung dieses hohen Wachstums durch die steigenden Deviseneinnahmen erfolgte auf verschiedenen Wegen,

nämlich:

— Staatliche Anstrengungen zur Exportsteigerung,

— Erleichterung zur Aufnahme ausländischer Kredite durch inländische Investoren,

— Wiedergutmachungszahlung Japans aufgrund des Normalisierungsvertrages über die politischen Beziehungen Japans und Koreas,

— Auswirkungen des Vietnam-Krieges auf die koreanische Wirtschaft.

Heute jedoch stoßen die erwähnten wirtschaftlichen Begünstigungen der 60er Jahre aus folgenden Gründen auf Schwierigkeiten:

— Zwangsläufig steigende Importe von Kapitalgütern und Rohstoffen, für die Devisen gebraucht werden,

— Beginn der Rückzahlung der in den 60er Jahren aufgenommenen ausländischen Kredite,

— Reduzierung der Deviseneinnahmen durch die Beendigung des Vietnam-Krieges,

— Beendigung der nicht rückzahlbaren amerikanischen Entwicklungshilfe.

Nun taucht die Frage auf, wie bei der Verringerung der oben skizzierten Deviseneinnahmen entsprechende Ressourcen bereitgestellt werden können.

Um die gewünschte wirtschaftliche Entwicklung weiter zu ermöglichen, muß in stärkerem Maße eine Finanzierung durch einheimische Kapitalmittel gewährleistet werden. Es muß also eine Aufgabe des Bankensystems sein, die vorhandenen Ersparnisse in monetärer Form zu sammeln und der investiven Verwendung zuzuführen[3].

Demzufolge ist es ein Anliegen dieser Analyse, Möglichkeiten zur Mobilisierung der einheimischen Kapitalmittel aufzuzeigen.

Aus dieser Problemstellung ergibt sich für den Gang der Untersuchung folgende Gliederung:

---

[3] Vgl. *Hesselbach*, W.: Vortrag auf der Tagung der Friedrich-Ebert-Stiftung in Dakar, S. 16.

Im ersten Kapitel werden ausführlich die sozio-ökonomischen Voraussetzungen für die gesamtwirtschaftliche Entwicklung Südkoreas analysiert. Denn die soziologischen und wirtschaftlichen Grundlagen lassen schon gewisse Aufgaben des Bankensystems hinsichtlich des Umfanges, der Art und der Probleme der Nachfrage nach sowie des Angebots an Bankleistungen erkennen.

Bevor sich die Untersuchung eingehend mit der Bedeutung des Bankensystems unter den verschiedenen Aspekten auseinandersetzt, geht sie zunächst im zweiten Kapitel auf die geschichtliche Entwicklung des südkoreanischen Bankensystems ein, um hieraus die historisch gewachsenen Probleme ableiten zu können.

Die unter kolonialer oder wirtschaftlicher Vormundschaft von Japan gegen Ende des 19. Jahrhunderts aufgepflanzten modernen Bankinstitutionen waren nämlich nur für begrenzte Zwecke und auch ursprünglich nur für einen beschränkten Kundenkreis geschaffen worden.

Die Erlangung der politischen Unabhängigkeit im Jahre 1945 und das darauf folgende Konzipieren nationaler Entwicklungsziele in den 50er Jahren sowie die 5-Jahres-Wirtschaftsentwicklungspläne der 60er Jahre führten stufenweise zu einer Anpassung des Bankensystems an die jeweilige Lage in Südkorea.

Abschließend werden in diesem Kapitel der gegenwärtige Aufbau und die Funktionen des Bankensystems behandelt.

Hierbei wird das südkoreanische Bankensystem in die vier Bankengruppen, nämlich Zentralbank, Spezialbank, allgemeine Geschäftsbanken und Lokalbanken unterteilt.

Das dritte Kapitel ist der Bedeutung des Bankensystems für die gesamtwirtschaftliche Entwicklung gewidmet. Bevor untersucht werden kann, welche Bedeutung dabei dem Finanzierungsbeitrag des Bankensystems zukommt, ist es erforderlich, auf die währungspolitischen Effekte der Zentralbank-Instrumente näher einzugehen und ihre Bedeutung für die wirtschaftliche Entwicklung zu klären.

Es wird hierbei erforderlich sein zu prüfen, inwieweit das Zentralbankwesen als aktives Instrument zur Betonung wirtschaftlicher Entwicklungsprozesse herangezogen worden ist. Außerdem wird in diesem Kapitel auf die Bedeutung des Bankensystems für den Industrialisierungsprozeß Südkoreas und auch für den Entwicklungsprozeß der traditionellen Wirtschaftssektoren hingewiesen. Hierbei ist besonders der Beitrag des Bankensystems für die zum industriellen Wachstum notwendigen Investitionen zu überprüfen, da er im gesamtwirtschaftlichen Entwicklungsprozeß eine fördernde Rolle gespielt haben soll. Zu Recht steht im Mittelpunkt dieser Abhandlung die Bedeutung des Bankensystems im Hinblick auf die wirtschaftliche Entwicklung Südkoreas im Sinne eines industriellen Wachstums.

Im letzten Abschnitt des dritten Kapitels wird die Bedeutung des Bankensystems für die Entwicklung des primären Wirtschaftssektors dargestellt.

Inwieweit aus den Ergebnissen der Analyse Folgerungen hinsichtlich der Entwicklungsfinanzierung gezogen werden können, soll sich bei den Überlegungen des vierten Kapitels zeigen.

Die bisherige kritische Analyse soll zugleich die Ausgangsbasis für einige Vorschläge im Sinne der Förderung der einheimischen Sparkapitalbildung durch das Bankensystem sein.

Nachdem die wesentlichen Probleme und die Notwendigkeit der Industrialisierung und der Förderung des primären Wirtschaftssektors für Südkorea dargelegt worden sind, zeichnet sich hinsichtlich der Bedeutung des Bankensystems eine Problematik ab, die auch den weiteren Ablauf der Untersuchung im vierten Kapitel bestimmt.

Zunächst wird in einem ersten Abschnitt des vierten Kapitels der Frage nachgegangen, welche Bedeutung der Geldkapitalbildung durch das Bankensystem bei der wirtschaftlichen Entwicklung Südkoreas zukommt. Danach werden in einem kurzen Abriß die grundlegenden Zusammenhänge zwischen Sparen und Wirtschaftsentwicklung sowie die Problematik der Sparkapitalbildung durch das einheimische Bankensystem behandelt, wobei die Inflation und die traditionelle Spargemeinschaft „Kye“ als Hemmungsfaktoren angesehen werden.

Der zweite Abschnitt des vierten Kapitels ist den Problemen gewidmet, die mit der Aufbringung der für die weitere Entwicklung der südkoreanischen Wirtschaft notwendigen Mittel auf dem Wege der Förderung der Bankwirtschaft selbst verbunden sind.

Zunächst wird auf die Problematik der Herstellung des Konkurrenzprinzips unter den Banken eingegangen, wobei neben den Vorschriften für die Bankgeschäfte auch die starke bankwirtschaftliche Reglementierung seitens der Regierung näher erörtert werden muß, die eine echte Konkurrenz zwischen den Banken hemmt.

Angesichts der gegenwärtigen Probleme der Bankwirtschaft in Südkorea und der langfristigen Entwicklungsziele der südkoreanischen Wirtschaft muß die Frage gestellt werden, ob es möglich ist, eine verbesserte und kooperative Beziehung zwischen Banken und Industrieunternehmen sowie dem primären Wirtschaftssektor zur Beschleunigung der wirtschaftlichen Entwicklung herzustellen. Ferner ist zu klären, ob es möglich ist, durch planmäßige Maßnahmen eine lange Wachstumsphase des südkoreanischen Bankensystems zu unterstützen und damit bestehende Defekte des Bankwesens zu beheben.

Im letzten Abschnitt des vierten Kapitels wird auf die Möglichkeiten der Entwicklung des Kapitalmarktes eingegangen. Die südkoreanische wirtschaftliche Entwicklung erfordert die Mobilisierung aller erschlossenen und noch offenen Ressourcen des Landes. Zur Mobilisierung dieser Ressourcen müssen alle geldwirtschaftlichen Institutionen gemeinsam herangezogen werden. Neben den Banken nimmt ein funktionsfähiger Kapitalmarkt zur Mobilisierung langfristiger Kapitalmittel einen besonderen Platz ein.

Ein funktionsfähiger Kapitalmarkt setzt die erfolgreiche Abwicklung des Effektengeschäfts der Kreditinstitute voraus. Das Bankensystem, das als Dienstleistungsbetrieb fungieren soll, stellt seine Dienste am Effektenmarkt zur Verfügung. Darin ist eine wichtige Aufgabe der Banken zu sehen, die Entwicklung des Kapitalmarktes zu beschleunigen.

Die Entwicklung des südkoreanischen Kapitalmarktes, und damit die Gewinnung seiner Funktionstüchtigkeit, entspricht dem Erfordernis, das für die gesamtwirtschaftliche Entwicklung dringend erfüllt werden muß.

Erstes Kapitel

Die soziologischen und wirtschaftlichen Grundlagen Südkoreas

A. Die soziologischen Grundlagen

I. Die historische und politische Entwicklung

Die vorgeschichtlichen Anfänge der koreanischen Zivilisation und Kultur reichen in die legendäre Tangunzeit vor etwa 4300 Jahren zurück[1]. Im Süden der Landes der „Halbinsel Korea" lebten um das zehnte Jahrhundert v. Chr. die drei Stammesgruppen „Mahan, Chinhan und Pyonhan"[2].

Der erste geschichtlich dokumentierte Staatsverband, der als „Die drei Königreiche" bekannt ist[3], bildete sich vom ersten bis zum dritten Jahrhundert n. Chr. Unter der vereinigten Silla-Dynastie — nach Unterwerfung der Königreiche Päkje und Kokuryo — entstand im siebten Jahrhundert n. Chr. erstmals eine politische Einheit in Korea. Zur offiziellen Religion des Königreiches Silla wurde der Buddhismus, der gegen Ende des vierten Jahrhunderts n. Chr. in Korea Eingang fand und seine Hochblüte in der Koryo-Dynastie erfuhr[4].

Das Königreich „Koryo", von dem sich der ausländische Name des Landes „Korea" herleitet, bestand nach dem Verfall des Königreiches „Silla" von 936 bis 1392 n. Chr.

Besondere Erwähnung verdient noch die Yi-Dynastie von 1392 bis 1910, die mit einer hoch entwickelten Verwaltungsbürokratie unter strengem konfuzianistischen System als eine Regierung von Gelehrten charakterisiert werden kann[5].

---

[1] „Tangun" war ein mythisches göttliches Wesen, das 24 Jahrhunderte v. Chr. vom Himmel herabgestiegen sein soll, um einen utopischen Stammesstaat zu gründen. Hierzu vgl. *Kultus- und Informationsministerium* (Hrsg.): Tatsachen über Korea, Seoul 1971, S. 33.

[2] Vgl. ebenda, S. 33.

[3] Die drei Königreiche waren Kokuryo (die südliche Mandschurei und das nördliche Korea), Päkje (im mittleren Han-Flußbecken) und Silla (im Süden).

[4] Vgl. *Whang*, J. H.: Das Schulwesen in Südkorea, Aufbau und Probleme, hrsg. vom Deutschen Institut für internationale Pädagogische Forschung, Weinheim/Berlin 1968, S. 9.

Im Laufe der Jahrhunderte ist das Land immer wieder durch Überfälle von außen bedrängt worden. In der alten Zeit, insbesondere in der „Koryo-Dynastie“, waren es die Tartaren und Mongolen und später von allem Rußland, China und Japan, die ein besonderes Interesse an der strategisch wichtigen Halbinsel zeigten. Dies führte 1640 zu einer vollständigen Abkapselung nach außen hin. Die Zeit dieses Isolationismus, die das wirtschaftliche Leben Koreas stark geprägt hat, endete erst 1876, als Korea das „Kanghwa-Handelsabkommen“ mit Japan schließen mußte[6].

Als Japan in den beiden Kriegen, im Sino-Japanischen von 1894 bis 1895 und Russisch-Japanischen von 1904 bis 1905, die offensichtliche Einflußnahme auf Korea stärken sollten, siegte, übernahm Japan die Oberhoheit über Korea und erklärte dann im Jahre 1905 Korea zu seinem Protektorat[7] und verkündete 1910 die völlige Annektion Koreas[8].

Jede politische Betätigung sowie der Druck koreanischer Zeitungen und schließlich sogar die koreanische Sprache wurden verboten[9]. Widerstandskämpfer versuchten immer wieder, diesen Zustand zu beenden. Am 1. März 1919 proklamierte die Nationalbewegung in Seoul die Unabhängigkeit Koreas. Nach der blutigen Zerschlagung dieser Demonstration für die Freiheit gingen die Führer der Bewegung ins Exil bzw. arbeiteten im Untergrund weiter[10].

Die japanische Herrschaft endete erst mit der Kapitulation Japans 1945[11]. Zu einer schnelleren Entwaffnung der japanischen Streitkräfte war der nördliche Teil Koreas von sowjetischen Armeen besetzt worden, während der südliche Teil einer amerikanischen Besatzungsmacht unterstellt worden war[12]. Dies führte wegen der ideologischen Unterschiede zwischen den USA und der UdSSR nach zahlreichen ergebnislos verlaufenen Konferenzen zur Zweiteilung Koreas entlang dem 38. Breitengrad[13].

---

[5] Vgl. *Kultus- und Informationsministerium* (Hrsg.): Tatsachen über Korea, S. 36. Der Buddhismus, der in der Koryo-Zeit das öffentliche Leben so stark bestimmt hatte, verlor seine Bedeutung im Königreich Yi und der Konfuzianismus wurde in der „Yi-Dynastie“ die Staatsrelegion.

[6] Vgl. S. 37 dieser Arbeit.

[7] Vgl. *Song*, K. C.: Die Industrialisierung Koreas 1876 bis 1956 unter besonderer Berücksichtigung der wirtschaftlichen Probleme, Diss. Köln 1960, S. 43.

[8] Vgl. *Kultus- und Informationsministerium* (Hrsg.): Tatsachen über Korea, S. 39.

[9] Vgl. *Hesse*, K. und *Ischinger*, W.: Die Entwicklungsschwelle, Der Übergang vom Entwicklungsland zum entwickelten Land unter Einbeziehung von drei Testfällen, Berlin 1973, S. 196.

[10] Vgl. *Kultus- und Informationsministerium* (Hrsg.): Tatsachen über Korea, S. 39.

[11] Vgl. ebenda, S. 40.

[12] Vgl. *Kim*, Y. S.: Artikel „General Park Chung-Hee und Südkorea, in: Internationales Asien Forum, Jg. 1 (1970), H. 2, S. 193 ff.

[13] Vgl. ebenda, S. 194.

Am 15. 8. 1948 wurde im Süden die „Republik Korea" ausgerufen, zu deren 1. Präsident Syngman Rhee gewählt wurde, der schon 1919 in Shanghai eine Koreanische Exilregierung und in den USA die Koreanische Kommission für die Unabhängigkeit Koreas gegründet hatte[14].

Die Regierung der Republik Korea wurde im Dezember 1948 von den Vereinten Nationen als einzige legitime Regierung anerkannt[15].

Im Norden wurde am 12. 9. 1948 die „Volksrepublik Korea" proklamiert. Am 25. 6. 1950 drangen die Nordkoreaner über die Grenze nach Süden ein. Die Hauptstadt Seoul fiel drei Tage später, und die nordkoreanischen Streitkräfte drangen rasch nach Süden vor[16].

Am 15. 9. des gleichen Jahres konnten UNO-Truppen sowie starke amerikanische Einheiten die Hauptstadt Seoul zurückerobern. Nach zweijährigen Verhandlungen wurde am 27. Juli 1953 ein Waffenstillstand vereinbart, der bis heute noch nicht zu einem Friedensvertrag geführt hat.

Die folgenden Jahre standen unter dem Zeichen des Aufbaus und der Beseitigung der Kriegsschäden, wobei Südkorea durch die USA und die UNO wertvolle Unterstüzung erfahren hat. Die Politik Syngman Rhees bewirkte im Laufe der folgenden Jahre zunehmende Unzufriedenheit in der Bevölkerung und führte 1960 zu Massendemonstrationen der Studenten sowie schließlich zum Rücktritt Syngman Rhees. Das bisherige Präsidialsystem wurde durch das Kabinettsystem der 2. Republik ersetzt[17].

Schon nach einem Jahr kam es erneut zum Regierungswechsel, da die innenpolitischen Probleme sich verschärften. Die Militärjunta übernahm unter General Park Chung Hee die Führung einer Militärregierung, und er wurde 1963, nach Aufgabe seiner militärischen Laufbahn, zum Präsidenten der 3. Republik gewählt. Eine Wiederwahl erfolgte 1967 und 1971 sowie auch 1972[18], nachdem die Verfassung entsprechend geändert worden war.

Unter seiner Regierung konnten erhebliche innenpolitische Fortschritte erzielt werden. Außenpolitisch wurden das Verhältnis zu Japan normalisiert und diplomatische Beziehungen zu vielen Staaten der Erde angeknüpft.

---

[14] Vgl. ebenda, S. 194.

[15] Vgl. *Kultus- und Informationsministerium* (Hrsg.): Tatsachen über Korea, S. 41.

[16] Vgl. ebenda, S. 41.

[17] Vgl. *Hesse*, K. und *Ischinger*, W.: Die Entwicklungsschwelle, S. 197.

[18] Am 21. 11. 1972 wurde durch Volksentscheid eine Verfassungsreform gebilligt, deren Kernstück die sog. October Revitalizing Reforms war. Demnach bestimmte die am 15. 12. 1972 gewählte National Conference for Unification Präsident Park Chung Hee auf sechs Jahre zum Präsidenten der neuen Vierten Republik.

Mit Nordkorea wurden Anfang 1972 Verhandlungen aufgenommen, die beiden Landesteile wieder zu vereinigen, was jedoch bis heute noch zu keinem Zusammenschluß führte.

II. Die demographische Basis

In Südkorea lebten im Jahre 1971 auf einer Fläche von 98 477 km² 31 920 000 Menschen. Damit entfielen 324 Menschen auf einen Quadratkilometer. Seit der Zweiteilung des Landes bis 1971 ist die Bevölkerungszahl um rund 12 Mill. gewachsen[19], was auf einem hohen natürlichen Wachstum, teilweise auch auf dem Zustrom von Flüchtlingen aus Nordkorea und auf der Rückwanderung aus Japan beruht.

Tabelle 1

Entwicklung der Bevölkerung in Südkorea

	1955	1960	1966	1971
Gesamtbevölkerung (in 1000)	21 526	24 989	29 193	31 920
Bevölkerungsdichte (Einw. je qkm) .	218	254	296	324
Zuwachsrate (jährlich in %)	2,9	2,9	2,5	1,8

Quelle: Vom Verfasser zusammengestellt nach Angaben in: *Statistisches Bundesamt Wiesbaden* (Hrsg.): Allgemeine Statistik des Auslandes, Länderberichte Süd-Korea 1972, S. 10, und *Economic Planning Board of Republic Korea* (Hrsg.): Korea Statistical Yearbook 1971, S. 37, Tabellen 10 und 11.

Wie auch in anderen Entwicklungsländern hat in Südkorea eine starke Landflucht eingesetzt, so daß sich heute ca. 35 % der Bevölkerung auf Städte mit mehr als 50 000 Einwohner konzentrieren. So hat sich allein die Bevölkerung der Hauptstadt Seoul in den zehn Jahren von 1960 bis 1970 fast verdoppelt[20].

Die altersmäßige Zusammensetzung der südkoreanischen Bevölkerung ist der folgenden Tabelle 3 zu entnehmen. Hier haben sich jedoch in den vergangenen Jahren keine wesentlichen Veränderungen ergeben.

Wegen der sinkenden Bevölkerungszuwachsrate ist jedoch künftig mit einem steigenden Bevölkerungsanteil der mittleren und älteren Schichten zu rechnen, was sich dann auch volkswirtschaftlich auswirken wird. Diese Tendenz zeigt sich schon in der Tabelle der Berufstätigen bzw. Arbeitslosen in Südkorea.

---

[19] Im Jahre 1949 wurden in Südkorea 20 188 641 Menschen gezählt.

[20] In Seoul nahm die Bevölkerungszahl von 2 445 000 im Jahre 1960 auf 5 510 000 im Jahre 1970 zu.

Tabelle 2

Entwicklung der Bevölkerung nach Stadt und Land
(in 1000)

	1966	1968	1969	1970	1971
in Städten	9 807	10 538	11 081	11 653	12 259
(%)	(33,6)	(34,6)	(33,6)	(36,7)	(37,8)
in ländlichen Gebieten	19 385	19 931	20 058	20 140	20 170
(%)	(66,4)	(65,4)	(64,4)	(63,3)	(62,2)

Quelle: Statistisches Bundesamt Wiesbaden (Hrsg.): Allgemeine Statistik des Auslandes, Länderberichte Süd-Korea 1972, S. 11.

Tabelle 3

Bevölkerungsentwicklung nach Altersgruppen
(in 1000)

	1966	1969	1971
Unter 15jährige	12 697	12 722	12 958
15- bis 65jährige	15 533	17 243	18 222
Über 65jährige	962	1 173	1 249

Quelle: Statistisches Bundesamt Wiesbaden (Hrsg.): Allgemeine Statistik des Auslandes, Länderberichte Südkorea 1972, S. 10.

Tabelle 4

Entwicklung der Berufstätigen und der Arbeitslosen

	1960	1965	1970
Anteil an der Gesamtbevölkerung in %	52,8	55,4	56,0
Zahl der Berufstätigen	7 081 000	8 523 000	9 574 000
Zahl der Arbeitslosen	452 000	677 000	446 000

Quelle: Hesse, K., und *Ischinger*, W.: Die Entwicklungsschwelle, S. 202, Tabelle III—3.

Nach wie vor ist der Anteil der in der Landwirtschaft tätigen Bevölkerung sehr hoch und beträgt heute noch 50 %[21]. Es zeigte sich aber eine leicht sinkende Tendenz. Im einzelnen kann die Zahl der in den jewei-

[21] Vgl. *Hesse*, K. und *Ischinger*, W.: Die Entwicklungsschwelle, S. 203.

ligen Wirtschaftsbereichen arbeitenden Bevölkerung der nachfolgenden Tabelle entnommen werden.

Tabelle 5

Beschäftigung nach Wirtschaftssektoren
(in 1000)

	1966	1968	1970
Land-, Forst- und Fischereiwirtschaft	5 013	4 863	4 834
Produzierende Gewerbe[a)]	1 152	1 635	1 673
Banken, Versicherungen und Handel	979	1 211	1 190
Nachrichten und Verkehrswesen	180	234	343
Öffentliche Dienste	366	312	—
Sonstige Dienstleistungen	946	1 006	1 534

a) Zum produzierenden Gewerbe gehören Energie- und Wasserwirtschaft (öffentliche Versorgungsbetriebe), Bergbau, Gewinnung von Steinen und Erden, Baugewerbe sowie Verarbeitendes Gewerbe.

Quelle: Vom Verfasser zusammengestellt nach Angaben in: *Statistisches Bundesamt Wiesbaden* (Hrsg.): Allgemeine Statistik des Auslandes, Länderberichte Südkorea 1970, S. 13 und 1972, S. 14 u. 15.

Mehr als zwei Fünftel aller Arbeitnehmer sind Frauen, zumeist junge Mädchen. Im Jahr 1968 lag ihr Anteil in der Landwirtschaft, Industrie, bei Banken, Versicherungen und im Handelsbereich sogar über 50 %[22].

Tabelle 6

Erwerbstätige nach Männern und Frauen
(in 1000)

	1965	1968	1971
Erwerbstätige insgesamt	8 522	9 261	9 708
— Männer	5 499	5 867	6 095
— Frauen	3 023	3 394	3 613

Quelle: Vom Verfasser zusammengestellt nach Angaben in: *Statistisches Bundesamt Wiesbaden* (Hrsg.): Allgemeine Statistik des Auslandes, Länderberichte Südkorea 1972, S. 14.

Für die wirtschaftliche Entwicklung eines Landes ist der Ausbildungsstand der Bevölkerung von besonderer Bedeutung. Die Entwicklungsländer benötigen qualifizierte Arbeitskräfte genauso dringend wie Kapi-

[22] Vgl. *Hesse*, K. und *Ischinger*, W.: Die Entwicklungsschwelle, S. 203.

talmittel, da diese Länder Kapital erst dann wirksam absorbieren können, wenn die erforderlichen menschlichen Kräfte entsprechend entwikkelt werden[23].

So ist es für ein Entwicklungsland wie Südkorea besonders wichtig, alle Voraussetzungen für das Entstehen einer technischen Intelligenz zu schaffen[24].

Tabelle 7

Aufteilung und Zahl der Studierenden nach Fachgebieten 1969

Fachgebiete	Zahl der Studierenden[a)]	
Geisteswissenschaften	25 772	(10 939)
Pädagogik	14 613	(6 820)
Sozialwissenschaften	38 571	(3 824)
Naturwissenschaften	13 209	(5 761)
Ingenieurwissenschaften	40 985	(484)
Medizin	12 924	(4 432)
Land- und Forstwirtschaft sowie Meereskunde	20 062	(1 015)
Sonstige	1 791	(1 666)
Insgesamt	167 927	(34 941)

a) Die Zahlen in Klammern sind die Studentinnen.

Quelle: Statistisches Bundesamt Wiesbaden (Hrsg.): Allgemeine Statistik des Auslandes, Länderberichte Südkorea 1972, S. 13, Fußnote 5.

Verglichen mit Ländern, die einen ähnlichen Entwicklungsstand besitzen, liegt Südkorea mit dem offiziellen Schulbildungsniveau an der Spitze. Diese Besonderheit und die gesamte Arbeitshaltung der südkoreanischen Bevölkerung, die als anpassungsfähig, ausbildungsfähig, geschickt bei der Handarbeit und an harte und lange Arbeitstage gewöhnt bezeichnet werden kann, haben wesentlich zum wirtschaftlichen Aufschwung der letzten 15 Jahre beigetragen[25].

III. Die Wurzeln des südkoreanischen Unternehmertums

Bei der Betrachtung der wirtschaftlichen Entwicklung eines Landes ist die Rolle des Unternehmertums besonders zu berücksichtigen. In Südkorea konnte sich aber wegen der historischen Gegebenheiten nicht

[23] Vgl. *Said,* A. T.: Die Bedeutung des Bankensystems im wirtschaftlichen Wachstumsprozeß Syriens, in: *Voigt,* F. (Hrsg.): Untersuchungen über das Spar-, Giro- und Kreditwesen, Bd. 67, Berlin 1972, S. 18.

[24] Vgl. *Voigt,* F.: Entwicklungshilfe und Entwicklungspolitik, nicht veröffentlichtes Manuskript, Bonn 1970, S. 102.

[25] Vgl. *Hesse,* K. und *Ischinger,* W.: Die Entwicklungsschwelle, S. 202 ff.

frühzeitig eine eigenständige Form des Unternehmertums entwickeln, das eine dynamische Entwicklung der Industrie hätte vorantreiben können.

Durch die politische Vormachtstellung Japans in Korea wurde der Kapitalismus ins Land gebracht. Alle wirtschaftlichen und unternehmerischen Entscheidungen blieben zunächst in den Händen Japans. Erst nach 1945 begann sich in Südkorea eine eigene Unternehmerschicht zu bilden[26]. Zuerst waren es nur einige Privilegierte, die durch die neu gebildete südkoreanische Regierung das von den Japanern in Korea zurückgelassene Vermögen erhielten[27] Dieser Gruppe wurden außerdem staatliche Kredite gewährt, wodurch bei der anfangs so enormen Inflationsrate die Gewinne innerhalb kurzer Zeit erheblich wuchsen.

Dieser privilegierten Gruppe fehlten jedoch weitgehend unternehmerische Fähigkeiten sowie erfahrene Manager.

Dennoch wurde jene Gruppe mangels anderer Alternativen immer wieder durch die Regierung unterstützt, denn man verfolgte das Ziel der wirtschaftlichen Selbständigkeit und des Anschlusses an die Industrienationen[28]. Auf diese Weise wuchsen die bevorzugten Unternehmen äußerlich zu einer modernen großen Unternehmensgruppe. Hinzu kommt noch, daß in der Aufbauzeit der Industrialisierung nach dem Korea-Krieg durch ausländische Hilfe planmäßig Mittel zur Förderung solcher Unternehmen — besonders der sog. Schlüsselindustrie — bereitgestellt wurden, so daß diese heute den weitaus größten Teil des Unternehmertums in Südkorea repräsentieren. Sie stützen sich jedoch vielfach nicht auf eigene technische Neuerungen und die Erhöhung der Produktivität, sondern vielmehr auf die Ausnutzung der im Lande zahlreich vorhandenen Arbeitskräfte und die dadurch bedingten billigen Löhne sowie die politische Unterstützung[29].

Eine weitere Eigenart beim südkoreanischen Unternehmertum erklärt sich aus den politischen Verhältnissen Südkoreas, d. h. der Teilung des Landes und der damit verbundenen ideologischen Konfrontation der beiden Landesteile, wodurch man nach wie vor in einer Situation militärischer Bedrohung lebt[30].

So zwingen sowohl die wirtschaftliche als auch die politische Unsicherheit manche Unternehmer, bevorzugt kurzfristige Investitionen, beson-

---

[26] Vgl. *Handels- und Industriekammer von Korea* (Hrsg.): Die ausgeglichene Entwicklung der Wirtschaft und Gesellschaft (koreanisch), Seoul 1971, S. 118.

[27] Vgl. ebenda, S. 118 ff.

[28] Vgl. „Südkorea ist auf dem Weg zur Industrienation" in: Frankfurter Allgemeine Zeitung vom 25. 11. 1970, S. 12.

[29] Vgl. *Kim*, C. Y.: Der Beitrag von Partnerschaftsunternehmen (Joint Ventures) zum Entwicklungsprozeß, dargestellt am Beispiel der Republik Korea, Diss. Köln 1971, S. 159.

[30] Vgl. ebenda, S. 165 ff.

ders im spekulativen Handel sowie im Geld- bzw. Immobiliengeschäft, vorzunehmen.

Betrachtet man schließlich die gesellschaftlichen Hintergründe des Unternehmertums in Südkorea näher, so stellt man fest, daß es auf einer traditionellen Patrimonialbürokratie mit einer stark emotionell geprägten und konservativen Haltung basiert. Das Wesen der Patrimonialbürokratie verleugnet nicht die vom Konfuzianismus stark beeinflußte Tradition. In solchen traditionsbestimmten Kreisen bleiben Besitz und Management generell in den gleichen Händen, d. h. die Eigentümer sind auch gleichzeitig die Unternehmer, selbst wenn ihnen die erforderliche unternehmerische Qualifikation fehlen sollte. Unter dieser Voraussetzung ist es verständlich, daß das Eindringen neuer schöpferischer Ideen in die maßgebenden leitenden Positionen eines solchen Unternehmens nahezu unmöglich war. Manche Chance für die Entwicklung des Unternehmens ist so nicht genützt oder sogar verhindert worden, nur um die Familienherrschaft in diesem patriarchalischen System aufrecht zu erhalten[31].

Die patriarchalische Form des Unternehmertums stößt naturgemäß auf Widerstand bei der nachwachsenden jüngeren Unternehmergeneration. Während die ältere Generation unlösbar mit der Tradition verbunden ist, machen sich bei der jüngeren Generation, die durch Auslandsaufenthalte sowie durch die schulische Erziehung Kenntnisse kultureller und technischer Natur erworben hat, moderne Einflüsse — vornehmlich des westlichen Auslandes — bemerkbar[32].

Mit der Zeit finden so immer mehr neuartige und dynamische unternehmerische Praktiken Eingang in Südkorea.

B. Die wirtschaftlichen Grundlagen

I. Die Struktur der Wirtschaft

Die Struktur der Wirtschaft eines Landes ist in starkem Maße von der Nutzbarkeit der Gesamtfläche abhängig. Da in Südkorea etwa 67 % des gesamten Landes Waldgebiete sind und rund 9 % auf bebaute bzw. agrarisch nicht zu benutzende Flächen fallen, bleiben nur knapp 24 % des Landes (etwa 2,3 Mill. ha) als landwirtschaftlich nutzbare Flächen übrig. Hinzu kommen noch 0,2 % Weideland[33].

---

[31] Über das patriarchalische Familiensystem Koreas siehe ausführlich: *Rhee*, P. W.: Die aktuelle Bedeutung von Friedrich List's Theorie der produktiven Kräfte für die Wachstums- und Entwicklungstheorie, Diss. Köln 1970, S. 127 ff.

[32] Vgl. *Kim*, C. Y.: Der Beitrag von Partnerschaftsunternehmen, S. 139 f.

[33] Vgl. *Hesse*, K. und *Ischinger*, W.: Die Entwicklungsschwelle, S. 199.

Wenn auch der Landwirtschaft flächenmäßig Grenzen gesetzt sind, muß Südkorea bisher als Agrarstaat angesehen werden, denn etwa die Hälfte der Bevölkerung bestreitet bis heute den Lebensunterhalt durch landwirtschaftliche Tätigkeit[34].

Die Haupterzeugnisse der südkoreanischen Landwirtschaft sind Reis, Gerste, Weizen, Sojabohnen, Hafer, Roggen, Hirse und Kartoffeln sowie Obst und Gemüse. Hinzu kommen industriell nutzbare Pflanzen wie Baumwolle, Hanf, Tabak und Ginseng. Die Nahrungsmittelproduktion konnte in den vergangenen Jahren im Schnitt um etwa 3,5 % p. a.[35] gesteigert werden, aber trotzdem wurde der Eigenbedarf jährlich immer unzureichender gedeckt, so daß z. B. 1970 nur noch rund 75 % des Bedarfs an Getreide aus eigener Produktion zur Verfügung gestellt werden konnte[36].

Da beim Kauf von Grundnahrungsmitteln im Ausland wertvolle Devisen ausgegeben werden müssen, wird dieser Entwicklung durch die Regierung verstärkt entgegengewirkt. Die Agrarproduktion soll z. B. durch den weiteren Bau von Bewässerungsanlagen zur Ausdehnung der Nutzflächen sowie durch die zusätzliche Bereitstellung von Kunstdünger und Insektiziden gesteigert werden[37].

Wie oben den Angaben über die Nutzung der Flächen entnommen werden kann, spielt die Viehwirtschaft in Südkorea nur eine untergeordnete Rolle und entspricht den kleinbäuerlichen Verhältnissen mit einer überwiegenden Kleintierhaltung. Von wirtschaftlicher Bedeutung ist lediglich die Seidenraupenzucht, die 1970 rund 21 000 Tonnen Kokons erzielte, was einer Vervierfachung seit 1960 entspricht[38].

Die Forstwirtschaft hat in Südkorea volkswirtschaftlich keine große Bedeutung, wenn auch die Fläche zu zwei Dritteln aus Waldgebieten besteht. Die Ursache dafür ist die starke Dezimierung des Nutzwaldes durch Krieg und lange Zeit betriebenen Raubbau[39]. Daher verwendet die Regierung besondere Anstrengungen auf die Wiederaufforstung.

Bei der Versorgung Südkoreas mit Nahrungsmitteln liefert die Fischereiwirtschaft einen kontinuierlich wachsenden Beitrag. Im letzten Jahrzehnt wurde, besonders bedingt durch die Modernisierung der Fischereiflotte, eine jährliche Zuwachsrate von 12 % erzielt[40].

---

[34] Vgl. Tabelle 5, S. 23 dieser Arbeit.

[35] Vgl. *Hesse*, K. und *Ischinger*, W.: Die Entwicklungsschwelle, S. 216.

[36] Vgl. *Statistisches Bundesamt Wiesbaden* (Hrsg.): Mitteilungen der Bundesstelle für Außenhandelsinformation (BfA), März 1972, Jg. 22, Nr. 71, S. 3.

[37] Vgl. *Statistisches Bundesamt Wiesbaden* (Hrsg.): Allgemeine Statistik des Auslandes, Länderberichte Südkorea 1972, S. 7.

[38] Vgl. ebenda, S. 7 sowie 17.

[39] Vgl. *Hesse*, K. und *Ischinger*, W.: Die Entwicklungsschwelle, S. 200.

[40] Vgl. ebenda, S. 219.

Bemerkenswert ist vor allem, daß der Fischexport von 1962 bis 1969 um das Sechsfache gesteigert werden konnte[41].

Auf die Steigerung des Exports ist in Südkorea ein ganz besonderer Akzent gesetzt[42]. So wurde beispielsweise durch eine flexibel gehaltene Senkung des Wechselkurses 1964 sowie durch verschiedene Kredit- und Steuerbegünstigungen der Export positiv beeinflußt[43].

Das Exportvolumen wuchs von 1961 bis 1970 von knapp 41 Mill. US-Dollar auf 835 Mill. US-Dollar, was einer Zuwachsrate von rund 40 % pro Jahr entspricht[44].

Diese positive Entwicklung auf dem Exportsektor wird begleitet von einer allgemeinen Steigerung der industriellen Produktion, die in der letzten Dekade durchschnittlich 21 % betrug. Zu den wichtigsten Produkten zählen neben Nahrungsmitteln und Textilien vor allem Papier, chemische und petrochemische Erzeugnisse, Maschinen und elektrotechnische Geräte, Transportmittel, Metalle und Zement[45]. Ein Negativum für Südkorea bedeutet die Abhängigkeit von der Einfuhr großer Rohstoffmengen.

Die Erforschung der eigenen Bodenschätze sowie der systematische Abbau sind zwar seit der japanischen Kolonialherrschaft intensiv betrieben worden, jedoch stehen der Erschließung der überwiegend im gebirgsreichen Nordosten des Landes liegenden Vorkommen vor allem Transportprobleme entgegen. Von den rund 50 vorhandenen Mineralien werden Steinkohle, Wolfram, Wismut, Eisen-, Kupfer- und Manganerze, Gold, Silber, Graphit, Kalkstein und Phosphate abgebaut[46].

Allerdings stagniert die Entwicklung des Steinkohlenbergbaus seit Anfang der sechziger Jahre wegen der zunehmenden Verwendung von Öl. Da bisher in Korea keine Ölvorkommen gefunden wurden, bedeutet der Kauf von Öl eine weitere Abhängigkeit vom Ausland sowie eine Belastung des Devisenkontos.

Von dieser Entwicklung wird auch die Energiewirtschaft berührt, da die elektrische Energie zum überwiegenden Teil in thermischen Kraftwerken erzeugt wird, die z. T. auf Öl angewiesen sind. Die gesamte Erzeugung betrug 1970 9 1000 Mill. kWh und entspricht einer Steigerung um das Neunfache seit der Mitte der 50er Jahre[47].

---

[41] Vgl. ebenda, S. 219.

[42] Vgl. S. 32 ff. dieser Arbeit.

[43] Vgl. Der *Pearson*-Bericht, Bestandsaufnahme und Vorschläge zur Entwicklungspolitik, Bericht der Kommission für Internationale Entwicklung, Wien, München und Zürich 1969, S. I/153.

[44] Vgl. *Hesse*, K. und *Ischinger*, W.: Die Entwicklungsschwelle, S. 221.

[45] Vgl. *Hesse*, K. und *Ischinger*, W.: Die Entwicklungsschwelle, S. 221 f.

[46] Vgl. *Statistisches Bundesamt Wiesbaden* (Hrsg.): Allgemeine Statistik des Auslandes, Länderberichte Südkorea 1972, S. 7.

[47] Vgl. *Hesse*, K. und *Ischinger*, W.: Die Entwicklungsschwelle, S. 223.

Die Entwicklung auf dem Dienstleistungssektor weist den stärksten Zuwachs auf. Dies liegt darin begründet, daß zunächst die Kolonialherren überwiegend Fertigprodukte nach Korea einführten und nach der Unabhängigkeit große Mengen von Rohstoffen und Hilfsgütern ins Land gebracht werden mußten. Zur Verteilung dieser Güter waren ein entsprechender Verwaltungs- und Handelsapparat sowie Versicherungen und Banken notwendig[48].

Die nachfolgende Gegenüberstellung soll abschließend die Verteilung des BSP auf die drei Wirtschaftssektoren zeigen. Im Jahre 1970 trug der primäre Wirtschaftssektor, dem die Land- und Forstwirtschaft sowie die Fischerei angehören, 28 % zum Bruttosozialprodukt bei, während auf den Bergbau und die Industrie 22 % und auf den Dienstleistungs- sowie Infrastruktursektor zusammen knapp 50 % des Bruttosozialproduktes entfielen[49].

II. Der Außenhandel und die Zahlungsbilanz

Im Laufe der 50er Jahre spielte der südkoreanische Außenhandel eine untergeordnete Rolle, da der Wiederaufbau des Landes nach dem Koreakrieg sowie die Verbesserung der Infrastruktur als Voraussetzung für die industrielle Entwicklung keine große Ausfuhr erlaubten[50].

Von Anfang an ist der südkoreanische Außenhandel somit durch ein chronisches Defizit gekennzeichnet.

Die Exporte lagen beispielsweise in den Jahren 1955—1960 durchschnittlich bei etwa 22,3 Mill. US-Dollar, während sich der Gesamtwert der Importe in diesen Jahren im Durchschnitt auf 365,8 Mill. US-Dollar belief[51]. Bei den Importen z. B. des Jahres 1960 handelte es sich überwiegend um die folgenden Gütergruppen: chemische Erzeugnisse, Rohstoffe, Maschinen, Halbfabrikate sowie Fahrzeuge. Sie machten über 80 % der gesamten Importe aus, während die Exportgüter nur aus einigen Produkten des primären Bereiches bestanden[52]. Noch Anfang der 50er Jahre machten landwirtschaftliche Produkte mehr als 80 % der Gesamtexporte aus. Später wurden auch mehr und mehr Produkte der Textil- und Schuhindustrie exportiert sowie Sperrholz, Eisenerze, Wolfram, Meeresprodukte und Tabak.

---

48 Vgl. *Kim*, C. I.: Möglichkeiten und Grenzen der Sozialpolitik in der gegenwärtigen sozial-ökonomischen Lage der Republik Korea, Diss. Münster 1972, S. 53 f.

49 Vgl. *Geis*, H. G.: Die entwicklungspolitische Wirksamkeit von Entwicklungsbanken, Fallstudien in Südostasien, Bd. 2, Berlin 1972, S. 164.

50 Vgl. *Hesse*, K. und *Ischinger*, W.: Die Entwicklungsschwelle, S. 225.

51 Vgl. *Choi*, T. M.: Die graphische Erklärung der koreanischen Wirtschaft (koreanisch), Seoul 1972, S. 169.

52 Vgl. *Bank of Korea* (Hrsg.): Economic Statistics Yearbook 1971, S. 279.

In den 60er Jahren konnten die Importüberschüsse selbst bei einer Steigerung der Exporte nicht verringert werden. Wie die nachfolgende Tabelle ersichtlich macht, stiegen trotz der scharfen Restriktionen die Importüberschüsse von 275,2 Mill. US-Dollar im Jahre 1961 auf 1,3 Mrd. US-Dollar 1971.

Um eine Investitionsfinanzierung durch eine verbesserte Handelsbilanz zu ermöglichen, wurde in Südkorea mit Beginn der Fünfjahrespläne besonderes Gewicht auf den Außenhandel gelegt.

Das gewaltige Wachstum der Importe von Kapitalgütern sowie Rohstoffen ist mit der geplanten Expansion der südkoreanischen Industrie eng verknüpft[53], aber daneben ist auch beim Export ein entsprechender Zuwachs zu verzeichnen.

Betrachtet man die Struktur des Im- und Exports in den 60er Jahren, so zeigt sich eine erkennbare Veränderung. Der Wandel bahnte sich in der ersten Hälfte der 60er Jahre bei den Exportgütern an. Das Schwergewicht verlagerte sich von Mineralien sowie Agrarprodukten auf hauptsächlich verarbeitete Produkte der Leichtindustrie[54].

Die Importe von Treibstoffen und Chemikalien sowie Kunstdünger haben relativ abgenommen, weil in diesen Bereichen Importsubstitutionen in großem Ausmaß ermöglicht wurden[55].

Tabelle 8

Die Entwicklung des südkoreanischen Außenhandels[a])
(in Mill. US-Dollar)

	1955	1958	1961	1964
Exporte	18,0	16,5	40,9	119,1
Importe	341,4	378,2	316,1	404,4
Saldo der Handelsbilanz	— 323,4	— 361,7	— 275,2	— 285,3
	1967	**1969**	**1970**	**1971**
Exporte	320,2	622,5	835,2	1 067,6
Importe	996,2	1 823,6	1 984,0	2 394,3
Saldo der Handelsbilanz	— 676,0	— 1 201,1	— 1 148,8	— 1 326,7

a) Für 1972 liegen die Zahlen von Januar bis September vor. Exporte = 1 119,0; Importe = 1 816,5 (Mill.); hierzu siehe *Statistisches Bundesamt Wiesbaden* (Hrsg.): Mitteilungen der Bundesstelle für Außenhandelsinformation (BfA), März 1973, Jg. 23, Nr. 52, S. 1.

Quelle: Vom Verfasser zusammengestellt nach Angaben in: *Choi*, T. M.: Die graphische Erklärung der koreanischen Wirtschaft, S. 169.

[53] Vgl. Handelsblatt vom 13. 3. 1969, „Südkorea forciert Industrialisierung mit niedrigsten Löhnen in Asien“, S. 15.

[54] Vgl. *Hesse*, K. und *Ischinger*, W.: Die Entwicklungsschwelle, S. 228.

[55] Vgl. *Hesse*, K. und *Ischinger*, W.: Die Entwicklungsschwelle, S. 227.

Im Laufe der 60er Jahre ist auch eine Wandlung der Außenhandelsbeziehungen gegenüber bestimmten Industrieländern zu beobachten, die insbesondere beim Import stark von den Kapitalhilfen der Länder abhängt. Zum Beispiel wurden in der zweiten Hälfte der 50er Jahre über 80 % der südkoreanischen Importe durch nichtrückzahlbare Kapitalhilfen von den USA finanziert. Mit dem Rückgang dieser Kapitalhilfen ist auch der Anteil der Importgüter aus den USA am Gesamtimport gesunken, und zwar von über 55 % im Jahre 1958 auf etwa 30 % im Jahre 1968, während der Anteil Japans am südkoreanischen Import in dieser Zeit von etwa 13 % auf über 43 % auf Grund der japanischen Kapitalhilfe zunahm[56].

Andererseits konnte aber auch der Anteil des Exports nach Westeuropa in den letzten Jahren gesteigert werden, wobei die südkoreanischen Waren den japanischen Exportgütern erhebliche Konkurrenz machten[57].

Die Bemühungen um die Ausgleichung des chronischen Handelsdefizits in der Zahlungsbilanz führten in den 60er Jahren durch Exporterfolge in Verbindung mit Importsubstitution zu einer stufenweisen Entlastung der Handelsbilanz. Es besteht aber immer noch manche strukturelle Schwäche des südkoreanischen Außenhandels, da nämlich die Exporte im Jahre 1971 noch nicht die Hälfte der gesamten Importe ausmachten, obwohl der Ausfuhrindex seit 1970 höher ist als der Einfuhrindex.

Tabelle 9

Entwicklung der Indexziffer der Ex- und Importwaren
(1965 = 100)

	1966	1967	1968	1969	1970	1971
Export	143,0	183,9	260,1	355,6	477,0	609,8
Import	154,0	215,0	316,8	393,5	428,1	516,6

Quelle: Vom Verfasser zusammengestellt nach Angaben in: Major Economic Indicators 1961—1971, Seoul 1972, S. 69 sowie 77.

Ein wichtiges Ziel der Außenhandelspolitik Südkoreas im Rahmen des 3. Fünfjahresplanes soll daher sein, das Defizit in der Handelsbilanz zu beheben, wofür in erster Linie das gesamte Exportvolumen so schnell wie möglich vergrößert werden muß, so daß sich durch die dadurch

[56] Die Zunahme des Anteils am Import von seiten Japans basiert zweifelsohne auch auf der hohen Wettbewerbsfähigkeit japanischer Exportgüter.

[57] Vgl. *Hesse*, K. und *Ischinger*, W.: Die Entwicklungsschwelle, S. 229.

bedingten zusätzlichen Importe keine negativen Auswirkungen für die Zahlungsbilanz ergeben[58].

Die Lösung des Problems des hohen südkoreanischen Imports liegt in der künftigen Förderung solcher einheimischer Industrien, die zur Importbeschränkung beitragen.

Die Handelsbilanzlücke schließt sich trotz hoher Exportsteigerung in den letzten Jahren nur langsam, da die südkoreanische Exportindustrie durch die Dollar-Abwertung sowie Yen-Aufwertung unter den doppelten Druck von seiten der Importkosten bzw. Exportpreise geriet[59]. Die mehrfachen Abwertungen des Won, 1969 um 4,5 % und Mitte 1971 um 12,9 %, sollten sich in einer Stärkung der Exporte und einer Abschwächung der Importe auswirken. Die südkoreanische Regierung gab jedoch den Kurs am 2. 12. 1971 wieder frei, um den Einfluß auf die Preissteigerung abzuschwächen[60]. Die Freigabe des Wechselkurses führte bis September 1972 allerdings noch zu einer weiteren Abwertung um rund 8 %, was sich wiederum auf die Entwicklung des Exports auswirkte[61].

Im Ganzen gesehen zeigt sich also für Südkorea eine positive Tendenz der Außenhandelsentwicklung. Das bestätigen auch die statistischen Daten für 1972, die einen Exportanstieg von 50 % ausweisen gegenüber einer Zuwachsrate des Imports von nur etwa 0,5 %[62].

Es wird aber noch sehr intensiver Exportanstrengungen bedürfen, um die relativ günstige Handelsbilanz aufrecht zu halten und damit das Handelsbilanzdefizit abzubauen.

III. Die Wirtschaftsentwicklungsplanung

Der erste 1961 entstandene Fünfjahresplan für die wirtschaftliche Entwicklung Südkoreas erstreckte sich von 1962 bis 1966[63]. Er wurde von

---

[58] Der 3. Fünfjahresplan (1972 bis 1976) zielt darauf hin, daß der Warenexport von 835,2 Mill. US-Dollar (1970), 3 510 Mill. US-Dollar (1976) sowie der Importbedarf von 1 984 Mill. US-Dollar (1970), 3 654 Mill. US-Dollar (1976) erreicht, womit das Handelsdefizit von 1 148,8 Mill. US-Dollar (1970) auf 144 Mill. US-Dollar verringert werden soll, hierzu vgl. *Regierung der Republik Korea:* Der 3. Fünfjahresentwicklungsplan 1972 bis 1976, Seoul 1971, S. 22 ff.

[59] Vgl. *Geis,* H. G.: Die entwicklungspolitische Wirksamkeit von Entwicklungsbanken, S. 165.

[60] Vgl. *Statistisches Bundesamt Wiesbaden* (Hrsg.): Mitteilungen der Bundesstelle für Außenhandelsinformation (BfA), März 1972, Jg. 22, Nr. 71, S. 5.

[61] Vgl. *Statistisches Bundesamt Wiesbaden* (Hrsg.): Mitteilungen der Bundesstelle für Außenhandelsinformation (BfA), März 1973, Jg. 23, Nr. 52, S. 6.

[62] Vgl. *Statistisches Bundesamt Wiesbaden* (Hrsg.): Mitteilungen der Bundesstelle für Außenhandelsinformation (BfA), März 1973, Jg. 23, Nr. 52, S. 6.

[63] Vgl. *Hesse,* K. und *Ischinger,* W.: Die Entwicklungsschwelle, S. 208.

den USA sowie der Weltbank als zu hoch gegriffen angesehen[64], und doch erbrachte er die wirtschaftliche Grundstruktur für eine autonome Wirtschaftsentwicklung[65].

Die Hauptziele dieses Planes waren Ausbau der Energieversorgung und der Infrastruktur sowie des Kohlenbergbaus und der Landwirtschaft[66].

Wie aus der nachfolgenden Tabelle ersichtlich ist, war in dem ersten Fünfjahresplan eine durchschnittliche wirtschaftliche Wachstumsrate von 7,1 % jährlich angesetzt worden, die schließlich aber mit 8,3 % beträchtlich übertroffen wurde.

An diesen ersten schloß sich der zweite Fünfjahresplan 1967—1971 unmittelbar an, in dem ursprünglich eine durchschnittliche Wachstumsrate von jährlich 7 % festgelegt, aber 1968 revidiert und auf 10 % pro Jahr erhöht wurde[67].

Tabelle 10

Die Wachstumsrate nach Wirtschaftssektoren während der ersten Fünfjahresplanperiode 1962—1966
(in %)

	1962		1963		1964	
BSP-Wachstumsrate	3,5	(5,7) a)	9,1	(6,4)	8,3	(7,3)
Land-, Forst- und Fischereiwirtschaft	— 6,0	(5,3)	7,2	(5,5)	16,2	(5,5)
Bergbau und Industrie	15,7	(11,3)	16,5	(13,7)	5,4	(15,9)
Infrastruktur und sonstige Dienstleistungsbereiche	9,1	(4,4)	8,1	(4,7)	2,3	(5,7)
	1965		**1966**		**1962—1966 b)**	
BSP-Wachstumsrate	7,4	(7,8)	13,4	(8,3)	8,3	(7,1)
Land-, Forst- und Fischereiwirtschaft	— 0,9	(5,7)	11,0	(6,2)	5,5	(5,7)
Bergbau und Industrie	21,1	(17,6)	15,2	(16,7)	14,8	(15,1)
Infrastruktur und sonstige Dienstleistungsbereiche	10,1	(5,7)	14,8	(6,4)	8,9	(5,4)

a) Die Zahlen in Klammern sind die im Plan angesetzte Wachstumsrate.
b) Die durchschnittliche Wachstumsrate in den fünf Jahren 1962—1966.

Quelle: Economic Planning Board of Republic Korea (Hrsg.): Quarterly Economic Research, 3/1970, S. 12.

[64] Vgl. Der *Pearson*-Bericht, S. I/153.

[65] Vgl. *Kim*, C. Y.: Der Beitrag von Partnerschaftsunternehmen, S. 91.

[66] Vgl. *Statistisches Bundesamt Wiesbaden* (Hrsg.): Allgemeine Statistik des Auslandes, Länderberichte Südkorea 1972, S. 30.

[67] Vgl. *Kim*, C. Y.: Der Beitrag von Partnerschaftsunternehmen, S. 95.

Obwohl dieses Ziel im ersten Planjahr aufgrund einer schlechteren Ernte nicht erreicht wurde, konnten in den folgenden Jahren eine Reihe von Planzielen, die für das Jahr 1971 vorgesehen waren, infolge der günstigen wirtschaftlichen Entwicklung bereits ein oder zwei Jahre früher erreicht werden[68].

Die wichtigsten Ziele des zweiten Fünfjahresplanes waren: Durchschnittliche Steigerung des BSP um 10 % pro Jahr, Rückgang der Arbeitslosenquote bis auf 5 % sowie die Zunahme der Beschäftigungszahl auf 10,4 Mill., Verdoppelung der Industrieproduktion, wobei die Exportindustrie bevorzugt gefördert werden sollte, Verbesserung bzw. Bau von Autobahnen und Schnellstraßen sowie die Erweiterung des Eisenbahnnetzes, Förderung des Wohnungsbaus sowie des Baus von Bewässerungsanlagen, die Wiederaufforstung sowie die Reduktion des jährlichen Bevölkerungsanstiegs von 2,8 % auf 2 %, wodurch das Pro-Kopf-Bruttosozialprodukt um 31 % während der Planperiode erhöht werden sollte[69].

Investitonen für diese Vorhaben waren in Höhe von 980,07 Mrd. Won in den Preisen von 1965 vorgesehen[70], wobei die Regierung mit rund 400 Mrd. Won an der Finanzierung beteiligt war. Die Finanzierung dieses Planes sollte zu etwa 60 % aus einheimischen Mitteln und zu 40 % aus Fremdmitteln, d. h. durch ausländische Hilfe erfolgen.

Im Jahre 1972 lief der dritte Fünfjahresplan 1972—1976 an, in dem als Schwerpunkte genannt werden[71]:

— Erzielung eines durchschnittlichen jährlichen Wachstums von 8,6 %, so daß ein Pro-Kopf-Einkommen von 389 US-Dollar erreicht würde. Zugleich sollte das Bevölkerungswachstum auf jährlich 1,5 % gesenkt werden,

— Erreichung der Autarkie in Reis und Getreide durch eine beschleunigte Mechanisierung der Landwirtschaft sowie durch die Förderung der Fischerei,

— Verbesserung des Gesundheitswesens und der allgemeinen Lebensbedingungen in ländlichen Gebieten, insbesondere durch die Elektrifizierung und die Verdichtung des Straßennetzes,

— Verbesserung der Zahlungsbilanz durch Exportförderung, die durch eine stärkere Diversifizierung der Exportindustrie angestrebt wird. Dabei kommt der Verbesserung der internationalen Konkurrenzfähigkeit der Ausfuhrgüter eine große Bedeutung zu. Ferner ist der Bau einer Freihafen- und Industriezone geplant,

---

[68] Vgl. *Hesse*, K. und *Ischinger*, W.: Die Entwicklungsschwelle, S. 209.

[69] Vgl. ebenda, S. 208.

[70] Vgl. Tabelle 11, S. 35 dieser Arbeit.

[71] *Regierung der Republik Korea:* Der 3. Fünfjahresentwicklungsplan, Seoul 1971, S. 3 ff.

— Förderung der industriellen Struktur durch Aufbau der Schwerindustrie und der chemischen Industrie,
— Ausgeglichene Entwicklung des Infrastrukturbereiches durch Ausbau des Verkehrs- und Kommunikationswesens,
— Verbesserung der unternehmerischen Tätigkeit von Regiebetrieben,
— Erhöhung des Lebensstandards durch die Förderung der Wohnungsbauten,
— Verbesserung des Steuer- und Finanzsystems sowie die Erhöhung der inländischen Sparquote.

Tabelle 11

Verteilung der Investitionen nach Wirtschaftssektoren im zweiten Fünfjahresplan
(in Mrd. Won)

Wirtschaftsbereich	Betrag in Mrd. Won	%
Soziale und sonstige Dienste a)	519,122	53
Land-, Forst- und Fischereiwirtschaft	159,938	16,3
Bergbau und verarbeitendes Gewerbe	301,010	30,7
Gesamtinvestitionen	980,077	100

a) Zu den sozialen und sonstigen Diensten gehören Gesundheits- und Bildungswesen, Wissenschaft und Technologie, Stromerzeugung, Bau von Wohnungen, Transport- und Nachrichtenwesen sowie Fremdenverkehr.

Quelle: Vom Verfasser zusammengestellt nach Angaben in: *Statistisches Bundesamt Wiesbaden* (Hrsg.): Allgemeine Statistik des Auslandes, Länderberichte Südkorea 1972, S. 31.

So wurden die zahlreichen der im dritten Fünfjahresplan enthaltenen Ziele bereits in den letzten Jahren des zweiten Fünfjahresplanes angestrebt[72].

Auf der Finanzierungsseite erfordert der dritte Fünfjahresplan einen Anstieg der inländischen Sparquote 1970—1976 von 16,9 % auf 21,5 % des BSP[73].

Die Gesamtinvestitionen des dritten Fünfjahresplanes in Höhe von 4 525 Mrd. Won sollen zu 79 % inländisch und zu 21 % durch ausländische Mittel finanziert werden, gegenüber 62 % bzw. 38 % im zweiten Fünfjahresplan.

---

[72] Vgl. *Hesse*, K. und *Ischinger*, W.: Die Entwicklungsschwelle, S. 210.

[73] Vgl. *Geis*, H. G.: Die entwicklungspolitische Wirksamkeit von Entwicklungbanken, S. 175.

Tabelle 12

Gesamtwirtschaftliche Indikatoren für die Wirtschaftsentwicklung der dritten Fünfjahresplanperiode
(zu Preisen von 1970)

	1972	1974	1976
BSP in Mill. (US-Dollar)	8 830	10 864	13 353
BSP-Wachstumsrate (%)	9,0	8,5	8,5
Pro-Kopf-BSP (US-Dollar)	273	326	389
Bevölkerung (1000)	32 359	33 337	34 345
Wachstumsrate der Bevölkerung (%)	1,6	1,5	1,5

Quelle: Vom Verfasser zusammengestellt nach Angaben in: *Regierung der Republik Korea:* Der 3. Fünfjahresentwicklungsplan 1972—1976, Seoul 1971, S. 148 f., Tabelle 1.

Die Finanzierung der Investitionen soll in stärkerem Maße aus eigenen Mitteln erfolgen[74].

In einem Zehnjahres-Sonderprogramm wurden die wichtigen Projekte für die Entwicklung der vier großen Flußtäler in Südkorea zusammengefaßt, wobei der Bau von Staudämmen und Bewässerungsanlagen vorgesehen ist[75].

Diese Projekte sollen vor allem der Beseitigung der Überschwemmungs- und Dürrekatastrophen dienen[76].

[74] Vgl. Tabelle 39, S. 127 dieser Arbeit.

[75] Vgl. *Statistisches Bundesamt Wiesbaden* (Hrsg.): Allgemeine Statistik des Auslandes, Länderberichte Südkorea 1972, S. 31.

[76] Vgl. *Hesse*, K. und *Ischinger*, W.: Die Entwicklungsschwelle, S. 211.

Zweites Kapitel

Die Geschichte, der Aufbau und die Funktionen des südkoreanischen Bankensystems

A. Die Geschichtliche Entwicklung des Bankensystems

I. Die Entwicklung des modernen Bankensystems am Ende der Yi-Dynastie 1876—1910

Die Geschichte des modernen Bankensystems in Korea nahm ihren Anfang mit dem „Annektionsversuch" Japans gegen Ende des 19. Jahrhunderts. Im Jahre 1876 wurde unter militärischem Druck das „Kanghwa-Handelsabkommen" geschlossen, wodurch es vielen japanischen Händlern möglich wurde, ihre Waren nach Korea zu liefern[1].

Das „Kanghwa-Handelsabkommen" beschleunigte die Öffnung aller wichtigen Häfen, womit überhaupt der Kapitalismus in Korea eindringen konnte[2].

In Japan begann der Industrialisierungsprozeß 1868[3]. Um den angestrebten industriellen Aufschwung zu erreichen, brauchte Japan einerseits dringend die erforderlichen Rohstoffe und andererseits einen entsprechenden Absatzmarkt, der die Produkte seiner sich im Aufbau befindenden Industrie aufnehmen sollte. Daher verfolgte Japan seit jeher eine imperialistische Außenpolitik mit dem Nachbarland Korea[4].

Zwei Jahre nach dem auf der Insel „Kanghwa" abgeschlossenen Handelsabkommen war im Juni 1878 eine japanische Bankfiliale von der Ersten Nationalbank von Japan[5] in der Hafenstadt Pusan im äußersten

---

[1] Vgl. *Zo*, K. Z.: Die koreanische Wirtschaftsgeschichte, Seoul 1968, (koreanisch), S. 364. Nach K. Z. *Zo* betrug die Zahl der Japaner 1910 über 170 000, von denen über ein Drittel bei Industrie und Handel beschäftigt war.

[2] Vgl. *Song*, K. C.: Die Industrialisierung Koreas 1876 bis 1956, S. 43. Von diesem Zeitpunkt ab wurde erst das von dem fremden Einfluß absolut isolierte Feudalsystem während der ganzen Yi-Dynastie (1399 bis 1910) abgebaut.

[3] Vgl. *Hax*, K.: Japan, Wirtschaftsmacht des fernen Ostens, Köln und Opladen 1961, S. 19.

[4] Vgl. *Zo*, K. Z.: Die koreanische Wirtschaftsgeschichte, S. 259 f.

[5] Die Erste Nationalbank von Japan wurde nach dem im Jahre 1872 erlassenen Nationalbankgesetz nach amerikanischem Muster als erste japanische

Süden Koreas errichtet worden, die hauptsächlich dem Interesse des japanischen Warenhandels dienen sollte[6].

Dies bedeutete aber nicht das absolute Fehlen eines Finanzsystems in Korea vor dieser Zeit, denn Silber- und Kupfermünzen waren sehr stark im Umlauf[7]. Auch vor 1878 gab es schon verschiedenartige traditionelle Geldverleiher, nämlich Kye[8], Kaekju, Yugak[9], Oyhök[10], Sibyun[11].

Mit der Ausdehnung der Wirtschaft und dem Anwachsen des Handelsvolumens in Korea stieg auch der Bedarf an Kreditinstituten im Interesse der japanischen Wirtschaft. Nach der Errichtung der Filiale in Pusan hat daher die Erste Nationalbank von Japan ihr Filialnetz in Korea umfangreich erweitert, nämlich die Filiale in Wonsan 1880, in Inschun 1883, in Seoul 1888, in Jinnampo und Kunsan 1903[12]. Außerdem eröffneten die Achtzehnbank im Jahre 1889 und die Achtundfünfzigbank im Jahre 1891, die später in „Sicherheitsbank" umbenannt wurde, Filialen in Korea[13]. 1907 wurde die Milyangbank mit Hauptsitz in

---

Notenbank 1873 gegründet. Vgl. *Schultze-Kimmle*, H. D.: Japans Banken, in: Institut für Bank- und Kreditwirtschaft der Bayerischen Julius Maximilian Universität Würzburg (Hrsg.): Bankwirtschaftliche Studien, Folge I, Würzburg 1968, S. 13. Vgl. auch *Ikeda*, K., *Kato*, Y. und *Tayoji*, I.: Die industrielle Entwicklung in Japan unter besonderer Berücksichtigung seiner Wirtschafts- und Finanzpolitik, in: *Voigt*, F. (Hrsg.): Schriftenreihe zur Industrie- und Entwicklungspolitik, Bd. I, Berlin 1970, S. 31. Vgl. auch in: Enzyklopädisches Lexikon für das Geld-, Bank- und Börsenwesen, Bd. II, J bis Z, 3. Aufl., Frankfurt/M. 1968, S. 903.

[6] Vgl. *Zo*, K. Z.: Die koreanische Wirtschaftsgeschichte, S. 348 f.

[7] Vgl. *Park*, S. S.: The Banking System in Korea, Seoul 1968, S. 11.

[8] Von diesen Geldverleihern existiert Kye auch heute noch, worüber später noch ausführlich gesprochen wird.

[9] Die Hauptaufgabe von Kaekju und Yugak waren die Warenvermittlung, Lager- und Transportgeschäfte verbunden mit einer Gästepension. Daneben vermittelten sie durch die Benutzung von Handelswechseln Kredite zwischen den Händlern.

[10] Oyhök ist eine Art der öffentlichen Geldleihe. Die auf dem Lande z. B. eingenommenen Steuergelder wurden an Händler ausgeliehen, die sie dann bei einer höheren Finanzbehörde in der Stadt abliefern mußten. Dadurch wurde den Behörden der Transport der Gelder erspart, und andererseits konnten die Händler mit diesem Geld Waren auf dem Lande kaufen, um sie in der Stadt abzusetzen. Das eingeholte Geld mußte innerhalb einer genau festgelegten Frist bei der Behörde abgeliefert werden.

[11] Sibyun dagegen waren hauptberufliche Finanzmakler, die ausschließlich kurzfristige Kredite allein auf Vertrauensbasis vermittelten, wofür sie keine Sicherheitsgarantie verlangten. Der Sibyunzins wurde nach der fallenden Monatszinsregel berechnet, d. h. der Zinssatz fiel alle 5 Tage um 0,25 %. Z. B., wenn jemand 10 000 Won bis zum 5. des Monats entbehren kann, verleiht er sein Geld über Sibyun zu einem Zinssatz von 1,25 %. Benötigt er dann selbst am 5. die 10 000 Won, kann er über Sibyun das Geld für 1 % leihen. Dadurch waren die kurzfristigen Gelder liquider. Vgl. hierzu: *Korea-Kommerzbank* (Hrsg.): Die 70jährige Geschichte der Korea-Kommerzbank, Seoul 1969 (koreanisch), S. 11 ff.

[12] Vgl. *Korea-Kommerzbank* (Hrsg.): Die 70jährige Geschichte der Korea-Kommerzbank, S. 14 f.

Milyang gegründet, sowie eine Filiale von Japans Heungupbank in Kosung 1908 und eine Filiale der japanischen Jubangbank in Pusan. Diese drei Banken existierten jedoch nur bis 1910[14]. Das waren die japanischen Bankvertretungen bis 1908 in Korea, die in dem damaligen Interessenschwerpunkt der japanischen Wirtschaftsexpansion eröffnet wurden.

Außer diesen japanischen Banken gab es zwei weitere ausländische Bankvertretungen in Inschun und zwar die Filiale der Hongkong-Schanghaibank und die der Russisch-Koreanischen Bank, die von dem damaligen russischen Wirtschaftsberater Aleksej eröffnet wurde[15].

Erst im Jahre 1894 wurden drei Banken von Koreanern gegründet. Es waren die Chosunbank, die Hanheungbank und die Chegukbank, die mit den japanischen Banken in einen scharfen Wettbewerb gerieten, aber schon innerhalb eines Jahres ihre Schalter wieder schließen mußten[16].

Tabelle 13

Die Entwicklung der japanischen Bankenvertretungen bis Ende des Jahres 1908 in Korea

Namen	Hauptsitze	Zahl der Filialen	Gründungs-kapital	Einlagen	Kredite a)
			Yen	Yen	Yen
Erste Nationalbank	Tokyo	14	3 000 000	9 493 697	6 617 831
Achtzehnbank	Nagasaki	8	1 150 000	1 726 419	2 638 359
Achtundfünfzigbank	Osaka	5	200 000	1 459 187	3 161 087
Jubangbank	Yamaguchigen	1	50 000	13 937	35 387
Milyangbank	Milyang	1	—	11 483	53 099
Japans-Heungupbank	Tokyo	1	— b)	206 998	10 000

a) Die an die koreanische Regierung gewährten Kredite sind nicht enthalten.
b) Das Gründungskapital von Milyang- und Heungupbank ist nicht bekannt.

Quelle: Korea-Kommerzbank (Hrsg.): Die 70jährige Geschichte der Korea-Kommerzbank, S. 61.

[13] Vgl. *Lee*, C. Y.: Financing and Capital Formation in Korea, Seoul 1970 (koreanisch), S. 37.

[14] Vgl. ebenda, S. 38.

[15] Vgl. *Korea-Kommerzbank* (Hrsg.): Die 70jährige Geschichte der Korea-Kommerzbank, S. 15.

[16] Vgl. *Zo*, K. Z.: Die koreanische Wirtschaftsgeschichte, S. 368.

Die weitere Gründung der Chunilbank 1899 und der Hansungbank und Hanilbank 1906 hatte das Ziel, den einheimischen Handel durch die eigenen Banken zu fördern. Wegen der diskriminierenden japanischen Politik gegenüber Korea und andererseits auch wegen der schwächeren Kapitalmittel verloren sie aber sehr schnell ihre Bedeutung, während die japanischen Banken ihre Position in Korea festigen konnten[17].

Der versteckte Annektionsversuch der japanischen Regierung half den Banken, die Schlüsselposition in der koreanischen Wirtschaft zu erhalten. So besorgte die Erste Nationalbank von Japan mit ihrem verbreiteten Filialnetz nicht nur die Kreditgeschäfte, sondern auch die Verwaltung der koreanischen Regierungsgelder, den Kauf des Goldes und die Erhebung des Zolles und schließlich auch die Banknotenausgabe. Somit wurden die Noten der Ersten Nationalbank von Japan 1905 im Einvernehmen mit der koreanischen Regierung zum gesetzlichen Zahlungsmittel in Korea[18].

Im gleichen Jahre wurde ein Gesetz über die Gemeinschaftslagerhaus-A. G. verkündet, wonach die Hansung-Lagerhaus-A. G. im September 1905 ihren Dienst aufnahm. Die Hansung-Lagerhaus-A. G. durfte Lagerscheine ausstellen, die als ein Zahlungsmittel dienten und auch Handelswechsel bankmäßig diskontieren[19].

Nach Einsetzung der Obersten Japanischen Aufsichtsbehörde im März 1906 wurde die allgemeine Bankgeschäftsverordnung erlassen, wonach zur Eröffnung eines bankähnlichen Institutes die Genehmigung von der Finanzabteilung der Aufsichtsbehörde erforderlich war.

Das im gleichen Monat verkündete Gesetz über die Agrar- und Industriebank hatte als Hauptziel die Förderung der kleinen Agrar- und Industrieproduzenten. Bis 1910 betrug die Zahl der Agrar- und Industriebanken, die ihren Hauptsitz hauptsächlich in den Provinzhauptstädten hatten, sieben Hauptstellen mit insgesamt 27 Zweigstellen in verschiedenen Orten[20]. Die Agrar- und Industriebanken sollten gegen hypothekarische Sicherstellung die kleinen Unternehmer mit Kredit versorgen. An öffentliche Organe oder an Agrar- und Industrieproduzenten mit einer Gemeinbürgschaft von mehr als 20 Einheiten durften sie dagegen Darlehen ohne Sicherstellungsgarantie gewähren. Das Grundkapital wurde voll von der Regierungskasse finanziert. Die Agrar- und Industriebanken wurden 1918 durch die Tschosunsiksanbank fusio-

---

[17] Vgl. Zo, K. Z.: Die koreanische Wirtschaftsgeschichte, S. 372, hierzu auch vgl. *Bankiersverein von Korea* (Hrsg.): Die 20jährige Geschichte der Finanzierung in Korea, Seoul 1967, S. 357.

[18] Vgl. Zo, K. Z.: Die koreanische Wirtschaftsgeschichte, S, 368.

[19] Vgl. *Korea-Kommerzbank* (Hrsg.): Die 70jährige Geschichte der Korea-Kommerzbank, S. 18.

[20] Vgl. ebenda, S. 19.

niert, welche nach dem im gleichen Jahre verkündeten Gesetz über die Siksanbank gegründet worden war. Sie war die Vorläuferin der heutigen staatlichen Industriebank in Südkorea[21].

Überdies sollten die Regional-Kreditgenossenschaften den kleinen Betrieben im landwirtschaftlichen Bereich und den Bauern dienen, die nach dem Gesetz über die Regional-Kreditgenossenschaft, verkündet im Mai 1907, in den verschiedenen Orten errichtet worden waren.

Die Regierung hatte bei der Errichtung der Regional-Kreditgenossenschaften 10 000 Yen als Grundfonds Beihilfe gewährt[22]. Den Kreditgenossenschaften sollten alle Bauern der entsprechenden Regionen als Mitglieder angehören. Jedes Genossenschaftsmitglied konnte ohne weiteres für seine Landwirtschaft Kleinkredite bis zu 50 Yen aufnehmen. Im Jahre 1910 waren 100 Regional-Kreditgenossenschaften in Korea, die alle nach dem Zweiten Weltkrieg zunächst in die Agrarbank und später teils in die heutigen landwirtschaftlichen Genossenschaftsverbände, teils in die Bank für die Mittel- und Kleinbetriebe umgewandelt wurden[23].

Im besonderen Interesse der japanischen Kolonialwirtschaft wurde 1908 die Orientale Entwicklungsgesellschaft (Oriental Development Company) in der juristischen Form einer A. G. gegründet, welche mit der vollen Unterstützung der japanischen Regierung die Kolonialisierung der koreanischen Wirtschaft anstrebte[24]. Sie galt als ein spezielles Finanzinstitut, das langfristige Kredite mit sehr niedrigen Zinssätzen an die japanischen Einwanderer nach Korea gewährte. Sie stellte daneben umfangreiche Hilfsmittel für die Japaner zur Verfügung, die sich für den Landerwerb stark interessierten, z. B. Beihilfe beim Kauf eines Hauses in Korea oder Einreisebeihilfe beim Einwandern nach Korea usw. Als in Korea die Tschosunsiksanbank errichtet wurde, verlagerte die Orientale Entwicklungsgesellschaft ihre Haupttätigkeit in die Mandschurei, da die Tschosunsiksanbank die wesentlichen Teile ihrer Aufgaben in Korea übernahm[25].

Im Oktober 1909 wurde dann die Bank von Korea gegründet, die das Notenausgaberecht der Ersten Nationalbank von Korea übernahm und zugleich mit der Tätigkeit einer Zentralnotenbank in Korea begann[26]. Die Gründung der Bank von Korea veranlaßte die Erste Nationalbank von Japan, sich auf die Aufgaben einer reinen Geschäftsbank zu beschränken[27].

---

[21] Vgl. *Korea-Kommerzbank* (Hrsg.): Die 70jährige Geschichte der Korea-Kommerzbank, S. 19, vgl. auch *Schultze-Kimmle*, H. D.: Japans Banken, S. 18.

[22] Vgl. ebenda, S. 20.

[23] Vgl. ebenda, S. 20.

[24] Vgl. ebenda, S. 21.

[25] Vgl. *Cheilbank* (Hrsg.): Die 40jährige Geschichte der Cheilbank, S. 22 f.

[26] Vgl. *Park*, S. S.: The Banking System in Korea, S. 12.

[27] Vgl. *Zo*, K. Z.: Die koreanische Wirtschaftsgeschichte, S. 375.

II. Die Entwicklung des Bankensystems während der japanischen Kolonialzeit 1910—1945

Am 29. August 1910 wurde ein Abkommen, im eigentlichen Sinne ein Annektionsvertrag, zwischen Japan und Korea abgeschlossen[28], wodurch Korea seine politische Unabhängigkeit offiziell verlor. Die gesamte Verwaltung Koreas wurde vom japanischen Generalgouverneur (auf koreanisch Chongdok) übernommen, der in seiner Position als Exekutivchef nur gegenüber der japanischen Regierung verantwortlich war[29].

Das Gesetz über die Tschosunnotenbank, das am 29. März 1911 verkündet wurde[30], basierte auf einer Entscheidung des japanischen Generalgouvernements. Nach diesem Gesetz, welches die Reorganisation der Zentralnotenbank zum Ziel hatte, erfolgte sogleich die Auflösung der Bank von Korea, die 1909 als Zentralnotenbank gegründet worden war. In erster Linie sollte die Tschosunbank die gesamte Aufgabe der Bank von Korea übernehmen, wobei insbesondere der Schwerpunkt auf der Schaffung einer neuen Währungsordnung zum Zwecke der Kolonialwirtschaft liegen sollte. Diese Reform des Zentralbankwesens entsprang dem Bestreben, die politischen Aktionen Japans in der Mandschurei und Korea zu stärken. Der Geldumlauf und die Kreditversorgung sollten seinen Lenkungsprinzipien folgen[31].

Nach Errichtung einer Filiale in Osaka und Tokyo eröffnete die Tschosunbank mehrere Filialen in der Mandschurei und China, wodurch der Umlauf der Tschosunbanknoten weiter verbreitet wurde. Im Jahre 1918 hatte die Tschosunbank bereits in sieben der wichtigsten Städte in der Mandschurei und in China eine Filiale.

Die japanische Regierung erklärte dann im Jahre 1917 im Kantongebiet und in der Mandschurei die Tschosunbanknoten „Yen" als dort gültiges gesetzliches Zahlungsmittel.

Somit hat die Tschosunbank eine Finanzbrücke zwischen drei Ländern — Japan, Korea und der Mandschurei — bauen können[32].

Die schnelle Entwicklung der Tschosunbank hatte schließlich die Errichtung des Repräsentantenbüros in London 1918 und in Neu-York 1919 zur Folge. Dies sollte auch ein Zeichen einer planmäßigen Entwicklung der japanischen Kolonialpolitik im ostasiatischen Raum sein. Allerdings

---

[28] Vgl. *Kim*, J. U.: Das Bankensystem, Seoul 1967, S. 42.

[29] Vgl. *Park*, S. J.: Die Wirtschaftsbeziehungen zwischen Japan und Korea 1910 bis 1968, Wiesbaden 1969, S. 40.

[30] Vgl. *Kim*, J. U.: Das Bankensystem, S. 43.

[31] Vgl. *Song*, C. J.: Die Neugestaltung des Bankwesens in der Republik Korea nach dem Ende des Zweiten Weltkrieges, Diss. München 1963, S. 27.

[32] Vgl. *Bankiersverein von Korea* (Hrsg.): Die 20jährige Geschichte der Finanzierung in Korea, S. 31.

geschah die bankmäßige Abwicklung des Zahlungsverkehrs mit dem Ausland nach Maßgabe der japanischen Vorschriften und blieb in ihrem engeren Tätigkeitsbereich auf die Geschäftsbeziehungen zur Besatzungsmacht beschränkt[33].

Erst im Jahre 1911 wurde eine Vorschrift erlassen, die die Zinssätze auf einem niedrigeren Niveau festlegte[34]. Hiermit sollten die unterschiedlichen Zinssätze zwischen Japan und Korea reguliert werden, um den aufgrund des bisherigen Zinsgefälles unnötigen Geldzufluß aus Japan zu beenden[35].

Nachdem in der Zwischenzeit viele Banken nach mehreren verschiedenen Verordnungen errichtet worden waren, beschloß das japanische Generalgouvernement 1912 eine neue Bankregelung, die die Zulassung sowie Überwachung der Bankgeschäfte in Korea einheitlich regelte[36]. Dieser Beschluß erklärte die Bankgeschäftsverordnung von 1906, die bisher allein für die Koreaner maßgebend war, für ungültig. Die Gründung der Sunnamhandelsbank 1912 in Taigoo und der Koopobank in Koopo geschah ebenfalls nach dieser neuen Regelung.

Das Grundkapital von beiden Banken war zum ersten Mal von Japanern und Koreanern gemeinsam eingezahlt worden[37].

Das Fusionsverfahren zwischen der Hansung-Lagerhaus-A. G. und der Chunilbank, die seit 1910 den Namen „Tschosunhandelsbank“ trug, erfolgte auch nach dieser neuen Verordnung[38].

Entsprechend wurden 1913 die Pusanhandelsbank, die Taigoobank, die Honambank, die Kyungsungbank und die Chilsungbank gegründet, die zum Teil von Japanern und Koreanern gemeinsam verwaltet wurden. Außerdem wurden mehrere Geschäftsbanken in dieser Zeit gegründet, nämlich die Sineujubank (später Pyungyangbank) 1917, die Dongrae-

---

[33] Vgl. *Song*, C. J.: Die Neugestaltung des Bankwesens, S. 31.

[34] Vgl. *Kim*, J. U.: Das Bankensystem, S. 46. Nach J. U. *Kim* sah die Zinsbeschränkung folgendermaßen aus:

Einlagen (Yen)		Höchster Zinssatz
bis	100	3 % jährlich
von	100—1 000	2,5 % jährlich
über	1 000	2,0 % jährlich

[35] Vgl. *Bankiersverein von Korea* (Hrsg.): Die 20jährige Geschichte der Finanzierung in Korea, S. 34.

[36] Bis 1912 galt für die Japaner in Korea das Bankengesetz von Japan.

[37] Vgl. *Bankiersverein von Korea* (Hrsg.): Die 20jährige Geschichte der Finanzierung in Korea, S. 34.

[38] Vgl. ebenda, S. 358 ff.

bank 1918 und die Wonsanhandelsbank 1919, die bei ihrer Gründung die Chilsungbank aufgenommen hatte[39]. Die Samnambank, die Haedongbank, die Kyungilbank, die Kyungnamkonglipbank, die Honambank und die Tschosunsilup öffneten im Jahre 1920 ihre Schalter[40].

Das Gesetz über die Tschosunsiksanbank[41] wurde im Juni 1918 erlassen. Aber erst vier Monate später nahm sie ihren Dienst auf, während sie gleichzeitig alle Agrar- und Industriebanken übernehmen mußte[42]. Die ursprüngliche Idee dieses Gesetzes war die Reorganisation der Agrar- und Industriebanken, die die Funktion einer Kolonialpolitik übernehmen sollten. Sie sollten vor allem die wichtigen Industriezweige durch langfristige Kreditgewährung gegen Beleihung von Effekten, Immobilien sowie Bergbau- und Fischereirechten unterstützen und zu diesem Zwecke nötige Kapitalien entsprechend des Tschosunsiksanbankgesetzes durch die Ausgabe eigener Obligationen beschaffen[43].

Im Jahre 1918 wurden die Regional-Kreditgenossenschaften reorganisiert; eine Folge davon war die Entstehung der Kreditgenossenschaftsverbände, an die alle Regional-Kreditgenossenschaften nach provinziellen Einheiten angeschlossen werden sollten. Die Errichtung dieser Genossenschaftsverbände basierte auf einem neuen Gesetz über die Kreditgenossenschaftsverbände, das die Zentralisierung der Regional-Kreditgenossenschaften vorsah. Nach Inkrafttreten dieses Gesetzes erfolgte sogleich die Trennung zwischen ländlichen und städtischen Kreditgenossenschaften, weil diese Spaltung mit der Zeit als notwendig empfunden wurde. Diese neu organisierten Kreditgenossenschaftsverbände waren wichtige Kooperationspartner der Tschosunsiksanbank gewesen[44].

Die Pyungyanbank fusionierte 1921 mit der Samhwabank und nannte sich nach dem Zusammenschluß die Daidongbank. Sie wurde im Jahre 1925 durch die Tschosunhandelsbank aufgenommen, die schon 1924 mit der Tschosunsilupbank zusammengeschlossen worden war[45].

Daneben gab es in dieser Zeit die speziellen Finanzinstitute „Mujin", die vor allem aus der japanischen Tradition stammten. 1922 wurde ein Gesetz erlassen, wonach alle Mujingeschäfte, die bis dahin im Schatten der Banken ihre Geschäfte führten, gesetzlich ihre Tätigkeit ausüben

---

[39] Vgl. *Bankiersverein von Korea* (Hrsg.): Die 20jährige Geschichte der Finanzierung in Korea, S. 38.

[40] Vgl. *Kim*, J. U.: Das Bankensystem, S. 46.

[41] Vgl. *Schultze-Kimmle*, H. D.: Japans Banken, S. 18.

[42] Vgl. S. 40 f. dieser Arbeit.

[43] Vgl. *Bankiersverein von Korea* (Hrsg.): Die 20jährige Geschichte der Finanzierung in Korea, S. 37.

[44] Vgl. *Bankiersverein von Korea* (Hrsg.): Die 20jährige Geschichte der Finanzierung in Korea, S. 38.

[45] Vgl. *Korea-Kommerzbank* (Hrsg.): Die 70jährige Geschichte der Korea-Kommerzbank, S. 75.

durften. Bis 1922 betrug die Zahl der Mujingeschäfte über 77, die nach dem Erlaß des Mujingesetzes zu sechs großen Mujingesellschaften zusammengeschlossen wurden. Das Mujingeschäft war eine Kombination eines Teilzahlungs- und Sparkreditsystems. Die Mujinkredite wurden schon während des Ansparens oder, nachdem ein vertraglich vereinbarter Betrag angespart war, gewährt[46].

Nach dem ersten Weltkrieg bzw. während der Wirtschaftskrise setzte im Bereich der Banken auch in Korea ein stärkerer Konzentrationsprozeß ein. Viele kleinere Geschäftsbanken wurden entweder von größeren Banken übernommen oder liquidiert[47]. Infolgedessen nahm die Zahl der Geschäftsbanken nach einer sehr kurzen Lebenszeit rasch ab, während einige große Banken an Bedeutung gewannen. Die Bildung der Großbanken wurde insbesondere dadurch unterstützt[48], daß alle Banken ein Mindestkapital von 2 Mill. Yen aufweisen mußten[49].

Die Reformkommission des Bankensystems unter Aufsicht des Finanzkommissars des japanischen Generalgouvernements wurde am 6. August 1928 gebildet, von der eine große Reform der bisherigen Bankenverordnung vorgeschlagen und später durchgeführt wurde[50]. Die wichtigsten Änderungen waren erstens die Einsetzung des Mindestreservesatzes (10 % der Einlagen), des Mindestaktienkapitals von 2 Mill. Yen und das Verbot, neben dem Bankengeschäft ein anderes Geschäft zu betreiben[51].

Im Juli 1929 wurde trotz der Fusionsaktionen der Geschäftsbanken die Tschosunsparbank gegründet[52], deren Entstehung nicht zuletzt auf den Vorschlag der Reformkommission zurückzuführen war. Der Schwerpunkt dieser Sparbank lag zweifelsohne in der Förderung des einheimischen Sparens, das zu Investitionen des Industrieaufbaues mobilisiert werden sollte[53].

Die Bemühungen der Reformkommission, Großbanken herauszubilden, hatten das positive Ergebnis, daß sich die Zahl der Hauptstellen von Geschäftsbanken von 18 im Jahre 1927 auf insgesamt 10 im Jahre

---

46 Vgl. *Schultze-Kimmle*, H. D.: Japans Banken, S. 184.

47 Vgl. *Bankiersverein von Korea* (Hrsg.): Die 20jährige Geschichte der Finanzierung in Korea, S. 39 f.

48 Vgl. ebenda, S. 41.

49 Vgl. *Lim*, M. M.: Die Bankengeschichte in Korea (koreanisch), Seoul 1963, S. 51.

50 Vgl. *Bankiersverein von Korea* (Hrsg.): Die 20jährige Geschichte der Finanzierung in Korea, S. 41, hierzu auch *Lim*, M.M.: Die Bankengeschichte in Korea, S. 50 f. sowie *Kim*, J. U.: Das Bankensystem, S. 50.

51 Vgl. *Lim*, M. M.: Die Bankengeschichte in Korea, S. 51.

52 Vgl. *Cheilbank* (Hrsg.): Die 40jährige Geschichte der Cheilbank, S. 5.

53 Vgl. *Bankiersverein von Korea* (Hrsg.): Die 20jährige Geschichte der Finanzierung in Korea, S. 42.

1937 verringerte, während die Zahl der Zweigstellen von 123 auf 190 stieg[54].

Nach Ausbruch des Mandschurei-Zwischenfalles wurde im Dezember 1931 eine Sonderfiliale der Tschosunbank in Bongchun in der Mandschurei eingerichtet, deren eigentliche Aufgabe es war, die Gründung einer Zentralbank in der Mandschurei zu unterstützen. Zugleich sollte an den Mandschureistaat, der unter japanischer Herrschaft stand, ein Aufbaukredit in Höhe von 2 Mill. Yen gewährt werden. Außerdem sollte die Tschosunzentralbank den Aufbau des Mandschureistaates durch die Beteiligung an Staatsschuldverschreibungen finanzieren. Erst als im Jahre 1934 die Zentralbank der Mandschurei nach dem Abschluß der lange andauernden organisatorischen Vorbereitungen ihre Geschäfte aufnahm, konnte die Tschosunbank ihre Tätigkeit in der Mandschurei als Zentralbank an die neu gegründete Zentralbank der Mandschurei übergeben[55].

Außer dieser Sonderfiliale der Tschosunbank wurden in dieser Zeit weitere Filialen in der Mandschurei eröffnet, die 1936 neben den beiden Filialen in Yursun und Daeryun von der Heungupbank von der Mandschurei übernommen wurden. Somit hatte die Tschosunbank ihre gesamte Tätigkeit als Zentralbank in der Mandschurei bendet. Diese Tschosunbankfilialen hatten — entsprechend der Ersten Nationalbank von Japan von 1878—1905 in Korea — die wichtige Aufgabe, die japanische Kolonialwirtschaft in der Mandschurei auszubreiten[56].

Als Grundlage für die Entwicklung des Treuhandgeschäfts in Korea wurde im September 1931 eine Geschäftsregelung über das Treuhandgeschäft verkündet[57], wonach die fünf großen Treuhandgeschäfte ihre Tätigkeit aufnahmen. Vor dieser Verkündung gab es bereits verschiedene kleine Treuhandgesellschaften in Korea, die nach dieser Geschäftsregelung entweder von größeren Gesellschaften fusioniert oder liquidiert wurden[58].

Nach Ausbruch des japanisch-chinesischen Krieges 1937, insbesondere nach dem Beginn des Zweiten Weltkrieges, wurden die Banken zur Kriegsfinanzierung herangezogen. Die gesamte koreanische Wirtschaft wurde zugunsten der Kriegsmaterial-Mobilisierung Japans umgestaltet. Die Schwerindustrie in Korea sollte der Herstellung von Roh- und

[54] Vgl. *Bankiersverein von Korea* (Hrsg.): Die 20jährige Geschichte der Finanzierung in Korea, S. 43. Die durch Fusionen größer gewordenen Banken hatten ihr Filialnetz weiter ausgebaut.

[55] Vgl. *Bankiersverein von Korea* (Hrsg.): Die 20jährige Geschichte der Finanzierung in Korea, S. 44.

[56] Vgl. *Cheilbank* (Hrsg.): Die 40jährige Geschichte der Cheilbank, S. 22.

[57] Vgl. *Bankiersverein von Korea* (Hrsg.): Die 20jährige Geschichte der Finanzierung in Korea, S. 47.

[58] Vgl. *Cheilbank* (Hrsg.): Die 40jährige Geschichte der Cheilbank, S. 27.

Kriegsmaterialien dienen[59]. Das größte Problem in der damaligen japanischen Wirtschaft war, wie die Beschaffung der notwendigen Rohstoffe sichergestellt werden konnte.

Am 5. Oktober 1937 wurde ein Gesetz über die Finanzmittel-Mobilisierung erlassen, nach dem alle Bankkredite durch das japanische Generalgouvernement kontrolliert und gesteuert werden mußten. Die Kontrolle des Außenhandels beinhaltete sowohl die Devisenkontrolle als auch die der Außenhandelsgeschäfte. Bei der Finanzierung sollte die Schwerindustrie, insbesondere die Rohmaterialindustrie, die zur Herstellung der Kriegsmaterialien von Bedeutung war, ohnehin bevorzugt werden[60].

Tabelle 14

Die Kreditinstitute vor dem Ende des Zweiten Weltkrieges 1945a)

Namen der Institute	Zahl der Hauptstellen	Zahl der Zweigstellen
Tschosunzentralnotenbank	1	16
Tschosunsiksanbank	1	74
Tschosunsparbank	1	21
Geschäftsbanken b)	2	136
Regional-Kreditgenossenschaften	613	299
Verbände der Kreditgenossenschaften	1	13
Treuhandgesellschaft	1	7
Mujingesellschaft	1	44
Total	621	610

a) Die Filialen japanischer Geschäftsbanken, die ihre Hauptstelle nicht in Korea hatten, sind mitgezählt.
b) Die zwei Geschäftsbanken waren die Tschosunhandelsbank und die Choheungbank.
Quelle: Bankiersverein von Korea (Hrsg.): Die 20jährige Geschichte der Finanzierung in Korea, S. 54.

Der Prozeß des Zusammenschlusses der Banken setzte sich während der Kriegszeit weiter fort und dauerte bis einschließlich Oktober 1943. Nach der Fusion zwischen Tschosun- und Pusanhandelsbank im Jahre 1935[61] wurde die Haedongbank durch die Hansungbank 1938 fusioniert, welche nach drei Jahren wieder die Kyungsanghapdongbank übernahm.

[59] Vgl. *Bankiersverein von Korea* (Hrsg.): Die 20jährige Geschichte der Finanzierung in Korea, S. 48.

[60] Vgl. ebenda, S. 49 f. sowie *Zo, K. Z.*: Die koreanische Wirtschaftsgeschichte, S. 440.

[61] Vgl. *Korea-Kommerzbank* (Hrsg.): Die 70jährige Geschichte der Korea-Kommerzbank, S. 80.

Die Tschosunhandelsbank, die durch mehrmalige Fusionen ein sehr breites Filialnetz besaß, hatte alle Filialen der Taegoosangkongbank aufgekauft[62]. Im Jahre 1942 wurde die Honnambank durch die Dongilbank fusioniert, die nach einem Jahr mit der Hansungbank zusammengeschlossen wurde und am 1. Oktober 1943 als erste große Geschäftsbank in Korea ihre Schalter unter dem Namen „Choheungbank" eröffnete[63].

Die bis Ende des Zweiten Weltkrieges in Korea noch existierenden Kreditinstitute werden in der Tabelle 14 veranschaulicht.

III. Die Entwicklung des Bankensystems nach dem Ende des Zweiten Weltkrieges bis zur Militärrevolution 1945—1961

„Mit der Befreiung Koreas aus japanischer Gewalt im Jahre 1945 begann die jüngste Etappe der koreanischen Wirtschaftsgeschichte"[64]. Durch die Teilung des Landes wurde Südkorea wegen der wirtschaftlichen Struktur des Landes besonders schwer betroffen, da das unter der japanischen Kolonialmacht entstandene Verhältnis von Industrie im Norden und Landwirtschaft im Süden sich nicht mehr ergänzen konnte[65]. Aber schon während des 2. Weltkrieges erlebte die koreanische Wirtschaft ihren Niedergang, weil Japan die Industrie ausschließlich zur Herstellung der Kriegsmaterialien verwendete[66]. Unter dieser ungünstigen Ausgangslage kam es zu grundlegenden Überlegungen für den Wiederaufbau der koreanischen Wirtschaft. In erster Linie ergab sich die Frage nach der Wiederherstellung eines funktionsfähigen Kreditwesens, denn das koreanische Bankwesen war unter japanischer Herrschaft nur zugunsten der Kolonial- und Kriegswirtschaft Japans aufgebaut worden. Dennoch konnten die Banken, die nach dem Ende des 2. Weltkrieges in Korea noch vorhanden waren, keine direkte Bedeutung für den erforderlichen Wirtschaftsaufbau gewinnen. Sowohl die Banktätigkeit der Tschosunnotenbank als auch die der Spezialbanken umfaßte in den Nachkriegsjahren immer mehr die Wahrnehmung allgemeiner Bankgeschäfte; dies führte schließlich zu einer totalen Vernachlässigung ihrer Sonderaufgabe als Spezialbanken[67].

Auf Grund der von der Militärregierung verkündeten vorläufigen Bankengeschäftsregelung[68] wurde am 1. 4. 1946 die Tschosunmujingesell-

---

[62] Vgl. ebenda, S. 82.

[63] Vgl. *Choheungbank* (Hrsg.): Die 65jährige Geschichte der Choheungbank, Seoul 1962, S. 53 ff.

[64] Vgl. *Kim*, H. C.: Die industriellen Mittel- und Kleinunternehmen in Korea als Basis der wirtschaftlichen Entwicklung, Diss. Köln 1961, S. 28.

[65] Vgl. *Zentralverband der Landwirtschaftsgenossenschaften* (Hrsg.): Die Geschichte der koreanischen Agrarfinanzierung, Seoul 1963, S. 118.

[66] Vgl. *Song*, C. J.: Die Neugestaltung des Bankwesens, S.9.

[67] Vgl. ebenda, S. 34.

[68] Vgl. *Kim*, J. U.: Das Bankensystem, S. 62.

schaft A. G. in eine Geschäftsbank (Sanghobank) umgewandelt, die sich bis dahin nur mit dem Mujingeschäft befaßte.

Daneben begann im Oktober desselben Jahres die Reorganisation der Treuhandgesellschaften, die zu einer Treuhandbank zusammengeschlossen wurden[69].

Im Juli 1947 ordnete die Militärregierung an, 25 % der gesamten Geschäftsbankenfilialen, die in Anbetracht ihres Geschäftsvolumens zu unbedeutend waren, zu schließen, um die Geschäftsbankentätigkeit zu rationalisieren[70].

In diesem gleichen Monat wurde vor allem eine Wechselbank gegründet, um den damaligen minimalen Außenhandel lebensfähig zu erhalten. Die Hauptaufgabe dieser Wechselbank bestand in der Durchführung von Devisentransaktionen sowie in der Unterhaltung von Valutenkonten für natürliche und juristische Personen. Aber schon nach etwa drei Jahren wurden die Aufgaben der Wechselbank von der neu gegründeten Zentralnotenbank, der Bank von Korea, übernommen[71].

Im Zuge der provisorischen Maßnahmen während der Militärregierungszeit der Vereinigten Staaten von Amerika wurde das Vermögen, welches bis dahin größtenteils den Japanern oder der japanischen Regierung gehörte, der Militärregierung übertragen. Durch diese Operation erwarb die im September 1948 neu gebildete koreanische Regierung unter anderen Vermögenswerten auch das Eigentum der zahlreichen Banken, abgesehen von der Choheungbank, die stets in koreanischem Besitz geblieben war[72].

Somit gelangte der überwiegende Teil des Bankvermögens in Regierungsbesitz[73]. Die von diesen Maßnahmen betroffenen Banken waren die Tschosunhandelsbank, die Tschosunsparbank, die Tschosuntreuhandbank und die Tschosunsanghobank.

Die Korea-Sanghobank[74] wurde am 6. 6. 1950 in eine Handels- und Industriebank umgewandelt, die aber am 1. 10. 1954 schon wieder mit

[69] Vgl. *Bankiersverein von Korea* (Hrsg.): Die 20jährige Geschichte der Finanzierung in Korea, S. 83.

[70] Vgl. *Kim*, J. U.: Das Bankensystem, S. 63.

[71] Vgl. *Bankiersverein von Korea* (Hrsg.): Die 20jährige Geschichte der Finanzierung in Korea, S. 88.

[72] Vgl. *Song*, C. J.: Die Neugestaltung des Bankwesens, S. 85.

[73] Vgl. *Bankiersverein von Korea* (Hrsg.): Die 20jährige Geschichte der Finanzierung in Korea, S. 85 f.

[74] Die Korea-Sanghobank war die Nachfolgerin der Tschosunsanghobank, aus welcher sie durch Umbenennung entstand. 1949/50 wurde das Wort „Tschosun“, alter Name für Korea, im Namen der verschiedenen Banken aus politischen Gründen ersetzt durch die Bezeichnung „Korea“, da Nordkorea sich „Tschosunminju-Konghwakuk“ nannte.

der Korea-Treuhandbank fusionierte. Seit ihrem Zusammenschluß trug sie den Namen „Korea-Heungupbank“[75].

Der Umwandlungs- und Fusionsvorgang der Banken in dieser Periode schuf die Basis einer Neuorientierung im Kreditwesen Koreas, in dessen Gefolge endlich ein Gesetz über die neue Zentralnotenbank entstand. Nach diesem Gesetz wurde am 12. 6. 1950 die Bank von Korea gegründet, was zugleich die Auflösung der Tschosunnotenbank bedeutete[76].

Zur Vorbereitung des neuen Gesetzes über das Bankwesen beschloß die Regierung die Einladung ausländischer Bankfachleute. Es kamen Dr. A. I. Bloomfield und J. P. Jensen von der New Yorker Federal Reserve Bank. Der sogenannte Bloomfieldsbericht, für den die beiden Fachleute fünf Monate lang in Südkorea gearbeitet hatten, war die Grundlage sowohl des Zentralbankgesetzes als auch des allgemeinen Bankengesetzes[77].

Weniger als zwei Wochen nach der Gründung der neuen Zentralbank löste das Überschreiten der voll ausgerüsteten nordkoreanischen Divisionen den Korea-Krieg (25. 6. 1950) aus. So mußte sich die gerade entstehende Zentralbank auch um die Kriegsfinanzierung kümmern. Dennoch wurde am 28. 8. 1950 trotz des Krieges die erste Währungsreform durchgeführt, die vor allem die Wiederherstellung einer Währungsordnung zur Aufgabe hatte.

Die alten Noten der Tschosunbank wurden durch die neue „Won“-Währung der Bank von Korea im Verhältnis eins zu eins ersetzt[78].

---

[75] Vgl. *Bankiersverein von Korea* (Hrsg.): Die 20jährige Geschichte der Finanzierung in Korea, S. 156.

[76] Vgl. *Song*, C. J.: Die Neugestaltung des Bankwesens, S. 5.

[77] Vgl. *Bank von Korea* (Hrsg.): Die 20jährige Geschichte der Bank von Korea, Seoul 1970, S. 5.

[78] Vgl. *Lee*, C. Y.: Financing and Capital Formation, S. 27. Innerhalb von weniger als drei Jahren nach der ersten Währungsreform fand die zweite Reform der Won-Währung statt, welche wegen der Gefährdung der Wirtschaftsstabilität notwendig war (15. 12. 1953). Die Ursache dieser Gefährdung war natürlich auf den Kriegsausbruch zurückzuführen. Die unvermeidbare Kriegsfinanzierung hatte Summen benötigt, die durch die laufenden Haushaltsmittel und die realisierbaren Kriegsanleihen nicht gedeckt werden konnten. Die so bedingte unbegrenzte Zentralbanknotenausgabe verursachte schließlich eine unglaubliche Inflation. Ende 1952 belief sich der Preisindex beispielsweise auf 112 834, nachdem das Preisniveau von 1945 bis Ende 1952 um 1 128 % gestiegen war. Diese zweite Währungsreform hatte das Ziel, den Geldwert der Won-Währung auf den alten Stand von 1945 zurückzubringen. Das Umtauschverhältnis war 100 alte Won zu 1 der neuen Won-Währung. Die dritte Währungsreform wurde am 10. 6. 1962 vorgenommen. Das hierfür erlassene Gesetz basierte auf verhältnismäßig unsicheren Vermutungen über den Umfang der in den Händen des Publikums befindlichen Geldhortungsbestände. Wie sich im Laufe der Zeit ergeben hat, sind die oben erwähnten Vermutungen weitgehend unbegründet gewesen. Es wurde eine neue Won-Währung geschaffen, zu dem die alte Hwan-Währung im Verhältnis von 10 zu 1 umgetauscht wurde. Vgl. hierzu ausführlich *Lim*, M. M.: Die Banken-

Mit dem neuen Zentralbankgesetz wurde im gleichen Monat auch das Gesetz über allgemeine Banken vom Nationalparlament verabschiedet, welches aber im Hinblick auf die bevorstehende Privatisierung der Geschäftsbanken vorläufig noch nicht verkündet wurde. Durch den Ausbruch des Korea-Krieges konnte das Gesetz allerdings erst am 15. 8. 1954 in Kraft treten[79].

Nach dem Erlaß des allgemeinen Bankengesetzes begann die Regierung mit der Privatisierung der Geschäftsbanken, denn die Selbständigkeit der Bankwirtschaft war nicht gewährleistet, solange das Bankkapital im Besitz der Regierung war[80]. Die Geschäftsbankenaktien gelangten auf dem Wege über die Versteigerung in Privatbesitz, wobei sich die Industriekonzerne besonders aktiv beteiligten.

Auf diese Weise bildete sich eine stärkere Monopolstellung einiger Industriekonzerne in der Bankwirtschaft heraus, deren Einflußnahme das Schicksal der koreanischen Wirtschaft bestimmte[81].

Es gelang aber im Kreditwesen allmählich, die äußerliche Ordnung herzustellen und die situationsbedingte Verwirrung langsam zu beseitigen.

Auf der Basis dieser Neugestaltung entwickelten sich schließlich die Spezialbanken, deren Geschäfte durch Sondergesetze nach den wirtschaftlichen Erfordernissen im Lande geregelt wurden. Es waren das Gesetz über die Industriebank A. G., verkündet am 20. 12. 1953, und das Gesetz über die Agrarbank A. G., verkündet im März 1956[82].

Die Gründung der neuen Industriebank A. G. erfolgte dann am 1. 4. 1954 und führte zugleich zur Auflösung der bisherigen Korea-Siksanbank. Diese Industriebank A. G. wurde im Jahre 1956 durch die Novelle des Gesetzes voll verstaatlicht und in die Koreanische Wiederaufbaubank (Korean Reconstruction Bank) umbenannt[83].

Daneben bedeutete die Gründung der Agrarbank am 1. 5. 1956 eine Umgestaltung der bisherigen ländlichen Regional-Kreditgenossenschaften, die als regionale Bauernbanken galten, denn sie schienen in der derzeitigen Lage der Landwirtschaft aus mehreren Gründen nicht geeignet. Diese neue Agrarbank diente der Förderung der Landwirt-

---

geschichte in Korea, S. 161 f. sowie *Lee*, C. Y.: Financing and Capital Formation, S. 28 f.

[79] Vgl. *Bankiersverein von Korea* (Hrsg.): Die 20jährige Geschichte der Finanzierung in Korea, S. 148.

[80] Vgl. *Bankiersverein von Korea* (Hrsg.): Die 20jährige Geschichte der Finanzierung in Korea, S. 86.

[81] Vgl. *Song*, C. J.: Die Neugestaltung des Bankwesens, S. 85.

[82] Vgl. *Bankiersverein von Korea* (Hrsg.): Die 20jährige Geschichte der Finanzierung in Korea, S. 134 ff.

[83] Vgl. *Song*, C. J.: Die Neugestaltung des Bankwesens, S. 84.

schaft durch die Gewährung von kurz-, mittel- und langfristigen Krediten[84], sie wurde durch ein Sondergesetz vom 1. 4. 1958 erneut verbessert[85].

Bis 1958 war das Privatisierungsverfahren der Geschäftsbanken abgeschlossen. Jedoch entstand nun das Problem der Neubewertung der Bankanlagen, das durch eine Verordnung vom 1. 1. 1958 über die Neubewertung des Bankvermögens gelöst werden sollte[86]. Der Buchwert des Bankvermögens, das dem Eigenkapital in der Bilanz gegenüberstand, war bemerkenswert gering, da die Banken den Wertansatz ihrer Anlagen trotz der inflatorischen Entwicklung nicht änderten, d. h. eine Neubewertung nicht vornahmen[87].

Am 1. 12. 1958 wurde die Koreanische Sparbank in die Cheilbank (Erste Bank) mit der Begründung umgewandelt, daß sie als eine Sparbank der damaligen Wirtschaftssituation nicht mehr entspräche. Seitdem konnte die Cheilbank in Konkurrenz mit anderen Geschäftsbanken ihr Geschäftsvolumen in umfangreichem Maße ausdehnen[88].

Als erste Regional-Geschäftsbank in Korea wurde am 1. Dezember des folgenden Jahres die Seoulbank für die Bezirke Seoul und Kyunggiprovinz mit dem Ziel der Förderung der regionalen Industrie und des Handels in eigenen Bezirken gegründet[89], sie erstreckte aber später mit der Zustimmung des Währungsrates ihre Geschäftstätigkeit auf das ganze Gebiet Südkoreas.

Im Januar 1960 entstand aus der Umwandlung der Korea-Heungupbank eine neue Geschäftsbank. Sie trug den Namen „Hanilbank“, ohne jedoch eine besondere innere Veränderung herbeizuführen[90].

So war in Südkorea nach der Bildung einer eigenen Regierung 1948 ein Bankensystem aufgebaut worden, zu dem eine Zentralbank gehörte, außerdem zwei Spezialbanken (Wiederaufbaubank und Agrarbank), vier privatisierte große Geschäftsbanken mit sehr breitem Filialnetz im ganzen Gebiet Südkoreas sowie eine Regional-Geschäftsbank, die allerdings nur vorübergehend als Regionalbank diente.

---

[84] Vgl. *Bankiersverein von Korea* (Hrsg.): Die 20jährige Geschichte der Finanzierung in Korea, S. 151 ff.

[85] Vgl. ebenda, S. 174 ff.

[86] Vgl. ebenda, S. 174.

[87] Vgl. ebenda, S. 175.

[88] Vgl. *Cheilbank* (Hrsg.): Die 40jährige Geschichte der Cheilbank, S. 116.

[89] Vgl. *Bankiersverein von Korea* (Hrsg.): Die 20jährige Geschichte der Finanzierung in Korea, S. 185 f.

[90] Vgl. *Kim*, J. U.: Das Bankensystem, S. 227.

IV. Die Entwicklung des Bankensystems nach der Militärrevolution 1961

Anfang der sechziger Jahre tauchte bereits die Frage einer weiteren Arbeitsteilung und Verbesserung der koreanischen Bankwirtschaft auf, die mit den Finanzierungsproblemen der von der Regierung vorbereiteten 5-Jahres-Entwicklungsplanung noch akuter wurde[91].

Nicht weniger wichtig in diesem Zusammenhang erschien auch die Aufgabe der Förderung der Mittel- und Kleinbetriebe, die insbesondere nach dem Waffenstillstand am Ende des Korea-Krieges 1953 infolge der Bevorzugung der Großunternehmen[92] stark vernachlässigt wurden und fast untergegangen waren.

Einen Schritt in dieser Richtung bedeuteten die verschiedenen Gesetze über Spezialbanken sowie die Novellen der Bankengesetze, die von der Revolutionsregierung in den Jahren 1961 und 1962 verabschiedet wurden[93].

Andererseits hat aber merkwürdigerweise das gesamte Bankwesen durch die Verstärkung der aktiven Regierungsübergriffe allmählich seine Selbständigkeit verloren, und zwar besonders dadurch, daß nach dem „Gesetz über Disposition des ungerecht akkumulierten privaten Vermögens" und dem damit verbundenen „provisorischen Gesetz über die Bankenregelung" vom 20. 6. 1961 das vor wenigen Jahren privatisierte Geschäftsbankenkapital zu mehr als 50 % in Regierungsbesitz überging[94].

Zu dieser Novellierung der Bankengesetze zählt auch die Änderung des Zentralbankgesetzes, die am 24. 5. 1962 in Kraft trat[95].

---

[91] Vgl. *Bank von Korea* (Hrsg.): Die 20jährige Geschichte der Bank von Korea, S. 154.

[92] Die Großunternehmen wurden durch die Bevorzugungspolitik der Regierung ohnehin unterstützt, da der Aufbau der Basisindustrie als dringlichstes Problem erschien. Vgl. hierzu *Kim,* H. C.: Die industriellen Klein- und Mittelunternehmen, S. 110 f.

[93] Vgl. *Bankiersverein von Korea* (Hrsg.): Die 20jährige Geschichte der Finanzierung in Korea, S. 212.

[94] Vgl. *Bankiersverein von Korea* (Hrsg.): Die 20jährige Geschichte der Finanzierung in Korea, S. 217. Dieses Gesetz (Bujungchukjae-Churi-Bub) wurde nach dem Amtsantritt der Regierung Chang (Zweite Republik Korea von Juli 1960 bis Mai 1961) am 15. 4. 1961 erlassen, um die während der Periode Syungman Rhees ungerechtfertigt (durch Korruption, Nepotismus usw.) akkumulierten Anteile am Privatvermögen in die Dispositionsgewalt der Regierung zurückzuführen, welches aber erst nach der Militärrevolution erneut behandelt und am 14. 6. 1961 durch die Revolutionsregierung in Kraft trat. Es gab keine Einspruchsmöglichkeit gegen die Entscheidung des mit der Durchführung des Gesetzes beauftragten Revolutionsgerichtes. Nach dem provisorischen Gesetz über die Bankregelung darf niemand mehr als 10 % des gesamten Stimmrechtes an einer Bank ausüben.

[95] Vgl. *Bank von Korea* (Hrsg.): Die 20jährige Geschichte der Bank von Korea, S. 21.

Die wesentlichste Änderung dieses Gesetzes behandelte die Beziehung zwischen Zentralbank und Regierung, wonach der Finanzminister gegen einen währungspolitischen Entschluß des Währungsrates der Zentralbank Widerspruch erheben kann[96]. Falls der Währungsrat diesen Widerspruch des Finanzministers mit einer Zweidrittel-Mehrheit ablehnt, liegt die endgültige Entscheidung beim Staatspräsidenten. Dies zeigt, daß der Währungsrat der Zentralbank in großem Ausmaß der Regierungsgewalt untergeordnet ist, was eine wesentliche Änderung des Gründungsgesetzes der Zentralbank darstellt[97].

Am 1. 7. 1961 wurde das Gesetz über die Bank für Mittel- und Kleinbetriebe verabschiedet, dessen Ziel eine Aufteilung der bisherigen Agrarbank in die Landwirtschaftliche Genossenschaftsverbände und die Bank für kleinere Industriebetriebe war. Bei der Errichtung hatte die Bank für Mittel- und Kleinbetriebe alle in den Städten befindlichen Agrarbankfilialen übernommen. Von ihrer Kreditgewährung blieben naturgemäß die industriellen Großbetriebe und auch die Handelsunternehmen ausgeschlossen[98]. Das war als ein weiteres Zeichen der Arbeitsteilung im Kreditwesen in Südkorea mit Beginn des wirtschaftlichen Aufschwungs zu werten. Zugleich trat das Gesetz über die Landwirtschaftlichen Genossenschaftsverbände (29. 7. 1961) in Kraft, welches den Zusammenschluß der Agrarbank mit den bisherigen Landwirtschaftlichen Genossenschaften zur Folge hatte. Erst dadurch konnte das Agrarkreditsystem, das vorher tatsächlich eher einen Geschäftsbankencharakter gehabt hatte, zu einem funktionierenden Genossenschaftssystem, vor allem für die Land- und Forstwirtschaft, umgewandelt werden[99].

Auch zum Wiederaufbaubankgesetz wurde eine Novelle (27. 12. 1961) erlassen, die diese Wiederaufbaubank einer umfangreichen Änderung unterwarf.

Die Schwerpunkte der Novelle lagen in der Grundkapitalerhöhung und der Möglichkeit, ausländische Kredite aufzunehmen. Mit dieser Gesetzesänderung wurde das Grundkapital auf 20 Mrd. Won (ursprünglich 40 Mill. Won) erhöht und die Aufnahme ausländischer Kredite unter Garantieübernahme durch die Regierung erlaubt[100]. Die Vorbereitung dieser Novelle begann bereits im Jahre 1957 unter dem Regime Syngman Rhees[101], war jedoch wegen der Studentenrevolution im April

---

[96] Vgl. § 5 des koreanischen Zentralbankgesetzes.

[97] Vgl. *Bankiersverein von Korea* (Hrsg.): Die 20jährige Geschichte der Finanzierung in Korea, S. 216.

[98] Vgl. *Song*, C. J.: Die Neugestaltung des Bankwesens, S. 96.

[99] Vgl. *Bankiersverein von Korea* (Hrsg.): Die 20jährige Geschichte der Finanzierung in Korea, S. 220.

[100] Vgl. ebenda, S. 219.

1960 nicht verwirklicht worden. Erst nach der Militärrevolution im Mai 1961 wurde dieser Fragenkomplex erneut behandelt, was zu einer großen Reform führte. Sowohl das Geschäftsvolumen als auch die Geschäftstätigkeit wurde nach dieser Gesetzesänderung erheblich erweitert.

Am 1. 2. 1962 wurde ein Gesetz über die Koreanische Volksbank erlassen, wodurch die „Korea-Mujingesellschaft A. G."[102] zu einer Bürgerbank verwandelt wurde[103]. Nach dieser Umwandlung ergaben sich mehrere Schwierigkeiten im Innern des Betriebes, weshalb schon vor Ablauf eines Jahres eine weitere Umwandlung notwendig wurde. Am 7. 12. 1962 wurde das Volksbankgesetz verkündet[104], dessen Aufgabe es war, im Tätigkeitsbereich dieser Bank die Vorsorge für die Bezieher kleinerer Einkommen zu betonen. Diese neue Volksbank nahm ihren Dienst auf, als das Verfahren der ordnungsgemäßen Übernahme des Gesellschaftsvermögens von der früheren Koreanischen Volksbank beendet war. Bei der Gründung der neuen Volksbank beteiligte sich die Regierung mit der Hälfte des gesamten Grundkapitals (5 Mrd. Won)[105], wodurch sie dem Finanzminister direkt untergeordnet wurde.

Die Verkündigung des Gesetzes über die Fischereigenossenschaftsverbände erfolgte am 20. 1. 1962. Kreditgewährung für Fischer war bis dahin von verschiedenen Instituten besorgt worden, insbesondere von der Koreanischen Wiederaufbaubank. Nach diesem Gesetz wurde erstmals die Finanzierung der Fischerei bzw. der fischverarbeitenden Betriebe einheitlich in diese Organisation einbezogen, welche bis dahin keinen gesetzlich garantierten Schutz gehabt hatte[106].

Mit der Ausweitung des koreanischen Außenhandels nach dem Beginn des ersten 5-Jahres-Entwicklungsplanes wurde in zunehmendem Maße die Errichtung einer Devisenbank notwendig, deren Aufgabe bis dahin von der Zentralbank (seit ihrer Gründung 1950) getragen worden war[107]. Das Gesetz über die Koreanische Devisenbank (Korea Exchange Bank) wurde am 29. 6. 1966 erlassen, wonach sie am 30. 1. 1967 mit einem Grundkapital von 10 Mrd. Won, das vor allem von der Zentral-

---

101 *Rhee*, Syungman, war der erste Präsident Südkoreas, der am 26. April 1960 durch die Studentenrevolution zurücktrat.

102 Vgl. *Bankiersverein von Korea* (Hrsg.): Die 20jährige Geschichte der Finanzierung in Korea, S. 90. Die Korea-Mujingesellschaft A. G. wurde durch einen Zusammenschluß zwischen Daehanmujin A. G. und Sanghomujingesellschaft am 1. 6. 1950 gegründet.

103 Vgl. ebenda, S. 224.

104 Vgl. ebenda, S. 226.

105 Vgl. § 3 und § 4 des Volksbankgesetzes.

106 Vgl. *Bankiersverein von Korea* (Hrsg.): Die 20jährige Geschichte der Finanzierung in Korea, S. 227.

107 Siehe auch S. 49 dieser Arbeit.

bank eingezahlt wurde, ihre Tätigkeit aufnahm. Sie dient der Außenhandelsfinanzierung und den Devisentransaktionen als ein staatliches Spezialfinanzinstitut[108].

Um eine ausgewogene Geld- und Kapitalmarktordnung herzustellen, beschloß der Währungsrat der Zentralbank am 29. September 1965 eine große Reform der Zinsstruktur, deren Hauptziel es war, die Sparkapitalbildung über die Kreditinstitute zu erhöhen. Nach dieser ungewöhnlichen Zinsreform betrug der Spareinlagenzins 36,5 % jährlich. Eine Folge davon war die erhebliche Erhöhung des Termin- und Spareinlagenbestandes der Banken[109].

Eine Wohnungsbank wurde am 10. 7. 1967 nach dem im März des gleichen Jahres verkündeten Gesetz über die Koreanische Wohnungsbank mit einem Grundkapital von 10 Mrd. Won errichtet, von dem die Regierung mehr als die Hälfte übernahm[110]. Außerdem durfte sich die Volksbank lt. Wohnungsbankgesetz an dem Grundkapital beteiligen[111], wodurch diese Bank noch stärkeren staatlichen Charakter erhielt.

Nach Zustimmung des Währungsrates wurde am 21. 10. 1968 die Koreanische Treuhandbank in der juristischen Form einer A. G. gegründet[112], wobei die Regierung mit einem Sechstel des gesamten Kapitals beteiligt ist[113]. Sie hat ihren Hauptsitz in Seoul und gleichzeitig zwei Zweigstellen in Seoul und in Pusan errichtet[114].

Im Zeitraum vom Oktober 1967 bis Februar 1971 wurden insgesamt zehn Lokalbanken gegründet[115]. Das Gründungsmotiv der Regionalbanken lag selbstverständlich in dem zunehmenden Finanzierungsbedarf bei der regionalen Entwicklung. Die meisten Lokalbanken haben ihren

---

[108] Vgl. *Bank von Korea* (Hrsg.): Die 20jährige Geschichte der Bank von Korea, S. 33.

[109] Nach der Zinsreform wurden die Termin- und Spareinlagen der Banken innerhalb eines Zeitraumes von weniger als einem Jahr um mehr als 100 % gesteigert. (Nach Angaben des weißen Buches des Sparens 1968, hrsg. vom *Finanzministerium*, betrug die Summe der Termin- und Spareinlagen der Banken Ende September 1966 51 445 Mill. Won; (Ende September 1965 16 321 Mill. Won.) Vgl. hierzu S. 135, Tabelle 5 bis 6 des gleichen weißen Buches.

[110] Vgl. *Bankiersverein von Korea* (Hrsg.): Die 20jährige Geschichte der Finanzierung in Korea, S. 496 f.

[111] Vgl. § 4 Abs. 2 des Koreanischen Wohnungsbankgesetzes.

[112] Die Koreanische Treuhandbank wurde trotz der Regierungsbeteiligung am Grundkapital nach dem koreanischen allgemeinen Bankengesetz gegründet, wonach sie in Konkurrenz mit anderen Geschäftsbanken die allgemeine Geschätfsbanktätigkeit ausübt.

[113] Vgl. § 36 Abs. 3 der Satzung der Koreanischen Treuhandbank.

[114] Vgl. § 3 derselben Satzung.

[115] Vgl. *Bank von Korea* (Hrsg.): Die 20jährige Geschichte der Bank von Korea, S. 371 ff.

Hauptsitz in den Provinzhauptstädten und erstrecken ihre Geschäftstätigkeit auf ihre Präfekturen.

Tabelle 15

Überblick über die einzelnen Bankinstitutsgruppen

Stand: Ende 1971

Institutsgruppe	Zahl der Hauptstellen	Zahl der Zweigstellen
Zentralnotenbank		
Bank von Korea	1	14 a)
Spezialbanken		
Koreanische Entwicklungsbank	1	8
Bank für Mittel- und Kleinbetriebe	1	39
Volksbank	1	78
Korea Exchange Bank b)	1	38
Koreanische Wohnungsbank	1	20
Landwirtschaftsgenossenschaftsverband	1	546
Fischereigenossenschaftsverband	1	112
Geschäftsbanken		
Choheungbank	1	74
Koreanische Kommerzbank	1	63
Cheilbank	1	69
Hanilbank	1	62
Seoulbank	1	54
Koreanische Treuhandbank	1	30
Ausländische Bankvertretungen c)	—	8
Lokalbanken	10	102
Gesamt	24	1 297

a) Bank von Korea hat vier Repräsentanzen (New York, Frankfurt, London und Tokyo) und zwei Agenturen (Manila und Bangkok) im Ausland.

b) Die Korea Exchange Bank hat neun Zweigstellen im Ausland.

c) Die ausländischen Bankvertretungen sind die Filiale von der Chase Manhattan Bank, der First National City Bank, der Bank von Tokyo, der Mitsubishi Bank, der Bank von Amerika, der Chartered Bank, der Dai Ichi Kangyo Bank und der Filiale der Nipon Fuji Bank.

Quelle: Vom Verfasser zusammengestellt nach Angaben in: *Bank von Korea* (Hrsg.): Jahresbericht 1971, Jg. 22, S. 164, Tabelle 98, sowie *Bankiersverein von Korea* (Hrsg.): Die 20jährige Geschichte der Finanzierung, S. 214, Tabelle 5.

Daneben gibt es in Südkorea acht ausländische Bankvertretungen, die in der Zeit von April 1967 bis August 1971 errichtet wurden. Nach dem koreanischen allgemeinen Bankengesetz dürfen sie Kredit- und Einlagengeschäfte in Südkorea durchführen, wie andere koreanische Geschäftsbanken es tun. Ihre Haupttätigkeit liegt aber in der Durchführung von Devisentransaktionen.

Die gegenwärtig existierenden Kreditinstitute werden in der folgenden Tabelle veranschaulicht.

B. Der institutionelle Aufbau und die Funktion des Bankensystems

I. Der Aufbau und die Funktionen der Zentralbank (Bank von Korea)[116]

Die Bank von Korea ist nach dem koreanischen Zentralbankgesetz eine spezielle juristische Person ohne Kapital[117]. Sie fällt weder unter das Gesellschaftsrecht noch unter die gesetzlichen Bestimmungen für die allgemeinen Geschäftsbanken. Das ursprünglich öffentlich gezeichnete Grundkapital von 1,5 Mrd. alten Won[118] wurde durch die Novelle des Zentralbankgesetzes vom 24. 5. 1962 abgeschafft und an die Regierung zugleich abgeführt[119].

Ihren Sitz hat die Bank von Korea in der Hauptstadt Seoul. Nach Bedarf sind Zweigstellen, Niederlassungen und Repräsentanzen im In- und Ausland zu errichten[120].

Der Reingewinn der Bank von Korea wird der Regierung überwiesen[121], die ihrerseits verpflichtet ist, Verluste der Zentralbanken zu dekken, welche deren gesetzliche Rücklagen übersteigen[122].

---

[116] Die währungspolitischen Instrumente der Zentralbank (Bank of Korea) werden im dritten Kapitel unter dem Gesichtspunkt der Bedeutung für die wirtschaftliche Entwicklung aufgeführt.

[117] Vgl. § 4 des koreanischen Zentralbankgesetzes.

[118] Die alte Won-Währung wurde am 15. 2. 1953 durch die Reform im Verhältnis von 100 zu 1 (neue Hwan-Währung) umgetauscht, welche durch die dritte Währungsreform vom 10. 6. 1962 im Umtauschverhältnis 10 zu 1 (neue Won) ersetzt wurde. Hierzu siehe S. 50 dieser Arbeit.

[119] Die Abschaffung des Grundkapitals basierte auf der Wahrnehmung des Argumentes, daß die Zentralbank wegen des ihr zustehenden Emissionsrechtes eigentlich keines Grundkapitals bedürfe. Vgl. hierzu ausführlich: *Bank von Korea* (Hrsg.): Die 20jährige Geschichte der Bank von Korea, S. 82.

[120] Vgl. § 2 desselben Gesetzes.

Das Hauptziel der Errichtung der Bank von Korea ist es, die Währung im Lande für die volkswirtschaftliche Entwicklung zu sichern und mit Hilfe eines gesunden und leistungsfähigen Bank- und Kreditsystems zur Wirtschaftsentwicklung und zur wirksamen Verwendung der nationalen Ressourcen beizutragen[123].

Der Bank von Korea steht als oberstes Organ der Währungsrat vor, der die Grundsatzentscheidungen der Zentralbank trifft.

Der Währungsrat bestimmt die Währungs- und Kreditpolitik der Zentralbank und soll die allgemeinen Richtlinien für die Geschäftsführung und Verwaltung aufstellen, welche die Geld- und Kreditversorgung regulieren. Im einzelnen hat der Währungsrat folgende währungspolitische Kompetenzen[124]:

— die Diskontsätze festzustellen und zu variieren,

— die Anforderung an die rediskontfähigen Wechsel sowie die Beleihungsgrenzen festzulegen und zu verändern,

— die Mindestreservesätze festzusetzen oder zu verändern[125],

— die Grundsätze für die Offenmarktoperationen zu bestimmen,

— die Kredit- und Einlagenzinssätze der Kreditinstitute festzulegen und zu verändern,

— die obere Grenze des Darlehenstermins und -volumens der Kreditinstitute festzulegen und zu verändern,

— die großen Darlehen der Kreditinstitute, die einen bestimmten infolge der inflatorischen Tendenz als Grenze festgestellten Betrag übersteigen, zu überprüfen und zu genehmigen,

— den Umfang und die Art der Investitionen der Kreditinstitute abzugrenzen und zu kontrollieren,

— die Art und Qualifikation sowie den Beleihungswert von Sicherheiten für Darlehen der Kreditinstitute zu bestimmen.

---

121 Vgl. § 5 Abs. 3 desselben Gesetzes. Nach § 5 Abs. 1 desselben Gesetzes sind fünf von Hundert des Reingewinnes einer gesetzlichen Rücklage so lange zuzuführen, bis diese 2 Mrd. Won erreicht hat. Sonstige Rücklagen sind mit der Zustimmung der Regierung zu besonderem Zwecke zu bilden.

122 Vgl. § 6 des koreanischen Zentralbankgesetzes.

123 Vgl. § 3 Abs. 1 und 2 desselben Gesetzes.

124 Vgl. *Bank von Korea* (Hrsg.): Die 20jährige Geschichte der Bank von Korea, S. 38 ff.

125 Die Mindestreservesätze können zwischen den vorgeschriebenen Mindest- und Höchstsätzen (10 % bis 50 %) variiert werden. In einer besonderen inflatorischen Lage kann der Währungsrat für die Einlagenbeträge, die ab einem bestimmten Zeitpunkt wachsen, Mindestreservesätze bis 100 % einsetzen. Die Reservebeträge, die den Höchstreservesatz von 50 % übersteigen, werden mit einem vom Währungsrat gesondert festgelegten Zinssatz verzinst. Nach § 57 Abs. 1 und 2 gilt zur Zeit die Mindestreserveregel nicht für den Landwirtschaftlichen Genossenschaftsverband.

Dieser Währungsrat der Zentralbank setzt sich aus neun Mitgliedern zusammen. Der Finanzminister führt den Vorsitz[126] des Währungsrates. An zweiter Stelle folgt ihm der Zentralbankgouverneur, der vom Staatspräsidenten auf Vorschlag des Finanzministers für vier Jahre bestellt wird[127].

Die übrigen sieben Mitglieder werden von verschiedenen Institutionen im Rahmen des ihnen zur Verfügung stehenden Kontingents vorgeschlagen und vom Staatspräsidenten auf drei Jahre ernannt[128]. Hierbei wird ein Mitglied aus zwei vom Minister für Wirtschaftsplanung (Minister of Economic Planning Board) vorgeschlagenen Kandidaten ausgewählt und ernannt. Ferner werden vom Bankiersverein von Korea, vom Minister für Land- und Forstwirtschaft und vom Minister für Handel und Industrie jeweils vier Kandidaten vorgeschlagen, von denen jeweils zwei ausgewählt und eingesetzt werden[129].

Sitzungen des Währungsrates finden auf Einberufung des Finanzministers oder des Zentralbankgouverneurs statt. In der Regel tritt der Währungsrat am ersten und dritten Donnerstag jeden Monats zusammen[130]. Sitzungen sind ferner auf Antrag von mindestens der Hälfte der gesamten Währungsratmitglieder anzuberaumen[131]. Wenn wenigstens sieben seiner Mitglieder anwesend sind, ist der Währungsrat beschlußfähig und trifft seine Entscheidung mit der einfachen Mehrheit der anwesenden Mitglieder. Bei Stimmengleichheit entscheidet die Stimme des Vorsitzenden[132]. An den Sitzungen dürfen der Vizefinanzminister, der Vizegouverneur der Zentralbank, der Aufsichtsamtspräsident für Bankwesen und dessen Vizepräsident, alle Direktoren der Zentralbankdirektion, der Revisor sowie der Leiter der volkswirtschaftlichen Forschungsabteilung teilnehmen. Sie können dabei mitberaten, haben aber kein Stimmenrecht[133].

Der Gouverneur der Bank von Korea ist die höchste Exekutivperson der Zentralbank, die für die Ausführung der Beschlüsse des Währungsrates sowie für die Leitung und Verwaltung der Bank allein verantwortlich ist[134].

---

[126] Vgl. § 9 des koreanischen Zentralbankgesetzes. Bei Abwesenheit des Finanzministers wird der Vorsitz in folgender Reihenfolge geführt: 1) Zentralbankgouverneur, 2) Vizefinanzminister, 3) Vizegouverneur der Zentralbank.

[127] Vgl. § 22 desselben Gesetzes.

[128] Vgl. § 8 desselben Gesetzes.

[129] Vgl. § 8 desselben Gesetzes.

[130] Vgl. *Bank von Korea* (Hrsg.): Die 20jährige Geschichte der Bank von Korea, S. 47.

[131] Vgl. § 17 des koreanischen Zentralbankgesetzes.

[132] Vgl. § 17 desselben Gesetzes.

[133] Vgl. § 11 desselben Gesetzes.

[134] Vgl. § 24 desselben Gesetzes.

Der Gouverneur vertritt insofern die Zentralbank gerichtlich und außergerichtlich. Er hat auch das Recht, bei Kabinettssitzungen währungspolitische Probleme zu erörtern[135].

Dem Gouverneur der Zentralbank untersteht die Verwaltungsdirektion, die aus dem Vizegouverneur und höchstens fünf Direktoren (gegenwärtig: fünf) besteht. Sie werden auf Vorschlag des Gouverneurs vom Währungsrat für drei Jahre ernannt[136]. Diese Verwaltungsdirektion ist aber kein geldpolitisch entscheidendes Organ der Zentralbank, sondern reine Exekutivstelle, die dem Gouverneur direkt untergeordnet ist[137].

Als Überwachungsorgan für die Kreditinstitute ist dem Währungsrat das Aufsichtsamt der Zentralbank unterstellt[138], dessen Amtspräsident auf die Empfehlung des Währungsrates vom Staatspräsidenten auf vier Jahre bestellt wird[139]. Nach der Bestimmung ist das Aufsichtsamt verpflichtet, über Beobachtungen und Feststellungen, die für die Erfüllung der aufsichtsbehördlichen Aufgaben von Bedeutung sein können, dem Finanzminister und dem Währungsrat rechtzeitig schriftlichen Bescheid zu geben[140]. Das Amt soll mindestens einmal im Jahr die periodische Prüfung der allgemeinen Geschäftslage der Kreditinstitute durchführen[141]. Dem Aufsichtsbeamten müssen auf Verlangen Bücher und Schriften der Kreditinstitute vorgelegt werden[142]. Nach § 32 des koreanischen allgemeinen Bankengesetzes sind die Kreditinstitute und ihre Organe verpflichtet, dem Aufsichtsamt der Zentralbank alle gewünschten Auskünfte zu erteilen und Unterlagen vorzulegen.

Daneben besteht ein Revisionsbüro der Zentralbank, dessen Aufgabe es ist, die inneren Geschäfte der Zentralbank rechnungsmäßig zu kontrollieren. Das Büro wird vom Rechnungsrevisor geleitet, der dem Währungsrat unterstellt ist[143]. Er ist dem Währungsrat gegenüber verpflichtet, den Jahreskontrollbericht vorzulegen. Der Rechnungsrevisor der Zentralbank wird vom Finanzminister auf Vorschlag des Währungsrates für drei Jahre bestellt und darf mehrmalig ernannt werden[144].

Die Bank von Korea unterhält zur Zeit in ihrer Hauptverwaltung sechzehn Abteilungen und verfügt über zehn Filialen in den meisten Provinzialhauptstädten sowie vier Agenturen in verschiedenen Orten

135 Vgl. § 25 desselben Gesetzes.
136 Vgl. § 23 desselben Gesetzes.
137 Vgl. *Bank von Korea* (Hrsg.): Die 20jährige Geschichte der Bank von Korea, S. 50.
138 Vgl. § 28 des koreanischen Zentralbankgesetzes.
139 Vgl. § 29 desselben Gesetzes.
140 Vgl. § 28 b) desselben Gesetzes.
141 Vgl. § 30 desselben Gesetzes.
142 Vgl. § 30 desselben Gesetzes.
143 Vgl. § 27 desselben Gesetzes.
144 Vgl. § 23 desselben Gesetzes.

zur Durchführung der Geschäfte. Sie hat außerdem vier Repräsentanzen und zwei Agenturen im Ausland[145].

Zu den Abteilungen der Zentralbank werden die sechs Abteilungen des Aufsichtsamtes für Kreditwesen und das Revisionsbüro gezählt[146].

Im koreanischen Zentralbankgesetz sind auch die Vorschriften über Jahresabschluß und Publizität enthalten. Das Geschäftsjahr der Zentralbank ist das Geschäftsjahr der Regierung (Kalenderjahr)[147]. Bis zum 20. März des folgenden Jahres soll die Zentralbank den Jahresabschluß aufstellen. Die Bilanz nebst Gewinn- und Verlustrechnung sowie die Gewinnverteilungsrechnung werden mit der Zustimmung des Währungsrates dem Finanzminister zur Genehmigung vorgelegt[148]. Die Zentralbank soll für jedes Geschäftsjahr bis zum 31. August des Vorjahres ein detailliertes Budget anfertigen und vom Finanzminister bewilligen lassen[149]. Außerdem ist sie verpflichtet, die Monats- und Jahresberichte zu veröffentlichen.

Bis zum zehnten eines jeden Monats soll die Zentralbank jeweils nach dem Stand vom letzten Tag des jeweils letzten Monats einen Ausweis aufstellen und veröffentlichen, in dem die genauen Angaben über die Aktiva und Passiva der Bilanz enthalten sein müssen[150].

Gemäß § 47 bis § 101 des koreanischen Zentralbankgesetzes hat die Bank von Korea die Funktionen als Notenbank, Hausbank der Banken und Regierungsbank ähnlich wie andere Zentralbanken.

Notenemissionsgeschäft:

Die Bank von Korea hat allein das Recht, Banknoten auszugeben[151]. Die Noten der Bank von Korea (Won) sind das einzige unbeschränkte gesetzliche Zahlungsmittel in Korea[152]. Außerdem gibt sie mit der Zustimmung der Regierung Münzen mit kleinem Nennwert aus[153]. Eine Vorschrift über die Notendeckung sowie über die Obergrenze der Notenausgaben besteht nicht[154]. Das Zentralbankgesetz überläßt es also der Bank von Korea, im Rahmen ihrer Hauptaufgabe der Währungs-

---

145 Siehe die Tabelle 3, S. 22 dieser Arbeit.

146 Vgl. *Bank von Korea* (Hrsg.): Der 22. Jahresbericht für das Jahr 1971, S. 214.

147 Vgl. § 31 der Satzung der Bank von Korea.

148 Vgl. § 37 derselben Satzung.

149 Vgl. § 32 derselben Satzung.

150 Vgl. § 42 des koreanischen Zentralbankgesetzes sowie *Bank von Korea* (Hrsg.): Die 20jährige Geschichte der Bank von Korea, S. 83 f.

151 Vgl. § 47 des koreanischen Zentralbankgesetzes.

152 Vgl. § 48 desselben Gesetzes.

153 Vgl. § 54 desselben Gesetzes.

154 Vgl. *Bank von Korea* (Hrsg.): Die 20jährige Geschichte der Bank von Korea, S. 211.

sicherung die Banknotenmenge zu regulieren[155]. Somit bleibt die Won-Währung eine manipulierte Währung. Die von den Mitgliedsländern des IWF vereinbarte feste Goldparität besteht für die Won-Währungseinheit noch nicht. Die Berechnung der Parität von Won-Währung wurde vom Wechselkurs des US-Dollars anhängig gemacht[156].

Geschäfte als Hausbank der Banken:

Die Bank von Korea darf die direkten Geschäftsbeziehungen nicht zu jeder natürlichen oder juristischen Person unterhalten, sondern verkehrt ausschließlich mit den Kreditinstituten, der Regierung und der öffentlichen Hand[157].

Bei einer besonderen Liquiditätsverknappung kann sie ausnahmsweise und nur mit der Zustimmung von fünf Währungsratsmitgliedern an Handels-, Industrie- und sonstige private Unternehmen direkt Kredite gewähren[158].

Die Bank von Korea verwaltet einerseits die Liquiditätsreserven der Kreditinstitute und gewährt andererseits Refinanzierungskredite an diese Institute. Zum Ausgleich von Salden aus dem Wechselclearing und für die Abwicklung von Zahlungsaufträgen zwischen den Kreditinstituten unterhält jedes Institut bei ihr ein Giroguthaben als Reserve, in dem auch die Mindestreserve enthalten ist[159].

Als Hausbank der Banken stellt die Bank von Korea den Kreditinstituten die Refinanzierungsmittel zur Verfügung. Sie ist also die Hauptfinanzierungsquelle der Banken. Die von der Bank von Korea gewährten Refinanzierungskredite untergliedern sich in zwei Arten[160]:

1. Rediskontkredite (Handels-, Export- und sonstige rediskontfähige Wechsel)
2. Verzinsliche Darlehen gegen Pfandgeber auf höchstens ein Jahr (Beleihung von Staatsanleihen und Schuldverschreibungen, die von der Regierung garantiert sind, für einen Lombardkredit).

Ferner betreibt die Bank von Korea mit anderen Banken im Rahmen der Offenmarktoperationen[161] in geringem Umfang An- und Ver-

---

[155] Vgl. ebenda, S. 211.

[156] Vgl. ebenda, S. 211.

[157] Vgl. § 93 desselben Gesetzes.

[158] Vgl. § 94 desselben Gesetzes.

[159] Vgl. *Bank von Korea* (Hrsg.): Die 20jährige Geschichte der Bank von Korea, S. 198.

[160] Vgl. § 69 des koreanischen Zentralbankgesetzes. Die Diskont- und Lombardsätze sind nach Arten des zentralbankfähigen Materials sehr unterschiedlich. Ende 1971 wurde z. B. der Rediskontsatz für Handelswechsel auf 16 % festgesetzt, während er für Exportwechsel 3,5 % entsprach. Zur gleichen Zeit betrug der Lombardsatz einheitlich 24 %. Vgl. hierzu *Bank von Korea* (Hrsg.): 22. Jahresbericht für das Jahr 1971, S. 236 f., Tabelle 10.

[161] Vgl. § 90 und § 91 Abs. 1 und 2 desselben Gesetzes.

kaufsgeschäfte in Staatsanleihen und von der Regierung garantierten Schuldverschreibungen der öffentlichen Hand.

Geschäfte als Regierungsbank:

Als Regierungsbankier verwaltet die Bank von Korea die Einlagen der Regierung. Sie übernimmt die Kassen- und Kontenführung der Regierung. Die Regierung legt ihre flüssigen Mittel auf Girokonten der Zentralbank an[162]. Diese ist ferner verpflichtet, die Regierung bei der Abwicklung der staatlichen Einnahmen zu unterstützen. Die wichtigste Aufgabe der Bank von Korea als Regierungsbankier ist es, durch die Emission von Regierungsanleihen und durch den Verkauf der ausgegebenen Papiere bei der Finanzierung der Regierungsgeschäfte mitzuwirken[163]. Sie gewährt kurzfristige Kredite an die Regierung und nimmt auch die Staatsanleihen direkt in das eigene Portefeuille auf[164]. Sie dient also den im Zusammenhang mit dem Regierungsschulddienst anfallenden Leistungen, wozu sie regelmäßig die sonstigen Kreditinstitute als Agenten einschalten darf.

Die Summe der Regierungsverschuldung (vorübergehende Kreditaufnahme bei der Zentralbank und Regierungsanleihen einschließlich der kurzfristigen Staatspapiere) darf nicht die vom Nationalparlament festgelegte Höchstgrenze übersteigen[165].

Sie verwaltet auch die Wertpapiere, die von der Regierung gehalten werden[166].

Im Auftrage der Regierung verhandelt die Bank von Korea mit den internationalen Währungs- und Finanzinstituten, bei denen sie auch Mitglied ist[167].

II. Der Aufbau und die Funktionen der Spezialbanken

Als Spezialbanken werden in Südkorea solche Banken bezeichnet, die nach dem separat erlassenen Sondergesetz mit speziellen Aufgaben betraut werden und ihre Geschäfte nur nach diesem besonderen Gesetz führen[168].

---

[162] Vgl. *Bank von Korea* (Hrsg.): Die 20jährige Geschichte der Bank von Korea, S. 229.

[163] Vgl. § 79 des koreanischen Zentralbankgesetzes.

[164] Vgl. § 83 desselben Gesetzes.

[165] Vgl. § 83 desselben Gesetzes.

[166] Vgl. § 78 desselben Gesetzes.

[167] Vgl. § 80 desselben Gesetzes.

[168] In der Regel gilt das koreanische allgemeine Bankengesetz für die Spezialbanken nicht.

Zu der Gruppe solcher Institute gehören die Korea-Entwicklungsbank (Korea Development Bank)[169], die Bank für Mittel- und Kleinbetriebe (Medium Industry Bank), die Koreanische Devisenbank (Korea Exchange Bank), die Volksbank (Citizens National Bank), die Koreanische Wohnungsbank (Korea Housing Bank), der Landwirtschaftliche Genossenschaftsverband (Agricultural Cooperatives Federation) und der Fischereigenossenschaftsverband (Fisheries Cooperatives Federation).

1. Die Korea-Entwicklungsbank (KDB)

Die Korea-Entwicklungsbank (Korea Development Bank) ist ein voll staatliches Institut zur langfristigen Aufbaufinanzierung der Industrie. Ziel der Errichtung der Korea-Entwicklungsbank war es, zur Förderung des industriellen Aufschwungs und der damit verbundenen volkswirtschaftlichen Entwicklung Finanzierungsmittel anzubieten und zu verwalten[170].

Das für sie geltende Gesetz verlieh ihr die Rechtsstellung einer Körperschaft des öffentlichen Rechts[171].

Das Gründungskapital der Bank von 400 Mill. Hwan[172] wurde von der Regierung voll gezeichnet und eingezahlt; heute beträgt es durch die mehrmaligen Kapitalerhöhungen (zuletzt im September 1968) 70 Mrd. Won[173].

Die Korea-Entwicklungsbank gibt langfristige Kredite, mit denen der Erwerb, die Verbesserung oder die Instandhaltung solcher Einrichtungen finanziert werden, die zum Aufbau von wichtigen Industrien beitragen[174]. Sie vergibt hauptsächlich Kredite, die von anderen Kreditinstituten nicht oder qualitativ und quantitativ nicht in ausreichendem Maße zur Verfügung gestellt werden können. Sie gewährt nicht nur die Kredite an die Industrie, sondern betreut und kontrolliert die Industrie auch bei der Verwendung der von ihr vergebenen Finanzmittel.

Diese Entwicklungsbank wird vom Finanzminister direkt überwacht, und ihre Leitung liegt bei einem Direktorium, das sich aus einem Gouverneur, einem Vizegouverneur und sieben Direktoren zusammen-

---

[169] Der englische Name der „Korean Reconstruction Bank" wurde am 1. 9. 1969 geändert und zwar „Korea Development Bank", vgl. hierzu *Economic Planning Board of Republic Korea* (Hrsg.): Korea Statistical Yearbook 1970 (17), S. 358, Tab. 257.

[170] Vgl. § 1 des Gesetzes über die Korea-Entwicklungsbank.

[171] Vgl. § 2 Abs. 1 desselben Gesetzes.

[172] 400 Mill. Hwan = 40 Mill. Won, siehe hierzu S. 50 und 58 dieser Arbeit.

[173] Vgl. § 4 desselben Gesetzes.

[174] Vgl. § 18 des Gesetzes über die Korea-Entwicklungsbank.

setzt[175]. Sie unterhält insgesamt zehn Filialen in den wichtigsten Städten und kann zusätzlich noch die anderen Kreditinstitute benutzen, um ihre Kredite der Wirtschaft zuzuführen.

Tabelle 16

Entwicklung des Kreditvolumens der Korea-Entwicklungsbank für die Ausrüstungen der Industriezweige a)

(in Mill. Won)

1963		1964		1965		1966	
23 538	(33 924)	26 025	(39 690)	29 562	(39 639)	37 892	(50 591)

1967		1968		1969		1970	
43 150	(63 965)	52 692	(96 685)	77 648	(145 747)	99 084	(162 660)

a) Die Zahlen in Klammern sind die Summen der Kredite, die zur Finanzierung der Industrieeinrichtungen vom gesamten Bankensystem einschließlich der Geschäftsbanken vergeben wurden.

Quelle: Vom Verfasser zusammengestellt nach Angaben in: *Verband der koreanischen Wirtschaftsentwicklung* (Hrsg.): Forschung über die Neugestaltung des Entwicklungs-Finanzierungssystems, S. 40, Tabelle 3—1, *Economic Planning Board of Republic Korea* (Hrsg.): Korea Statistical Yearbook 1970 (17), S. 384, Tabelle 257, und dasselbe 1971 (18), S. 339, Tabelle 183.

Die Korea-Entwicklungsbank zeichnet und emittiert Obligationen von Körperschaften und öffentlichen Organen, die zur Finanzierung wichtiger Industrieprojekte ausgegeben werden. Die Laufzeit solcher Obligationen soll mindestens ein Jahr betragen. Nach dem Gesetz über die Korea-Entwicklungsbank wird ihr Finanzmittelbedarf im einzelnen auf folgende Weise gedeckt:

— Kreditaufnahme bei der Regierung und bei der Zentralbank,

— Emission von Industriefinanzierungsanleihen,

— Entgegennahme von Termineinlagen[176],

— Kreditaufnahme bei ausländischen Instituten mit Zustimmung des Finanzministers,

— Verwendung des Grundkapitals und der gesetzlichen Rücklagen.

---

[175] Vgl. § 19 desselben Gesetzes. Der Gouverneur und der Vizegouverneur werden vom Staatspräsidenten auf Vorschlag des Finanzministers für vier Jahre bestellt, während die sieben Direktoren auf Empfehlung des Gouverneurs vom Finanzminister auf vier Jahre ernannt werden.

[176] Die Sichteinlagen dürfen nur von den Betrieben entgegengenommen werden, die von ihr Kredite aufgenommen haben.

Tabelle 17

Entwicklung der Kreditzinsstruktur der Korea-Entwicklungsbank (KDB)
(% jährlich)

	bis 25. 9. 65	ab 30. 9. 65	ab 1. 12. 67
vom Regierungsfonds			
für: Wohnungsbau[a])	4	4	—
Spezialdarlehen[b])	6	7,5	7,5
Einrichtungen der Industrieanlagen	8—10 (8)	10—12 (8)	10—12 (8)
Betriebsmittelkredite	10	18	18
vom inneren Bankfonds			
für: Einrichtungen der Schlüsselindustrie	8—10 (10)	10—12 (18)	10—12 (18)
Betriebsmittel der Schlüsselindustrie	8—10 (10)	10—12 (18)	10—12 (18)

	bis 26. 6. 68	ab 1. 3. 69	ab 28. 6. 71
vom Regierungsfonds			
für: Wohnungsbau[a])	—	—	—
Spezialdarlehen[b])	7,5	7,5	7,5
Einrichtungen der Industrieanlagen[c])	10—12 (8—10)	12 (8—10)	12 (8—12)
Betriebsmittelkredite	18	18	18
vom inneren Bankfonds			
für: Einrichtungen der Schlüsselindustrie	10—12 (18)	12 (20)	12 (20)
Betriebsmittel der Schlüsselindustrie	10—12 (18)	18 (23)	18 (22)

a) Die Wohnungsbaukredite von der KDB wurden seit der Gründung der Korea-Wohnungsbank (1967) nicht mehr gewährt.
b) Die Spezialdarlehen sind die Ausleihen, die an Kraftwerke, Schiffbauindustrie, Montanindustrie unter besonderen Bedingungen gewährt werden.
c) Der Zinssatz in Klammern ist der Zinssatz der Kredite, die vom Finanzmittel der Kreditaufnahme bei ausländischen Instituten ausgeglichen wurden.

Quelle: Vom Verfasser zusammengestellt nach Angaben in: *Economic Planning Board of Republic Korea* (Hrsg.): Korea Statistical Yearbook 1971, S. 320, Tabelle 168.

Den Schwerpunkt ihrer kreditgeschäftlichen Aktivität bilden, wie es das Gesetz vorschreibt, die wichtigen Industriezweige mit einem Anteil von mehr als 60 % Darlehen zur Finanzierung von Anlagenausrüstungen; diese Kredite sind vor allem durch Hypotheken abzusichern. Ende 1970 betrug die von ihr für die Ausrüstungen vergebene Kreditsumme 99 084 Mill. Won. Zugleich stellt sie auch Betriebsmittelkredite — aber in geringerem Umfang — für die Industrieunternehmen zur Verfügung, die bei ihr bereits Darlehen aufgenommen haben.

2. Die Bank für Mittel- und Kleinbetriebe (MIB)

Die Bank für Mittel- und Kleinbetriebe (Medium Industry Bank) wurde am 1. 8. 1961 nach dem für sie geltenden Gesetz vom 1. 7. 1961[177] mit der Sonderaufgabe der Förderung der industriellen Mittel- und Kleinbetriebe[178] errichtet.

Am Grundkapital der Bank von 6 Mrd. Won beteiligt sich die Regierung mit mehr als der Hälfte[179], so daß die Bank von der Regierung kontrolliert werden kann. Die Bank für Mittel- und Kleinbetriebe ist also das einzige halbstaatliche Kreditinstitut, das hauptsächlich die Finanzierung der Mittelstandsbetriebe durch Kreditgewährung sicherstellt.

Sie führt ihre Kreditgeschäfte über Anweisungen des Operationsausschusses durch[180], der sich aus neun Mitgliedern zusammensetzt[181].

---

[177] Siehe S. 54 dieser Arbeit: Das Gesetz wurde im Dezember 1964 und im März 1968 durch Novellierung verbessert.

[178] Ein Hauptproblem der koreanischen Wirtschaft bilden die Mittel- und Kleinbetriebe. Nach dem koreanischen Mittel- und Kleinbetriebsgesetz vom 6. 12. 1966 gehören solche Fertigungs-, Montan- und Transportbetriebe zu diesem Bereich, die ein Kapital unter 50 Mill. Won oder weniger als 200 Beschäftigte haben sowie alle Handels- und Dienstleistungsbetriebe mit einem Kapital unter 10 Mill. Won oder höchstens 20 Beschäftigten. Die Mittel- und Kleinbetriebe sind für die koreanische Wirtschaft ein wesentlicher Faktor, da ihr Anteil an der Wirtschaft quantitativ besonders groß ist. Die Zahl der Fertigungs- und Montanbetriebe mit weniger als 200 Beschäftigten betrug Ende 1963 19 235; somit beträgt ihr Anteil an der gesamten Fertigungs- und Montanindustrie 98,5 %, wobei sie 288 157 Arbeitnehmer beschäftigen (62,4 % der gesamten Arbeitnehmer bei den Fertigungs- und Montanbetrieben). Vgl. hierzu *Bankiersverein von Korea* (Hrsg.): Die 20jährige Geschichte der Finanzierung in Korea, S. 287 sowie auch *Geis*, H. G.: Die entwicklungspolitische Wirksamkeit von Entwicklungsbanken, S. 162.

[179] Vgl. § 5 Abs. 1 und 4 des Gesetzes über die Mittel- und Kleinbetriebe (MIB).

[180] Vgl. § 10 desselben Gesetzes: Der Finanzminister kann alle Beschlüsse des Operationsausschusses ablehnen, die nicht die Interessen der Regierung berücksichtigen. Hierzu vgl. *Bankiersverein von Korea* (Hrsg.): Die 20jährige Geschichte der Finanzierung in Korea, S. 302.

Der Operationsausschuß besteht aus dem Finanzminister, dem Minister für Handel und Industrie, dem Zentralbankgouverneur, dem Präsidenten der Bank für Mittel- und Kleinbetriebe, dem Präsidenten des Zentralverbandes der Mittel- und Kleinbetriebsgenossenschaften, zwei Vertretern der Mittel- und Kleinbetriebe und aus zwei Vertretern der privaten Aktionäre der Bank für Mittel- und Kleinbetriebe[182].

Die Verwaltung der Bank liegt bei einer „Exekutivdirektion", die aus einem Präsidenten, einem Exekutivdirektor, fünf sonstigen Direktoren und einem Revisor besteht[183].

Die Bank für Mittel- und Kleinbetriebe unterhält z. Z. 41 Filialen, davon zwölf in Seoul, sechs in Pusan, drei in Daegoo, und je eine weitere Filiale ist in den anderen großen Städten[184].

Ihre Sonderaufgabe, die Förderung der Mittel- und Kleinbetriebe, umfaßt im einzelnen folgende Aktivitäten:

— Gewährung von Krediten an Mittel- und Kleinbetriebe und Diskontierung von Wechseln[185],
— Annahme von Depositen und Ratenzahlungen,
— Durchführung in- und ausländischer Zahlungsaufträge[186],
— Übernahme von Tilgungen und Tilgungsgarantien,
— Aufnahme von Krediten bei der Regierung und bei der Zentralbank,
— Aufnahme von Krediten bei ausländischen Instituten[187],
— Ausgabe von Mittel- und Kleinindustriebetriebsschuldscheinen,
— Erledigung sonstiger Geschäfte mit Zustimmung des Operationsausschusses.

Die höchstzulässige Kreditsumme für jeden exportierenden Mittel- und Kleinbetrieb beträgt 25 Mill, Won (davon für die Einrichtung und

181 Vgl. § 11 des Gesetzes über die Mittel- und Kleinbetriebe (MIB).

182 Vgl. § 11 desselben Gesetzes.

183 Vgl. § 24 desselben Gesetzes: Der Präsident der Bank wird vom Operationsausschuß mit der Zustimmung des Finanzministers vorgeschlagen und vom Staatspräsidenten auf vier Jahre ernannt, während die fünf Direktoren einschließlich des Exekutivdirektors auf Vorschlag des Präsidenten der Bank vom Finanzminister für vier Jahre bestellt werden. Der Revisor wird vom Operationsausschuß dem Finanzminister empfohlen und von ihm für drei Jahre ernannt.

184 Vgl. § 3 der Satzung von der Bank für Mittel- und Kleinbetriebe.

185 Die Obergrenze der einer Person zu gewährenden Kredit- und Diskontsumme wird vom Operationsausschuß festgelegt.

186 Hierbei handelt es sich nur um den Devisenverkehr von der Bank für Mittel- und Kleinbetriebe.

187 Ausländische Kreditaufnahmen können nur mit der Zustimmung des Finanzministers erfolgen.

den Ausbau des Betriebes 10 Mill. und für Betriebsmittel 15 Mill. Won[188], für die übrigen Betriebe beträgt sie 15 Mill. Won (davon für die Ausrüstung 5 Mill. Won und für Betriebsmittel 10 Mill. Won).

Die Genossenschaften der Mittel- und Kleinbetriebe können einen Höchstkredit bis zum 10fachen Betrag ihres eingezahlten Grundkapitals für Geschäfte, die den Mitgliedern gemeinsam dienen (z. B. Rohstoffeinkäufe), erhalten[189].

Tabelle 18

Entwicklung des Finanzmittelaufkommens der Bank für Mittel- und Kleinbetriebe (MIB)
(in Mill. Won)

	1963	1964	1965	1966
Termin- und Spareinlagen a)	1 653 (1 966)	1 890 (1 873)	3 043 (2 881)	6 019 (3 811)
Kreditaufnahme bei der Regierung	2 610	3 165	4 032	5 040
Ausländische Fonds	—	—	—	73
Kapital und Rücklagen	838	935	1 064	1 161
gesamt	7 067	7 863	11 020	16 104

	1967	1968	1969	1970
Termin- und Spareinlagen a)	9 881 (5 705)	13 635 (7 726)	14 725 (9 762)	18 726 (11 071)
Kreditaufnahme bei der Regierung	6 859	7 444	8 212	9 787
Ausländische Fonds	838	2 904	3 104	4 027
Kapital und Rücklagen	2 254	2 706	2 919	3 019
gesamt	25 537	34 515	38 722	46 630

a) Die Zahlen in Klammern sind die Summen der Sichteinlagen.

Quelle: Vom Verfasser zusammengestellt nach Angaben in: Monthly Statistical Review of Medium Industry Bank, 9, 1970 (116), S. 11, Tabelle 10.

---

188 Der höchstzulässige Betriebsmittelbetrag von 15 Mill. Won enthält Wechseldiskontkredite (bis 10 Mill.) und Kontokorrentkredite (bis 5 Mill.).

189 Diese Regelung entstand nach dem Beschluß des Operationsausschusses gegen Ende 1966 und gilt seitdem immer noch. Vgl. hierzu *Bankiersverein von Korea* (Hrsg.): Die 20jährige Geschichte der Finanzierung in Korea, S. 293.

Tabelle 19

Entwicklung der Kreditzinsstruktur der Bank für Mittel- und Kleinbetriebe (% jährlich)

	ab 1. 12. 1962	ab 1. 4. 1963	ab 29. 12. 1964
vom Bankfonds a) für:			
Betriebsmittel für Mittel- und Kleinbetriebe b)	15	14	14
Ausrüstung der Mittel- und Kleinbetriebe c)	12	12	12
Genossenschaftsgeschäfte d)	11	11	11
vom Regierungsfonds b) für:			
Ausrüstungen für Nichtgenossenschaften	—	—	9
Betriebsmittel für Nichtgenossenschaften	8—13	9—13	10
Genossenschaften	—	10	10

	ab 30. 9. 1965	ab 30. 6. 1969
vom Bankfonds a) für:		
Betriebsmittel für Mittel- und Kleinbetriebe b)	23	23
Ausrüstung der Mittel- und Kleinbetriebe c)	15	20
Genossenschaftsgeschäfte d)	14	20
vom Regierungsfonds b) für:		
Ausrüstungen für Nichtgenossenschaften	12	12
Betriebsmittel für Nichtgenossenschaften	16	18
Genossenschaften	12	12

a) Sonstige kurzfristige Kredite z. B. Wechseldiskont oder Kontokorrent werden zu dem vom Währungsrat festgelegten allgemeinen Zinssatz gewährt (Handelswechsel z. Z. 23 % und Exportwechsel 20 % jährlich).

b) Die Betriebsmittelkredite werden nur an solche Betriebe gewährt, die bereits von der Bank für Mittel- und Kleinbetriebe langfristige Kredite aufgenommen haben.

c) Die Kredite für Ausrüstungen und für Geschäfte der Genossenschaften werden in der Regel lang- oder mittelfristig gewährt.

d) Der Regierungsfonds wird gebildet durch die Aufnahme von Krediten bei der Regierung oder durch Garantieübernahme der Regierung bei ausländischen Instituten. Die Kredite vom Regierungsfonds, die insbesondere aus Mitteln ausländischer Kreditaufnahme gewährt werden, wurden seit dem 30. 9. 1965 einheitlich mit einem Zinssatz von 8 % jährlich vergeben.

Quelle: Vom Verfasser zusammengestellt nach Angaben in: *Economic Planning Board of Republic Korea* (Hrsg.): Korea Statistical Yearbook 1971, S. 319, Tab. 167.

Die Bank für Mittel- und Kleinbetriebe vergab ihre Kredite hauptsächlich an Manufakturbetriebe. Ende 1968 betrug die Kreditsumme an solche Betriebe 22 131 Mill. Won, was 94 % der gesamten ausgegebenen Kredite entspricht[190].

Tabelle 20

Überblick über die Kreditvergabe von der Bank für Mittel- und Kleinbetriebe an Wirtschaftszweige

Stand: Ende 1968

(in Mill. Won)

	Kredite für Ausrüstungen	Kredite für Bet.-Liquidm.	gesamt	%
Manufakturbetriebe .	6 925	15 206	22 131	94
Montanbetriebe	85	325	410	1,6
Dienstleistungs- und sonstige Betriebe .	—	785	785	3,3
Transportbetriebe ...	—	255	255	1,1
gesamt	7 010	16 571	23 581	
%	29,7	70,3		100

Quelle: Vom Verfasser zusammengestellt nach Angaben in: Monthly Statistical Review of Medium Industry Bank, Nr. 69, September 1968, S. 19, Tabelle 6.

3. Die Koreanische Devisenbank (KEB)

Zur Förderung einer verstärkten Ausfuhr und der damit verbundenen Devisentransaktionen wurde am 30. 1. 1967 die Koreanische Devisenbank (KEB) ins Leben gerufen[191]. Sie ist eine Körperschaft des öffentlichen Rechts und hat ihre Geschäftspolitik an den jeweiligen Zielen der staatlichen Außenhandelsrichtlinien auszurichten.

Das Gründungskapital in Höhe von 10 Mrd. Won wurde voll von der Zentralbank eingezahlt[192].

Der Präsident der Bank wird auf Vorschlag des Zentralbankgouverneurs vom Finanzminister auf vier Jahre eingesetzt; er führt den Vor-

[190] Siehe Tabelle 20, S. 72 dieser Arbeit.

[191] Siehe S. 55 f. dieser Arbeit.

[192] Vgl. § 4 des Gesetzes über die Koreanische Devisenbank (Korea Exchange Bank Act): Das Grundkapital wurde im Jahre 1969 auf 20 Mrd. Won aufgestockt.

sitz des Verwaltungsrates, der sich aus dem Präsidenten, dem Exekutivvizepräsidenten und höchstens fünf Direktoren (gegenwärtig: fünf) zusammensetzt[193].

Die grundsätzliche Geschäftspolitik obliegt vor allem dem Verwaltungsrat.

Für die Kontrolle der Geschäftstätigkeit ist aber ein vom Finanzminister ernannter Revisor zuständig[194].

Die Koreanische Devisenbank hat ihren Hauptsitz in Seoul und unterhält sieben Filialen im Inland und acht im Ausland[195].

Nach Bedarf sind Repräsentanzen und Agenturen im Ausland zu errichten. Außerdem hat sie Korrespondenzverträge mit über 800 ausländischen Kreditinstituten abgeschlossen, mit denen sie ständig geschäftliche Verbindung unterhält[196].

Sie gewährt Kredite und Garantien, die den Außenhandel Südkoreas fördern und erleichtern.

Das Schwergewicht der Geschäftstätigkeit der Koreanischen Devisenbank liegt bei der Finanzierung von Rohstoffen und Investitionsgütern für die Exportindustrie. Sie kann die für diese Zwecke erforderlichen Finanzmittel im Wege der Ausgabe von Devisenfinanzierungs-Schuldscheinen im Ausland bei Garantieübernahme durch die Regierung beschaffen[197].

Nach § 18 des Koreanischen Devisenbankgesetzes hat sie folgende Geschäfte zu betreiben:

— Devisen anzukaufen und zu verkaufen,

— Devisenfonds zu unterhalten und zu verwalten,

— sonstige Transaktionen auszuführen,

— Kreditbriefe (L/C) zu vermitteln,

— Kredite zu vergeben und Wechsel zu diskontieren,

— Garantien für Obligationen und Wechsel zu übernehmen,

— Depositen anzunehmen und Zahlungsaufträge durchzuführen,

— Investitionen im Ausland durchzuführen,

[193] Der Exekutivvizepräsident und die weiteren Direktoren werden auf Vorschlag des Präsidenten der Bank vom Finanzminister auf vier Jahre ernannt.

[194] Vgl. § 11 Abs. 3 des Gesetzes über die Koreanische Devisenbank.

[195] Die Filialen im Ausland sind die Filiale in Tokyo, in Osaka, in Hongkong, in Saigon, in Los Angeles, in New York, in London und in Frankfurt.

[196] Vgl. *Bankiersverein von Korea* (Hrsg.): die 20jährige Geschichte der Finanzierung in Korea, S. 489.

[197] Die Gesamtverschuldung im Ausland soll das Zwanzigfache ihres Kapitals und ihrer gesetzlichen Rücklagen nicht überschreiten.

— sonstige Geschäfte, die hinsichtlich der Devisentransaktionen und der internationalen Finanzierungsgeschäfte erforderlich sind, mit Zustimmung des Finanzministers zu führen,
— Kredite bei der Regierung, der Zentralbank, den ausländischen Kreditinstituten und sonstigen internationalen Instituten aufzunehmen,
— sonstige Geschäfte, die mit den oben angegebenen Aufgaben verknüpft sind, durchzuführen.

Mit dem anwachsenden Ausfuhrvolumen der koreanischen Wirtschaft nahm ihre Bilanzsumme in wenigen Jahren deutlich zu. Die Bilanzsumme betrug Ende 1970 744 719 Mill. Won (Ende 1967 betrug sie 229 753 Mill. Won)[198].

Tabelle 21

Überblick über die Bilanz der Koreanischen Devisenbank (KEB)
Stand: Ende 1970
(in Mill. Won)

Vermögenswerte		Verbindlichkeiten	
Kassenbestand	1 638	Depositen	210 601
Sorten, Auslandswechsel und -schecks	18 089	Sorten, Auslandswechsel und -schecks	1 051
Forderungen an Kreditinstitute	175 122	Kreditaufnahme	71 049
Forderungen an Kunden	104 891	Verbindlichkeiten gegenüber anderen Gläubigern	403 529
Diskontierte Wechsel	7 540	Verbindlichkeiten aus Bürgschaften	17 522
Forderungen aus der Annahme von Wechseln	398 362	Rücklagen für Rückzahlungen	4 885
Deckungsforderungen	5 167	Grundkapital	20 000
Grundstücke und Gebäude	3 045	Bilanzgewinn	4 550
Sonstige Aktiva	30 865		
Bilanzsumme	744 719	Bilanzsumme	744 719

Quelle: Korea Exchange Bank (Hrsg.): Monthly Review for 7. 1970, S. 107, Tabelle „Bilanz der Exchange Bank“.

4. Die Volksbank

Die Volksbank wurde am 29. 12. 1962 in der juristischen Form einer Aktiengesellschaft mit einem Kapital von 5 Mrd. Won gegründet[199]. Sie ist ein halbstaatliches Spezialkreditinstitut für die Bezieher kleinerer

198 Siehe Tabelle 21, S. 74 dieser Arbeit.

Einkommen, die in der Regel keine pfändbaren Vermögenswerte besitzen[200].

Diese Volksbank dient, wie es das Gesetz vorschreibt, der breiten Volksschicht mit der Gewährung kleinerer Kredite[201].

Die Bank konzentriert sich in erster Linie auf das Teilzahlungskreditgeschäft mit günstiger, langfristiger Tilgung und auf das Spargeschäft[202]. Darüber hinaus darf sie das allgemeine Kredit- und Einlagengeschäft betreiben, wie es die Geschäftsbanken tun.

Die Volksbank hat kein Entscheidungsorgan für die Geschäftspolitik, wie etwa ein Operationausschuß (Operational Committee), sondern führt ihre Geschäfte über Anweisungen des Finanzministers, der nach Artikel 6 Abs. 1 und 2 des Volksbankgesetzes befugt ist, über den Typ und die Methode der Geschäftstätigkeit, die Eröffnung neuer Filialen, die Fusion bzw. Schließung der Bank sowie die Änderung des Volksbankgesetzes zu entscheiden.

Die Geschäftsführung obliegt dem Verwaltungsrat, der sich aus einem Präsidenten und höchstens vier Direktoren (gegenwärtig: vier) zusammensetzt. Der Präsident wird auf Vorschlag der Hauptversammlung mit Zustimmung des Finanzministers vom Staatspräsidenten für vier Jahre ernannt[203]. Ein Revisor für die Kontrolle der inneren Geschäftstätigkeit wird direkt vom Finanzminister für drei Jahre bestellt.

Der Präsident der Bank führt den Vorsitz des Verwaltungsrates sowie der Hauptversammlung. Bei der Hauptversammlung haben die privaten Anteilseigner praktisch keinen Einfluß auf die Beschlüsse, da die Regierung die Majorität besitzt.

Die Volksbank unterhält zur Zeit 78 Filialen im Inland und hat ihren Hauptsitz in Seoul[204].

---

[199] Siehe S. 55 dieser Arbeit: Die Volksbank hat nach ihrer Gründung am 31. 1. 1963 die frühere Koreanische Volksbank aufgenommen und am 1. 3. des gleichen Jahres die Taegoo- und Sinheungmujingesellschaft angekauft.

[200] Der Kundenkreis der Volksbank umfaßt alle Bürger, die mit einem geringeren Einkommen leben, z. B. Kleinhändler, Handwerker, Selbständige, Lohn- und Gehaltsbezieher, freie Berufe und Arbeitnehmer.

[201] In der Regel werden die Kredite nur an die Mitglieder des Teilzahlungskreditsystems gewährt.

[202] Die Volksbank erhält die Volksspar- und Kreditkonten auf Gegenseitigkeit aufrecht, um die Teilzahlungsdepositen anzunehmen und damit die kleinen Kredite auszudehnen. Sie arbeitet im Gegensatz zu Geschäftsbanken nicht nur nach dem Gewinnprinzip. Ihre Gesamtgeschäftstätigkeit unterscheidet sich aber von der allgemeiner Geschäftsbanken nur in wenigen Punkten.

[203] Die vier Direktoren werden auf Vorschlag der Hauptversammlung mit Zustimmung des Präsidenten der Bank vom Finanzminister ebenfalls für vier Jahre ernannt.

[204] Von 78 Filialen sind 28 in Seoul und acht in Pusan. Die übrigen Filialen sind in den wichtigsten Städten der jeweiligen Präfekturen gleichmäßig verteilt.

Um ihre Aufgabe zu erfüllen, beschäftigt sich die Volksbank mit folgenden Geschäftstätigkeiten[205]:

— das gegenseitige Teilzahlungsdepositengeschäft[206],

— das gegenseitige Teilzahlungskreditgeschäft,

— das allgemeine Kredit- und Einlagengeschäft,

— die Annahme von Terminratenzahlungen,

— die Durchführung inländischer Zahlungsaufträge,

— sonstige Geschäfte mit Zustimmung des Finanzministers.

Die Volksbank darf sich die zur Durchführung ihrer Geschäftstätigkeit notwendigen Finanzmittel durch die Kreditaufnahme bei der Regierung, der Zentralbank sowie bei sonstigen Kreditinstituten beschaffen. Sie kann auch Volkssparschuldscheine ausgeben, um Mittel zu erhalten[207].

Tabelle 22

Entwicklung des Finanzmittelaufkommens der Volksbank
(in Mill. Won)

	1962	1963	1964	1965	1966	1967
Depositen	1 775	1 779	2 412	4 113	8 138	14 820
(Sichteinlagen)	(786)	(823)	(1 168)	(1 832)	(2 649)	(4 552)
(Termin- und Spareinlagen)	(989)	(974)	(1 244)	(2 281)	(5 489)	(10 268)
Einnahmen aus Teilzahlungen	875	1 601	2 226	3 676	5 328	7 035
Kreditaufnahme bei der Regierung	—	—	—	50	100	650
Kreditaufnahme bei der Zentralbank	130	194	—	—	—	—
Kapital und Rücklagen	121	225	452	454	459	488
gesamt	2 901	3 817	5 090	8 293	14 025	22 993

Quelle: Vom Verfasser zusammengestellt nach Angaben in: *Bank of Korea* (Hrsg.): Monthly Statistical Review, 1971, 7 (178), S. 128, Tabelle 121.

[205] Vgl. § 18 des Volksbankgesetzes.

[206] Die Teilzahlungen werden bei der Volksbank als Depositen eingezahlt, solange das Teilzahlungsmitglied einen bestimmten Betrag nach dem Vertrag als Teilzahlungskredit ausgezahlt bekommt. Nach der Auszahlung der Teilzahlungskredite gelten die Ratenzahlungen als Tilgung.

[207] Vgl. § 18 Abs. 2 1) und 2) des Volksbankgesetzes: Die Höchstsumme der Verschuldung durch Emission der Volkssparschuldscheine darf das Zehnfache des Eigenkapitals nicht übersteigen.

Tabelle 23

Entwicklung der Kreditvergabe der Volksbank
(in Mill. Won)

	1962	1963	1964	1965	1966	1967
Kredite auf Gegenseitigkeitsteilzahlungen	1 127	2 199	3 195	5 015	7 103	9 581
Sonstige Ausleihungen a) .	864	906	997	1 371	2 702	5 870
	(71)	(68)	(55)	(6)	(2)	(149)
gesamt	1 991	3 105	4 192	6 386	9 805	15 451

a) Die Zahlen in Klammern sind die Summe der Kredite auf Wechselakzepte.

Quelle: Vom Verfasser zusammengestellt nach Angaben in: *Bankiersverein von Korea* (Hrsg.): Die 20jährige Geschichte der Finanzierung in Korea, S. 328, Tabelle 37 und 38, sowie *Bank of Korea* (Hrsg.): Monthly Statistical Review, 1971, 7 (178), S. 129, Tabelle 121.

5. Die Koreanische Wohnungsbank

Um langfristige Darlehen für Wohnungsbauprojekte sowie den Kauf von Eigenheimen zu günstigen Bedingungen zu ermöglichen, wurde die Koreanische Wohnungsbank (Korea Housing Bank) am 10. 7. 1967 mit einem Kapital von 10 Mrd. Won gegründet[208]. Ihre Rechtsform ist die einer juristischen Person des öffentlichen Rechts[209].

Um ihre Ziele zu verwirklichen, gewährt die Bank Darlehen an private Bauträgergesellschaften sowie Baustoffunternehmen und pflegt die Sparkapitalbildung durch die Einführung des Bausparens und der Wohnungsbaulotterie.

Die Koreanische Wohnungsbank betreibt das Depositengeschäft mit dem Publikum wie andere Geschäftsbanken; sie darf aber ihre Kredite nur zum Zweck des Wohnungsbaus gewähren.

Die Bank kann die Finanzmittel, die zur Erfüllung der vom Gesetzgeber gestellten Aufgaben erforderlich sind, durch Kreditaufnahme bei der Regierung besorgen. Ferner emittiert sie Wohnungsbauschuldscheine, die vor allem von der Regierung garantiert werden.

Ihre Geschäftspolitik bestimmt der Verwaltungsrat (Board of Administration), der sich aus neun Mitgliedern zusammensetzt[210].

---

[208] Siehe S. 56 dieser Arbeit: Bis zur Gründung der Wohnungsbank wurde die Finanzierung der Bauprojekte von der Koreanischen Entwicklungsbank (frühere Wiederaufbaubank) getragen.

[209] Vgl. § 2 des Koreanischen Wohnungsbankgesetzes.

Die Leitung der Bank obliegt der Exekutivdirektion, die die Beschlüsse des Verwaltungsrates auszuführen hat. Diese Exekutivdirektion besteht aus einem Präsidenten, einem Exekutivvizepräsidenten und höchstens vier Direktoren[211].

Ein Revisor wird vom Finanzminister direkt ernannt, der für die Kontrolle der Geschäftstätigkeit zuständig sein soll[212].

Die Wohnungsbank hat ihren Hauptsitz in Seoul und unterhält z.Z. 20 Filialen, von denen sich etwa acht Filialen in Seoul befinden.

Die Kredite der Wohnungsbank haben meistens eine Laufzeit von 10 bis 25 Jahren und werden mit sehr unterschiedlichen Zinssätzen (10 % bis 24 % jährlich) verzinst[213]. Die Bank stellt den überwiegenden Teil ihrer Darlehen Wohnungsbaugesellschaften zur Verfügung.

Seit ihrer Gründung nahm der Kreditbedarf der Wohnungsbaufinanzierung von Jahr zu Jahr deutlich zu. Ende 1969 betrug die Summe der Wohnungsbaukredite 21 054 Mill. Won, während sie Ende 1967 (dem Gründungsjahr) 5 234 Mill. Won aufwies[214].

Tabelle 24

Entwicklung der Wohnungsbaukreditvergabe der Koreanischen Wohnungsbank
(in Mill. Won)

1967	1968	1969	1970
5 234 (579) a)	12 788 (2 354)	21 054 (8 872	23 079 (9 786)

a) Die Zahlen in Klammern sind die Summe der gesamten Depositeneinlagen.
Quelle: Vom Verfasser zusammengestellt nach Angaben in: *Bank of Korea* (Hrsg.): Economic Statistics Yearbook 1970, S. 139, Tabelle 59.

210 Die Mitglieder des Verwaltungsrates sind der Finanzminister, der Minister für Konstruktion, der Zentralbankgouverneur, der Präsident der Wohnungsbank, zwei Vertreter der privaten Anteilseigner und zwei Wohnungsbaufachleute, die auf Vorschlag des Ministers für Konstruktion vom Finanzminister ernannt werden. Den Vorsitz des Verwaltungsrates führt der Präsident der Bank.

211 Der Präsident der Bank wird durch eine Übereinkunft zwischen dem Finanzminister und dem Minister für Konstruktion ernannt, während die übrigen Direktoren auf Vorschlag des Präsidenten vom Finanzminister ernannt werden.

212 Vgl. § 32 Abs. 3 des Koreanischen Wohnungsbankgesetzes.

213 Die Darlehen mit dem niedrigsten Zinssatz (10 %) werden nur an die Mitglieder des Teilzahlungskreditsystems für Wohnungsbau gewährt, die bereits ihre vereinbarten Ratensummen voll eingezahlt haben.

214 Vgl. *Bank of Korea* (Hrsg.): Economic Statistics Yearbook 1970, S. 139, Tabelle 59.

6. Der Landwirtschaftliche Genossenschaftsverband

Um den wirtschaftlichen und sozialen Zustand der Landwirte zu verbessern, wurde am 29. 7. 1961 das Gesetz über den Landwirtschaftlichen Genossenschaftsverband (Agricultural Cooperatives Federation Act) in Kraft gesetzt[215].

Die Kreditabteilung des Zentralverbandes der Landwirtschaftlichen Genossenschaften und die ihrer Mitgliedsgenossenschaften betreibt das Kreditgeschäft speziell für die Landwirte. Ihre Geschäftstätigkeit ist naturgemäß nicht auf Gewinn, sondern auf Gemeinnutz gerichtet. Sie gewährt billige Kredite an ihre Mitglieder und betreut die Bauern bei ihrer Kreditverwendung.

Langfristige Darlehen insbesondere für landwirtschaftliche Projekte (z. B. die Bodenmelioration und die Verbesserung der Be- und Entwässerungsanlagen usw.) wurden seit der Errichtung dieser Organisation unverändert mit dem niedrigsten Zinssatz von 3,5 % jährlich gewährt[216].

Die allgemeinen Geschäftsbanken gewähren in der Regel keine Kredite an private Landwirte, da sie relativ geringe Erträge abwerfen und sie außerdem noch ein verhältnismäßig großes Risiko darstellen. Daher wird die große Nachfrage nach Finanzierungsmitteln zur Modernisierung von Agraranlagen sowie der saisonmäßig stark schwankende landwirtschaftliche Kreditbedarf in erster Linie durch die Selbsthilfe der genossenschaftlichen Verbände oder mit Hilfe staatlicher Subventionen gedeckt[217].

Die unterste Stufe dieser pyramidalen genossenschaftlichen Organisation bilden die Ri/Dong (Gemeinde)-Landwirtschaftsgenossenschaften. Ihre oberen Organisationen sind die Gun (Kreis)-Landwirtschaftsgenossenschaften, die unmittelbar dem Zentralverband der Landwirtschaftlichen Genossenschaften unterstehen.

Ende 1967 betrug die Zahl der Ri/Dong-Genossenschaften 16 936 mit 2 239 336 Mitgliedern, während die der Gun-Genossenschaften 139 und die der Speziallandwirtschaftsgenossenschaften 143 erreichte[218].

Als Dachorganisation entsteht der Zentralverband der Landwirtschaftlichen Genossenschaften, der in jeder Provinz eine Zweigstelle hat, um sich auf deren genossenschaftliche Geschäfte zu konzentrieren. Der Zentralverband hat seinen Sitz in Seoul; seine Geschäftstätigkeit er-

---

[215] Siehe S. 54 dieser Arbeit.

[216] Vgl. *Bank of Korea* (Hrsg.): Economic Statistics Yearbook 1970, S. 101, Tabelle 33.

[217] Eine wichtige Quelle der landwirtschaftlichen Finanzierung sind außerdem die privaten Geldausleiher, welche in Korea ein großes Problem darstellen.

[218] Vgl. *Park*, S. S.: The Banking System in Korea, S. 117.

streckt sich auf das ganze Gebiet Südkoreas. Seine Mitglieder sind die Gun-Landwirtschaftsgenossenschaften und die Speziallandwirtschaftsgenossenschaften[219], die verpflichtet sind, als Mitglieder mindestens zehn haftende Einlagen des Grundkapitals (eine Einlage: 100 000 Won) zu übernehmen[220].

Der Zentralverband hat eine Generalversammlung, eine Generalrepräsentativversammlung und einen Operationsausschuß (Operational Committee). Die Generalversammlung wird vom Präsidenten des Zentralverbandes einberufen, der den Vorsitz führt. Sie besteht aus dem Präsidenten des Zentralverbandes und aus den gesamten Mitgliedern und ist befugt, die Satzung zu ändern sowie Revisoren (gegenwärtig: zwei) auszuwählen und Vorschläge hinsichtlich der genossenschaftlichen Geschäfte zu unterbreiten[221].

Die Generalrepräsentativversammlung hat die Aufgabe, Mitglieder des Operationsausschusses zu wählen, die Geschäftsplanung des Fiskaljahres sowie den Jahresabschluß zu genehmigen, die von der Generalversammlung vorgeschlagenen Anträge zu überprüfen und zu bestimmen sowie über die Anträge des Präsidenten abzustimmen[222].

Der Operationsausschuß besteht aus dem Präsidenten des Zentralverbandes, dem Minister für Land- und Forstwirtschaft, dem Finanzminister, dem Zentralbankgouverneur und fünf von der Generalrepräsentantenversammlung ausgewählten Mitgliedern[223]. Er bestimmt den Grundsatz der ihm durch Gesetz als Aufgabe gestellten Geschäftstätigkeit sowie der Tätigkeiten, die durch die Beschlüsse der Generalversammlung und der Generalrepräsentantenversammlung gestellt werden. Ferner darf der Operationsausschuß die zu ihrer Pflichterfüllung notwendigen Vorschriften und Regelungen beschließen.

Bei den Gun- und Ri/Dong-Landwirtschaftsgenossenschaften gibt es zwei Organe, die über die Geschäfte entscheiden, die Generalversammlung und den Vorstand der Genossenschaft.

Die Generalversammlung wählt die Mitglieder des Vorstandes, den Präsidenten der Genossenschaft und einen Revisor. Der Vorstand leitet die Geschäfte der Genossenschaft; die Geschäftstätigkeit wird vom Revisor kontrolliert.

---

[219] Vgl. § 130 des Gesetzes über den Landw.-Genossenschaftsverband.

[220] Vgl. § 131 desselben Gesetzes.

[221] Vgl. § 136 desselben Gesetzes.

[222] Vgl. § 137 Abs. 4 desselben Gesetzes: Die Repräsentanten werden von den Gun-Genossenschaften ausgewählt; hiervon repräsentieren jeweils drei die Provinz, drei die Speziallandwirtschaftsgenossenschaften und jeweils einer die Hauptstadt Seoul und die Provinz Chejoo.

[223] Den Vorsitz des Operationsausschusses führt der Präsident des Zentralverbandes.

Unter diesem Genossenschaftssystem werden die Kreditgeschäfte für die Landwirte vom Zentralverband und von den Gun- bzw. Speziallandwirtschaftsgenossenschaften durchgeführt, während die Ri/Dong-Genossenschaften als Vermittler zwischen den Landwirten und den Gun- oder Spezialgenossenschaften tätig sind.

Die von den Landwirtschaftsgenossenschaften durchzuführenden Kreditgeschäfte sind im einzelnen[224]:

a) Kreditgeschäfte des Zentralverbandes der Landwirtschaftlichen Genossenschaften:
   - an die Mitglieder (Gun- bzw. Spezialgenossenschaften) Kredite als Kreditfonds und als Geschäftsfonds zu gewähren,
   - Finanzierungsmittel für die vom Zentralverband direkt geführten Geschäfte zu besorgen,
   - Kredite zur Finanzierung der Land- bzw. Fischereiwirtschaftsanlagen direkt zu gewähren,
   - Depositen anzunehmen,
   - Kredite an die kommunalen Organe und an nicht gewinnstrebige Organisationen zu gewähren,
   - inländische Zahlungsaufträge durchzuführen,
   - Kredite bei der Regierung und der Zentralbank aufzunehmen,
   - Agrarkreditschuldscheine zu emittieren,
   - Geschäfte im Auftrag der Regierung oder anderer Kreditinstitute auszuführen.

b) Die Kreditgeschäfte der Gun- bzw. Speziallandwirtschaftsgenossenschaften[225]:
   - die von den Ri/Dong-Genossenschaften oder von ihren Mitgliedern verlangten Landwirtschaftskredite zu gewähren,
   - sonstige Kreditgeschäfte mit Nicht-Landwirten zu führen[226],
   - inländische Zahlungsaufträge auszuführen,
   - Depositen bzw. Teilzahlungen anzunehmen,
   - die von der Regierung oder den öffentlichen Organen in Auftrag gegebenen Aufgaben zu erfüllen,
   - Kredite beim Zentralverband aufzunehmen.

Die wichtigste Finanzmittelquelle der Landwirtschaftsgenossenschaften ist nach wie vor die Regierung und die Zentralbank. Allerdings

[224] Vgl. § 135 Abs. 5 (Kreditgeschäfte) des Gesetzes über den Landwirtschaftlichen Genossenschaftsverband.

[225] Vgl. § 11 Abs. 4 des Gesetzes über den Landwirtschaftlichen Genossenschaftsverband.

[226] Die Kredite für Nicht-Landwirte beschränken sich auf die Depositensumme der Nicht-Landwirte.

machten auch die Depositen im Laufe der Jahre einen immer größeren Anteil des Finanzmittelaufkommens aus. Tabelle 25 zeigt die Entwicklung des Mittelaufkommens des Landwirtschaftlichen Genossenschaftsverbandes seit seiner Errichtung.

Tabelle 25

Entwicklung des Finanzmittelaufkommens des Landwirtschaftlichen Genossenschaftsverbandes
(in Mill. Won)

	1961	1962	1963	1964	1965
Kreditaufnahme bei der Regierung	9 661	14 128	15 125	15 880	14 666
Kreditaufnahme bei der Zentralbank	3 054	600	3 442	5 256	16 311
Depositen a)	3 471	4 250	5 673	6 451	10 641
Agrarkreditschuldverschreibungen	250	2 686	2 136	1 970	899
Kapital und Rücklagen	344	549	1 059	1 254	1 451
gesamt	16 780	22 213	27 435	30 811	43 968
	(16 688) b)	(18 610)	(19 704)	(23 139)	(27 106)

	1966	1967	1968	1969	1970
Kreditaufnahme bei der Regierung	17 557	19 228	23 584	46 407	48 101
Kreditaufnahme bei der Zentralbank	20 626	24 202	30 347	33 377	35 345
Depositen a)	20 947	27 773	46 783	75 901	80 791
Agrarkreditschuldverschreibungen	465	223	166	121	171
Kapital und Rücklagen	1 599	1 766	2 020	2 231	2 621
gesamt	61 194	73 192	102 900	158 037	166 975
	(27 106) b)	(34 377)	(52 814)	(87 720)	(90 127)

a) Die Depositen enthalten die Sichteinlagen und die Termin- und Spareinlagen.

b) Die Zahlen in Klammern in der Zeile „gesamt" sind die Summe der gesamten Agrarkreditgewährung.

Quelle: Vom Verfasser zusammengestellt nach Angaben in: *Bank of Korea* (Hrsg.): Economic Statistics Yearbook 1970, S. 141, Tabelle 60.

7. Der Zentralverband der Fischereigenossenschaften und ihre Mitgliedsgenossenschaften

Zur Förderung der Fischereiwirtschaft trat am 20. 1. 1962 das Gesetz über die Fischereigenossenschaften in Kraft, wonach der Zentralverband der Fischereigenossenschaften und die ihm unterstellten Mitgliedsgenossenschaften am 1. 4. des gleichen Jahres eingerichtet wurden[227]. Sie dienen den Fischern und den fischverarbeitenden Betrieben als spezielles Institut.

Das Ziel der Errichtung dieses Institutes war es, durch die Produktivitätserhöhung der Fischereiwirtschaft den wirtschaftlichen und sozialen Stand der Fischer bzw. Fischereibetriebe zu verbessern und somit die gleichmäßige wirtschaftliche Entwicklung zu fördern.

Die untere Organisationsstufe bilden die Regionalfischereigenossenschaften[228] und die Fischverarbeitungsgenossenschaften[229].

Die einzelnen Genossenschaftsverbände dieser verschiedenen Fischereigenossenschaften bilden die Mitglieder des Zentralverbandes. Als Mitglied des Zentralverbandes der Fischereigenossenschaften sind sie verpflichtet, mindestens zehn haftende Einlagen des Grundkapitals zu übernehmen[230].

In seiner Organisationsform und seinen Aufgaben ähneln der Zentralverband und seine Mitgliedsgenossenschaften den Landwirtschaftlichen Genossenschaftsverbänden[231].

Der Zentralverband hat ebenfalls drei geschäftspolitisch entscheidende Organe, nämlich die Generalversammlung, die Repräsentantenversammlung und den Operationsausschuß.

Der Operationsausschuß besteht aus dem Minister für Land- und Fischereiwirtschaft, dem Finanzminister, dem Präsidenten des Meeresproduktebüros, dem Zentralbankgouverneur und fünf Mitgliedern, die von der Repräsentantenversammlung ausgewählt werden[232]. Er trifft die Grundsatzentscheidung im Rahmen der Beschlüsse der Generalversammlung sowie der Repräsentantenversammlung und des für ihn geltenden Gesetzes.

---

[227] Siehe S. 55 dieser Arbeit.

[228] Vgl. § 1 des Gesetzes über Fischereigenossenschaften.

[229] Die Mitglieder der Fischverarbeitungsgenossenschaften sind die fischverarbeitenden Manufakturen und die Fabriken, die Fischfanganlagen produzieren.

[230] Vgl. § 110 Abs. 1 und 2 desselben Gesetzes (1 Einlage: 100 000 Won).

[231] Vgl. S. 79 f. dieser Arbeit.

[232] Vgl. § 119 des Gesetzes über Fischereigenossenschaften. Der Präsident des Zentralverbandes gehört auch zum Operationsausschuß und führt dessen Vorsitz.

Als Verwaltungsorgan gibt es eine Exekutivdirektion, die aus einem Präsidenten, einem Vizepräsidenten und drei Direktoren besteht[233]. Sie ist für die Durchführung der Beschlüsse des Operationsausschusses verantwortlich.

Zur Erfüllung ihrer ihnen durch das Gesetz gestellten Aufgaben beschäftigen sich der Zentralverband der Fischereigenossenschaften und ihre Mitgliedsgenossenschaften im einzelnen mit folgenden Kreditgeschäften[234]:

a) Kreditgeschäfte des Zentralverbandes der Fischereigenossenschaften:
   - Gewährung von Krediten als Geschäfts- und Kreditfonds an die Mitglieder,
   - Beschaffung von Finanzmitteln für die Geschäfte des Zentralverbandes,
   - Direkte Gewährung von Krediten für die Fischereidörfer,
   - Annahme von Depositen,
   - Durchführung von Zahlungsaufträgen,
   - Ausführung von Kreditgeschäften im Auftrag der Regierung oder der öffentlichen Organe,
   - Gewährung von Krediten an Nicht-Mitglieder[235],
   - Aufnahme von Krediten bei der Regierung sowie bei anderen Kreditinstituten,
   - Ausgabe von Fischereikredit-Schuldverschreibungen[236],

b) Kreditgeschäfte mit den einzelnen Fischereigenossenschaften:
   - Gewährung von Krediten an die eigenen Mitglieder sowie an die anderen verwandten Genossenschaften und ihre Mitglieder,
   - Gewährung von Krediten an Nicht-Mitglieder,
   - Entgegennahme von Depositen und Teilzahlungen,
   - Ausführung von inländischen Zahlungsaufträgen,
   - Ausführung von sonstigen Kreditgeschäften, die von der Regiegierung oder von öffentlichen Organisationen in Auftrag gegeben werden,
   - Aufnahme von Krediten beim Zentralverband und bei anderen Kreditinstituten.

---

[233] Vgl. § 127 desselben Gesetzes.

[234] Vgl. § 132 Abs. 5 desselben Gesetzes.

[235] Die Kredite an Nicht-Mitglieder dürfen die gesamte Summe der von den Nicht-Mitgliedern eingezahlten Depositen nicht übersteigen.

[236] Die Höchstsumme der Schuldverschreibungen darf das Zwanzigfache des Eigenkapitals nicht übersteigen. Jedoch sind die Fischereikreditschuldscheine nur mit der Zustimmung des Finanzministers zu emittieren.

Tabelle 26

Entwicklung des Finanzmittelaufkommens des Zentralverbandes und der Mitgliedsgenossenschaften der Fischerei
(in Mill. Won)

	1964	1965	1966
Kreditaufnahme bei der Regierung	699	1 620	2 327
Kreditaufnahme bei der ZVLG a)	16	70	343
Depositen b)	117	212	56
Kapital und Rücklagen	39	59	152
gesamt	871 c) (593)	1 961 (1 585)	2 878 (2 209)

	1967	1968	1969
Kreditaufnahme bei der Regierung	5 774	8 235	16 704
Kreditaufnahme bei der ZVLG a)	505	920	3 022
Depositen b)	477	786	2 999
Kapital und Rücklagen	276	493	1 206
gesamt	7 032 c) (6 128)	10 434 (8 716)	23 931 (13 038)

a) ZVLG = Der Zentralverband der Landwirtschaftlichen Genossenschaften.
b) Die Depositen enthalten die Sichteinlagen und die Termin- und Spareinlagen.
c) Die Zahlen in Klammern der Spalte „gesamt" sind die Summe der gesamten Fischereikreditgewährung.

Quelle: Vom Verfasser zusammengestellt nach Angaben in: *Bank of Korea* (Hrsg.): Economic Statistics Yearbook 1970, S. 143, Tabelle 62.

In Tabelle 26 wird die Entwicklung des Finanzmittelaufkommens des Zentralverbandes der Fischereigenossenschaften und der Mitgliedsgenossenschaften veranschaulicht. Die Hauptfinanzierungsquelle ist nach wie vor die Regierung. Die Kreditgeschäfte der Fischereigenossenschaften haben ihrem Volumen nach in der wirtschaftlichen Entwicklung keine große Bedeutung.

III. Der Aufbau und die Funktionen der allgemeinen Geschäftsbanken

1. Überblick über den Aufbau der koreanischen Geschäftsbanken

Die allgemeinen Geschäftsbanken, auch Handels- und Kreditbanken genannt, sind in der Regel als Handelskreditinstitute zu verstehen, deren hauptsächliches Kreditmittelaufkommen aus Depositen des Publikums besteht.

Sie müssen nach dem allgemeinen koreanischen Bankengesetz errichtet werden und ihre Geschäfte durchführen.

Die Hauptaufgabe der allgemeinen Geschäftsbanken ist die Versorgung der koreanischen Wirtschaft mit formell kurzfristigen Handelskrediten. Sie beschäftigen sich darüber hinaus fast ausnahmslos mit allen anderen Bankengeschäften, nämlich mit der Entgegennahme von Einlagen aller Art, der Abwicklung des Zahlungsverkehrs, der Verwaltung fremden Vermögens sowie dem Effektengeschäft. Das koreanische Geschäftsbankensystem besteht also aus Instituten des Universalbanktyps.

Wegen ihrer Funktion, Giralgelder zu schöpfen, und der damit verbundenen Einflußmöglichkeit auf den Liquiditätsstand in der Volkswirtschaft sind die Kreditgeschäfte der allgemeinen Geschäftsbanken Objekt der Geld- und Kreditpolitik der Zentralbank.

In Südkorea gibt es zur Zeit sechs allgemeine Geschäftsbanken und acht ausländische Bankenvertretungen, die zum Geschäftsbankensystem gehören[237].

a) Inländische Geschäftsbanken

Die allgemeinen Geschäftsbanken haben ihre Hauptstellen in der Hauptstadt Seoul; die meisten ihrer Filialen befinden sich in den großen Städten, wodurch sich ihre Geschäftsaktivität auf deren Ebene konzentriert.

Unter den Geschäftsbanken steht Ende 1971 die Choheungbank an erster Stelle mit 74 Filialen[238], welche das größte Einlagen- und Kreditvolumen sowie die höchste Bilanzsumme aufweist.

Die weiteren fünf Geschäftsbanken sind — in der Rangfolge nach ihrem Filialnetz — die Cheilbank mit 69 Filialen, die Koreanische Kommerzbank mit 63 Filialen, die Hanilbank mit 62 Filialen, die Seoulbank mit 54 Filialen und als kleinste und neueste Geschäftsbank die Koreanische Treuhandbank mit 30 Filialen.

---

[237] Siehe Tabelle 15, S. 57 dieser Arbeit.

[238] Vgl. *Bank von Korea* (Hrsg.): Der 22. Jahresbericht 1971, S. 164, Tabelle 98.

Nach dem für sie geltenden Bankengesetz soll das Grundkapital jeder Bank mindestens 1,5 Mrd. Won betragen, falls sich ihre Geschäftstätigkeit auf das ganze Land erstreckt[239].

Ausländische Bankenvertretungen sind von dieser Bestimmung eines Mindestkapitals von 1,5 Mrd. Won befreit und unterliegen Sonderbestimmungen.

Ferner muß nach dem Bankengesetz jede Geschäftsbank eine juristische Person sein. Sie sind faktisch alle als Aktiengesellschaften gegründet worden.

Die allgemeinen Geschäftsbanken sind verpflichtet, zehn von Hundert des Reingewinnes den gesetzlichen Rücklagen so lange zuzuführen, bis diese die Höhe des Grundkapitals erreicht haben[240].

Als administratives Organ haben sie einen Vorstand, dessen Mitglieder von der Generalversammlung der Aktionäre gewählt werden.

Der Vorsitzende des Vorstandes leitet und verwaltet die Bank. Er ist ihr Präsident und vertritt sie gerichtlich und außergerichtlich.

Die Amtszeit und die Zahl der Vorstandmitglieder werden nach der jeweiligen Satzung der Geschäftsbanken bestimmt. Die Generalversammlung der Aktionäre wählt außerdem ein bis zwei Revisoren, die mit der Rechnungskontrolle beauftragt werden[241].

Die allgemeinen Geschäftsbanken haben bis 1955 mit einem Anteil von 81,1 % des Gesamtkreditgeschäftsvolumens eine führende Rolle in der koreanischen Bankwirtschaft gespielt[242].

Nach der Militärrevolution von 1961 wurde ihre Position insbesondere durch die Errichtung von Spezialbanken mit Sonderaufgaben sowie durch deren expandierende Banktätigkeit allmählich schwächer, so daß im Jahre 1962 ihr Anteil nur noch 48,6 % des Gesamtkreditgeschäftsvolumens betrug[243].

Im allgemeinen ist zu bemerken, daß bei der Geschäftsbanktätigkeit das Ertragsprinzip herrscht, das wiederum auf die Gewinnvermehrung im Rahmen des Eigenanteils der privaten Aktionäre zurückzuführen ist.

---

239 Vgl. § 16 Abs. 1 des allgemeinen koreanischen Bankengesetzes.

240 Vgl. § 16 Abs. 2 desselben Gesetzes.

241 Generell wählt die Generalversammlung fünf bis acht Vorstandsmitglieder jeweils für drei Jahre, während die Revisoren für zwei Jahre gewählt werden.

242 Vgl. *Bankiersverein von Korea* (Hrsg.): Die 20jährige Geschichte der Finanzierung in Korea, S. 251.

243 Vgl. *Der Verband für die Wirtschaftsentwicklung von Korea:* Forschungsbericht über Reform des allgemeinen Bankensystems, F.-Nr. 90 (50-71-2), S. 14, Tabelle 1-1-2 sowie 1-3.

In Südkorea ist aber der überwiegende Teil des Geschäftsbankenkapitals in Regierungsbesitz[244], wodurch geschäftspolitische Grundsatzentscheidungen der Banken nicht unbedingt immer auf eine reine Gewinnmaximierung ausgerichtet werden.

Im Vergleich zu anderen Ländern sind die allgemeinen koreanischen Geschäftsbanken zur Haltung von wesentlich höheren Mindestreserven verpflichtet[245], womit ihrem Giralgeldvolumen eine feste Höchstgrenze gesetzt wird[246].

Sie sind außerdem noch verpflichtet, bei den vom Währungsrat bestimmten Spezialbanken (z. B. bei der Korea-Entwicklungsbank und bei dem Landwirtschaftlichen Genossenschaftsverband) ein Zusatzreservekonto zu unterhalten, das Grenzmindestreservesystem[247] einzuhalten, die Zuteilung der Stabilitätsfondsscheine von der Zentralbank entgegenzunehmen und bei der Zentralbank das obligatorische Währungsstabilitätskonto zu unterhalten[248].

b) Ausländische Banken[249]

Gegenwärtig befinden sich insgesamt acht ausländische Bankvertretungen in Südkorea, welche ebenfalls unter das allgemeine koreanische Bankengesetz von 1950 fallen.

Sie dürfen Kredit- und Einlagengeschäfte in Won-Währung betreiben. Sie bieten den koreanischen Banken auch Kredite an und gewähren sie direkt an inländische Firmen, die mit den betreffenden Ländern handelsgeschäftliche Beziehungen aufnehmen, wenn auch in geringerem Umfang.

Die Vertretungen der ausländischen Banken betätigen sich in erster Linie bei Devisentransaktionen, die mit dem Außenhandel des eigenen Landes verbunden sind.

Ihre Geschäftstätigkeit spielt aber ihrem Volumen nach in der koreanischen Wirtschaft noch keine große Rolle.

---

[244] Vgl. S. 53 dieser Arbeit.

[245] Ende 1970 wurde der Mindestreservesatz für die Sichteinlagen 32 % (z. Z. 26 %) und für die Termin- und Spareinlagen 18 % (z. Z. 16 %) eingesetzt, hierzu vgl. *Bank von Korea* (Hrsg.): Der 22. Jahresbericht für das Jahr 1971, S. 148 und Tabelle 20, S. 72 dieser Arbeit.

[246] Da der Anteil des Bargeldvolumens am gesamten Geldvolumen in Südkorea relativ hoch ist, ist die Giralgeldquote und die Geldschöpfungskapazität der südkoreanischen Banken abgesehen von den höheren Mindestreservesätzen gering.

[247] Siehe S. 103 f. dieser Arbeit.

[248] Vgl. *Bank von Korea* (Hrsg.): Die 20jährige Geschichte der Bank von Korea, S. 205 ff.

[249] Vgl. S. 57, Tabelle 15 dieser Arbeit.

Zum Schutz der inländischen Kunden hat das Gesetz vorgeschrieben, daß bei der Liquidation einer ausländischen Bank die Forderungen der inländischen Gläubiger bevorzugt befriedigt werden müssen[250].

2. Besondere Charakteristika der allgemeinen Geschäftsbanken

Die allgemeinen koreanischen Geschäftsbanken haben bestimmte eigenartige Charakterzüge, die im folgenden beschrieben werden sollen.

a) Das Filialnetzsystem

Das moderne Bankensystem in Korea nahm seinen Beginn, wie bereits erwähnt wurde, mit dem japanischen kolonialen Einfluß[251], weshalb es ähnlich wie das Filialnetzsystem der japanischen Großbanken entwickelt wurde.

Die Geschäftsbanken verfügen über ein sehr breites Filialnetz (Ende 1971: 352 Filialen), das sich über das ganze Gebiet des Landes erstreckt. Es gibt in Südkorea keine einzige Bank, die ihre Geschäfte ohne Filialen betreibt.

Zwischen den einzelnen Geschäftsbanken wurden außerdem noch gegenseitige Korrespondenzverträge abgeschlossen, wodurch sie unter der Aufsicht der Zentralbank eine zusammengefaßte Geschäftsbankenorganisation bilden.

b) Das gemischte Bankengeschäft

Generell beschränken sich die Geschäftsbanken auf kurzfristige Finanzierungstätigkeiten wie die englischen Handelsbanken[252]. Dem Bankengesetz entsprechend dürfen aber die Geschäftsbanken sowohl kurzfristige als auch langfristige Kreditgeschäfte durchführen[253].

Die kurzfristigen Handelskreditgeschäfte der Geschäftsbanken bestehen in der Gewährung von Krediten, die auf der Basis von Sichteinlagen bis zu längstens einem Jahr gewährt oder im Rahmen der vom Währungsrat unter Berücksichtigung der Depositenhöhe festgelegten Obergrenze bis zu drei Jahren ausgeliehen werden[254].

Die langfristigen Darlehen der Geschäftsbanken werden aus Mitteln des Eigenkapitals, den Termin- und Spareinlagen sowie Bankobligatio-

---

[250] Vgl. § 14 des allgemeinen Bankengesetz.

[251] Vgl. S. 37 dieser Arbeit.

[252] Vgl. *Bank von Korea* (Hrsg.): Die 20jährige Geschichte der Finanzierung in Korea, S. 252.

[253] Vgl. § 19 des allgemeinen Bankengesetzes.

[254] Vgl. § 20 desselben Gesetzes.

nen bis zu zehn Jahren oder auch im Rahmen des vom Währungsrat hinsichtlich der Verbindlichkeiten festgelegten Höchstvolumens auf längstens fünfzehn Jahre gewährt[255].

Das Schwergewicht der Tätigkeit der allgemeinen koreanischen Geschäftsbanken liegt naturgemäß bei Handelskreditgeschäften. Ende 1970 wurden 430 091 Mill. Won von den Geschäftsbanken kurzfristig an Handelsunternehmen ausgeliehen, während die langfristigen Investitionskredite nur 11 697 Mill. Won betrugen[256].

Der Anteil der Geschäftsbanken an langfristigen Krediten aber steigt, wenn die formell kurzfristigen, faktisch jedoch infolge häufiger Prolongation langfristigen Kredite einbezogen werden[257].

Die Geschäftsbanken kaufen auch die von den Industrieunternehmen für Investitionen ausgegebenen Schuldverschreibungen (häufigste Laufzeit fünf bis sieben Jahre) an und stellen die bei einer Kapitalerhöhung für die Subskriptionen benötigten Mittel zur Verfügung, wobei sie selbst auch einen kleinen Teil der neuen Aktien erwerben[258].

Seit November 1962 dürfen die Geschäftsbanken außerdem Treuhandgeschäfte betreiben, welche früher den Treuhandgesellschaften vorbehalten waren.

Ferner nehmen sie im Rahmen des Aktivgeschäftes sowohl Kündigungseinlagen als auch Teilzahlungen entgegen.

Somit kann das System der allgemeinen koreanischen Geschäftsbanken als ein gemischtes Geschäftsbankensystem bezeichnet werden, dessen Geschäftsbereich nicht auf bestimmte Punkte eingeschränkt ist.

c) Die Abhängigkeit der Geschäftsbanken von den Krediten der Zentralbank

In Südkorea fließt das Sparkapital des Publikums den Unternehmen nur zu einem Viertel auf dem direkten Wege (z. B. durch Emission von Aktien oder Anleihen) zu[259]. Vielmehr nehmen die meisten koreanischen

---

255 Vgl. § 21 des allgemeinen Bankengesetzes.

256 Vgl. *Economic Planning Board of Republic Korea* (Hrsg.): Korea Statistical Yearbook 1971, S. 335, Tabelle 181.

257 Dieser nicht ideale Trend zum längerfristigen Kreditgeschäft besteht bei den koreanischen Geschäftsbanken darin, kurzfristige Kredite gegen Solawechsel häufig zu prolongieren, so daß derartige Kredite über mehrere Jahre laufen. Bei den knappen Investitionskrediten versuchen die koreanischen Unternehmer, ihre langfristigen Investitionen auf diese Weise zu finanzieren.

258 Nach dem allgemeinen Bankengesetz ist eine höhere Beteiligung an Effekten untersagt.

259 Vgl. *Verband für die Wirtschaftsentwicklung von Korea* (Hrsg.): Forschungsbericht über das Problem der Kapitalmarktentwicklung, H. 58 (24-69-02), S. 12.

Unternehmen zur Aufrechterhaltung ihrer Liquidität oder bei Investitionen zur Kapazitätserweiterung zum großen Teil Fremdkapital auf, welches ihnen in erster Linie von Geschäftsbanken zur Verfügung gestellt wird.

Im Durchschnitt beträgt bei Gesellschaften (Unternehmen in Form einer juristischen Person) das Verhältnis von Eigenkapital zu Fremdkapital 16,3 zu 83,7 (1967)[260].

Die übermäßige Fremdmittelfinanzierung („indirekte Finanzierung") ist vor allem auf die noch nicht weit genug fortgeschrittene Entwicklung des Kapitalmarktes zurückzuführen[261].

Die Vorliebe der Unternehmen, die notwendigen Finanzmittel auf indirektem Wege zu beschaffen, verstärkt ihre Abhängigkeit von Bankkrediten, wodurch der Nachfrageüberschuß nach Bankkrediten bestehen bleibt.

Andererseits aber sind die Geschäftsbanken wegen dieser großen Kreditnachfrage in beträchtlichem Umfang auf Refinanzierungshilfen seitens der Zentralbank angewiesen.

Sie werden jedoch nicht allein aufgrund der vorherrschenden Fremdmittelfinanzierung der Unternehmen und des damit verbundenen Nachfrageüberschusses an Krediten in die Lage chronischer Überbeanspruchung von Zentralbankkrediten gedrängt; vielmehr trägt auch die Prolongation der formell kurzfristigen Kredite mit dazu bei, weil die abgelaufenen Bankkredite infolge der Verlängerung nicht so schnell in die Banken zurückfließen.

Da sich manchmal die Zentralbank bereit zeigt, eine solche Kreditpolitik der Geschäftsbanken zu unterstützen[262], können die Geschäftsbanken in die Lage kommen, Kredite teilweise über ihre Liquiditätskapazität hinaus zu gewähren.

Die Geschäftsbanken können daher Kredite an Unternehmen gewähren, solange die Zentralbank bereit ist, die Kreditwünsche der Banken im Rahmen der Zentralbanksonderkredite zu erfüllen. Somit setzt die Kreditentscheidung der Geschäftsbanken normalerweise die Bereitschaft der Zentralbank voraus.

Daher richten die Geschäftsbanken ihre kreditpolitische Richtlinie eher an dem Zentralbankkredit als an ihrer Liquiditätslage aus.

Die Zentralbank kann, wie im kommenden Kapitel noch näher dargelegt wird, durch solche Kreditmaßnahmen gewisse Einflüsse bei der Steuerung der Wirtschaft geltend machen.

---

[260] Vgl. ebenda, S. 13.

[261] Vgl. ebenda, S. 14.

[262] Oft wird die Pflichtreserve der Geschäftsbanken durch Sonderkredite für Mindestreserve von der Zentralbank gedeckt.

3. Tätigkeit der Geschäftsbanken im einzelnen

Als Kreditinstitute eines gemischten Geschäftsbankensystems üben die allgemeinen koreanischen Geschäftsbanken im einzelnen folgende Geschäfte aus:

Depositengeschäfte:

Die Depositeneinnahmen sind die wichtigste Finanzquelle der allgemeinen Geschäftsbanken. Sie nehmen als Depositen bares Geld, Schecks und Wechsel, die durch „Clearing" sofort in bares Geld zu verwandeln sind, entgegen. Bei den Depositen unterscheidet man zwischen Sichteinlagen und Termin- und Spareinlagen.

Zu den Sichteinlagen gehören die Scheckdepositen, die Paßbuchdepositen, die Sparbuchdepositen[263] und die Kündigungsdepositen, während zu den Termin- und Spareinlagen hauptsächlich Teilzahlungsdepositen und Termindepositen gehören. Zu den Termineinlagen zählt man auch Volkssparvereinsdepositen, die nach dem Gesetz über den Volkssparverein von 1962 gespart werden[264].

Kreditgeschäfte:

Die koreanischen Geschäftsbanken gewähren Kredite in Form von Wechseldiskontierung, gegen Solawechsel, gegen Schuldscheine und durch Kontoüberziehung, wobei die Kredite gegen Solawechsel wegen der Flexibilität in Bezug auf die Konditionen und die Einfachheit der Zahlungssicherung im Vordergrund stehen. Derartige Solawechsel werden von dem jeweiligen Kreditnehmer an die Bank ausgestellt, die sie unter Abzug der entsprechenden Zinsen akzeptiert und dann bei der Fälligkeit des Wechsels dem Schuldner präsentiert. Solche Kredite werden in Südkorea besonders als Betriebsmittel der Unternehmen verwendet. Die Wechsellaufzeit beträgt normalerweise drei Monate. Durch die Verlängerung der Laufzeit können die Wechselkredite auch für die Ausrüstungsinvestitionen eingesetzt werden[265].

Kredite gegen Ausleihungsbriefe werden gewöhnlich für langfristige Ausrüstungsdarlehen verwendet. Wegen der Kompliziertheit der Vor-

[263] Die Sparbuchdepositen sind eine Art der Paßbuchdepositen. Der Kundenkreis der Sparbuchdepositen umfaßt aber nur private Personen oder nicht gewinnstrebende Organisationen, während Paßbuchdepositen unbegrenzt von allen natürlichen und juristischen Personen angewendet werden. Der Höchstbetrag der auf ein Sparbuch einzuzahlenden Depositen beträgt 500 000 Won.

[264] Zur Förderung des Volkssparens wurde das Gesetz über den Volkssparverein verkündet, wonach jeder Berufstätige zu irgendeinem Volkssparverein gehören soll. Es wurden verschiedene Vereine nach der Einheit oder nach der Art der Beschäftigung gebildet.

[265] Vgl. *Chung*, H. C.: Artikel „Wechselkredite" in: Das Große Wirtschaftslexikon (koreanisch), Seoul 1964, S. 985.

aussetzungen haben sie bei den koreanischen Geschäftsbanken keine nennenswerte Bedeutung.

Die Überziehungskredite werden im Vergleich zu den Wechsel- oder Diskontkrediten[266] weniger gewährt, weil bei der Kreditkontrolle große Unsicherheit besteht[267].

Außer den Diskontkrediten sind alle Geschäftsbankenausleihungen in der Regel durch Einlagenguthaben oder Hypotheken sowie durch Bürgschaften abzusichern, wobei der überwiegende Teil der Ausleihungen auf Grund von Hypotheken gewährt wird. Die Bedeutung der starken Kreditsicherung ist auf die niedrige Vertrauensbasis in der Kreditwirtschaft zurückzuführen[268].

Hauptkreditnehmer der koreanischen Geschäftsbanken sind nach wie vor die wichtigen Handels- und Industrieunternehmen. Über die Hälfte ihrer Kredite entfällt auf die Fertigungsindustrie. An zweiter Stelle der Kreditnehmergruppe stehen die Großhandelsfirmen. Der Rest verteilt sich auf Transport- und Energieversorgungsbetriebe, Dienstleistungsbetriebe und den Einzelhandel[269].

Effektengeschäfte:

Die Effektengeschäfte der koreanischen Geschäftsbanken haben einen sehr geringen Anteil an den Bankgeschäften insgesamt. Ihre Effektenportefeuilles machen etwa 4 % der Bilanzsumme aus. Diese füllen die Geschäftsbanken mit Staatsanleihen, Kommunalanleihen und staatlich garantierten Schuldverschreibungen an.

Sowohl Industrieobligationen als auch Aktien sind an den Effektenportefeuilles der Geschäftsbanken mit sehr kleinem Anteil beteiligt; die Ursache dafür ist wiederum in der unbefriedigenden Entwicklung des Effektenmarktes zu suchen.

Nach dem allgemeinen koreanischen Bankengesetz können die Geschäftsbanken Effekten bis zur Höhe von 25 % der gesamten Sichteinlagen ankaufen[270].

Devisengeschäfte:

Nach dem koreanischen Devisenkontrollgesetz (Korea Foreign Exchange Control Law) vom 31. 12. 1961 darf niemand ohne Genehmigung des Finanzministers Devisengeschäfte durchführen[271].

---

266 Bei den Diskontkrediten handelt es sich überwiegend um den Ankauf von Handels- und Exportwechseln.

267 Vgl. *Bankiersverein von Korea* (Hrsg.): Die 20jährige Geschichte der Finanzierung in Korea, S. 259.

268 Vgl. S. 94, Tabelle 27 dieser Arbeit.

269 Siehe S. 95, Tabelle 28 dieser Arbeit.

270 Vgl. § 22 des allgemeinen Bankengesetzes.

271 Vgl. § 8 des koreanischen Devisenkontrollgesetzes.

Die vom Finanzminister genehmigten Devisengeschäfte unterscheiden sich in Klasse A und B.

Die Geschäftsbanken dürfen nur Devisengeschäfte der Klasse B ausführen, während die koreanische Devisenbank mit den Geschäften der Klasse A beauftragt worden ist.

Tabelle 27

Entwicklung der Kreditgewährung der Geschäftsbanken untergliedert nach der Art des Pfandes

Stand: Ende September jeweiligen Jahres

(in Mill. Won)

	1961	1962	1963	1964	1965
Immobilien	7 564	13 366	16 984	19 729	19 806
Bewegliche Gegenstände	1 287	2 551	918	871	484
Depositengutschriften	35	1 437	489	313	399
Wertpapiere und sonstige Rechte	1 203	2 382	641	1 185	1 612
ohne Sicherung	1 525	2 267	3 334	3 145	4 874
gesamt	11 614	22 003	22 366	22 243	27 175

	1966	1967	1968	1969	1970
Immobilien	35 419	57 425	98 196	166 844	240 181
Bewegliche Gegenstände	1 021	4 361	2 556	3 164	7 063
Depositengutschriften	1 157	2 263	6 087	25 122	21 573
Wertpapiere und sonstige Rechte	2 908	6 232	9 290	13 283	13 151
ohne Sicherung	9 600	19 785	42 838	89 362	107 012
gesamt	50 115	90 066	158 967	297 775	388 980

Quelle: Vom Verfasser zusammengestellt nach Angaben in: *Bank of Korea* (Hrsg.): Economic Statistics Yearbook 1970, S. 112, Tabelle 43, und *Economic Planning Board of Republic Korea* (Hrsg.): Korea Statistical Yearbook 1971, S. 330, Tabelle 176.

Die von den Geschäftsbanken durchzuführenden Devisengeschäfte der Klasse B sind:

— Devisengeschäfte im Zusammenhang mit der Ex- und Importgenehmigung im Auftrag der Regierung,

— Geschäfte im Zusammenhang mit Importkreditbriefen,
— Ankauf von Exportwechseln,
— Geschäfte in bezug auf die Abwicklung der Zahlungsüberweisungen sowie der Reiseschecks,
— Vermittlung und Übernahme der Bürgschaften, die direkt mit dem Außenhandel verbunden sind.

Tabelle 28

Entwicklung der Kreditgewährung nach Gruppen der Kreditnehmer
(in Mill. Won)

	1963	1964	1965	1966
Fertigungsbetriebe	11 498	11 902	20 183	32 311
Montanbetriebe	663	597	924	1 610
Konstruktionsbetriebe	1 087	1 141	1 522	2 162
Elektr.-, Gas-, Wasserwerke	20	38	63	547
Handelsbetriebe	5 979	6 051	10 597	13 585
Transport- und Lagerhaus	655	602	756	1 325
Dienstleistungsbetriebe	1 356	1 199	1 447	2 940
Agrar-, Fisch- und Forstbetriebe	585	573	729	1 456
Sonstige	990	1 038	1 238	1 932
gesamt	22 833	23 141	37 459	57 868

	1967	1968	1969	1970
Fertigungsbetriebe	57 792	102 566	181 944	252 762
Montanbetriebe	3 740	7 395	8 834	8 963
Konstruktionsbetriebe	4 210	10 407	17 390	26 983
Elektr.-, Gas-, Wasserwerke	1 148	1 781	3 538	4 748
Handelsbetriebe	24 191	37 940	70 609	86 270
Transport- und Lagerhaus	2 522	5 917	12 372	16 947
Dienstleistungsbetriebe	5 402	9 478	13 995	16 655
Agrar-, Fisch.- und Forstbetriebe	2 898	5 129	6 921	10 829
Sonstige	2 675	5 063	10 181	17 631
gesamt	104 578	185 671	325 784	441 788

Quelle: Vom Verfasser zusammengestellt nach Angaben in: *Bank of Korea* (Hrsg.): Economic Statistics Yearbook 1970, 116—117, Tabelle 48, und *Economic Planning Board of Republic Korea* (Hrsg.): Korea Statistical Yearbook 1971, S. 334—335, Tabelle 181.

Jedoch dürfen die Geschäftsbanken zur Durchführung von Devisengeschäften der Klasse B keine unmittelbaren Korrespondenzverträge mit ausländischen Kreditinstituten schließen[272].

Treuhandgeschäfte:

Die sechs koreanischen Geschäftsbanken üben neben ihrem Einlagen- und Kreditgeschäft das Treuhandgeschäft aus[273].

Dieses Geschäft der Verwaltung fremden Vermögens wird vor allem nach dem koreanischen Treuhandgeschäftsgesetz vom 30. 12. 1961 durchgeführt, wobei die Banken verpflichtet sind, für dieses Geschäft eine Sonderbuchführung einzurichten, in der die Höhe der Kapitalmittel, der Wertpapiere, Versicherungspolicen, Hypothekenrechte und sonstigen Vermögensarten, die im Rahmen des Treuhandgeschäftes zu verwalten sind, im einzelnen aufgeführt werden[274]. Im Rahmen dieser Treuhandgeschäfte legen die Geschäftsbanken diese Mittel auf eigene Entscheidungen zugunsten eines bestimmten Berechtigten möglichst gewinnbringend an.

IV. Der Aufbau und die Funktionen der Lokalbanken

Zur Förderung der regionalen Wirtschaftsentwicklung wurden in den letzen Jahren (1967 bis 1971) zehn Lokalbanken errichtet[275], deren Tätigkeiten sich auf die einzelnen Provinzen erstrecken.

Die Lokalbanken wurden auch in der Form einer allgemeinen Geschäftsbank nach dem koreanischen Bankengesetz gegründet. Auch ihre Geschäftstätigkeit ist Gegenstand der Währungspolitik der Zentralbank.

Die Regionalbanken sind meistens noch kleine Kreditinstitute; in der gesamtwirtschaftlichen Entwicklung fallen sie volumenmäßig kaum ins Gewicht.

Die Organisation und Aufgabenstellung der Lokalbanken ähneln sehr denen der allgemeinen Geschäftsbanken, so daß sie auf regionaler Ebene mit diesen in Konkurrenz stehen.

Allerdings sind sie noch zu schwach, um mit den großen Geschäftsbanken im Wettbewerb zu arbeiten. Ende 1971 hatten die Lokalbanken insgesamt 102 Filialen, während die sechs allgemeinen Geschäftsbanken mit 352 Filialen im ganzen Gebiet Südkoreas arbeiten. Ihre Schwäche drückt sich vor allem in der gesamten Summe des Grundkapitals im

---

[272] Vgl. *Park*, S. S.: The Banking System in Korea, S. 68.

[273] Vgl. *Bankiersverein von Korea* (Hrsg.): Die 20jährige Geschichte der Finanzierung in Korea, S. 262 f.

[274] Vgl. § 24 des allgemeinen Bankengesetzes.

[275] Siehe S. 56 f. dieser Arbeit.

Vergleich zu den Geschäftsbanken aus. Die Kapitalsumme der zehn Lokalbanken wies Ende 1971 nur 4 700 Mill. Won[276] auf, während die der Geschäftsbanken insgesamt 23 000 Mill. Won aufwies[277].

Der Kundenkreis der Lokalbanken besteht hauptsächlich aus den provinziellen Kleinbetrieben (Manufakturen, Einzelhandel), den lokalen Körperschaften und den Dienstleistungsbetrieben.

Die Großunternehmen arbeiten gewöhnlich nicht mit den Lokalbanken zusammen.

Diese zehn Lokalbanken in Südkorea sind die Taegubank mit ihrem Hauptsitz in Taegu/Prov. „Kyong Buk", die Pusanbank in der Stadt Pusan, die Chungcheongbank in Taejeon/Prov. „Chung Nam", die Gwangjubank in Gwangju/Prov. „Chon Nam", die Chejubank in Cheju/ Prov. „Che Ju", die Chonbukbank in Chonju/Prov. „Chon Buk", die Inschunbank in Inschun/Prov. „Kyonggi", die Kangweonbank in Chunchun/Prov. „Kangweon", die Kyongnambank in Masan/Prov. „Kyong Nam", die Chungbukbank in Chongju/Prov. „Chung Buk".

Somit hat jede Provinz in Südkorea eine Lokalbank.

Tabelle 29

Überblick über das Grundkapital der Lokal- und allgemeinen Geschäftsbanken

Stand: Ende 1971

Lokalbanken	in Mill	Geschäftsbanken	in Mill.
Pusanbank	1 350 Won	Choheungbank	4 000 Won
Taegubank	900 Won	Cheilbank	4 000 Won
Chungcheongbank	300 Won	Koreanische	
Gwangjubank	300 Won	Kommerzbank	4 000 Won
Chejubank	300 Won	Hanilbank	4 000 Won
Chonbukbank	300 Won	Seoulbank	4 000 Won
Inschunbank	300 Won	Koreanische	
Kangweonbank	400 Won	Treuhandbank	3 000 Won
Kyongnambank	300 Won		
Chungbukbank	250 Won		
gesamt	4 700 Won	gesamt	23 000 Won

Quelle: Bank von Korea (Hrsg.): Der 22. Jahresbericht 1971, S. 163, Tabelle 97.

[276] Nach § 16 des allgemeinen koreanischen Bankengesetzes beträgt die Mindestsumme des Grundkapitals für die Regionalbanken 150 Mill. Won, wenn sie nicht beabsichtigen, sich mit ihrer Tätigkeit nicht auf das ganze Land zu erstrecken.

[277] Vgl. S. 97, Tabelle 29 dieser Arbeit.

Drittes Kapitel

Die Bedeutung des Bankensystems für den wirtschaftlichen Entwicklungsprozeß Südkoreas

A. Die Bedeutung der währungspolitischen Instrumentarien der Bank von Korea für die wirtschaftliche Entwicklung

Bevor untersucht werden kann, in welchem Maße das Bankensystem Südkoreas die gesamtwirtschaftliche Entwicklung beeinflussen kann und welche Bedeutung dabei dem Finanzierungsbeitrag des Bankensystems zukommt, ist es erforderlich, auf die währungspolitischen Instrumentarien der Zentralbank näher einzugehen und damit ihren Beitrag zur Wirtschaftsentwicklung zu klären.

Die Zentralbank (Bank von Korea) kann im Rahmen ihrer währungspolitischen Aufgabe eine Reihe von quantitativen sowie qualitativen Maßnahmen treffen. Dabei ist jedoch zu beachten, daß die staatliche Wirtschaftspolitik Südkoreas generell bestrebt ist, die Geld- und Kreditpolitik ihrem Verfügungsbereich zu unterstellen, woraus folgt, daß auch die Währungspolitik überwiegend vom Finanzminister entschieden wird[1].

Da in Südkorea — wie in anderen Entwicklungsländern — die Grundlagen für ein volles Funktionieren der traditionellen Zentralbank-Instrumente zur Lenkung des Geldvolumens nicht ausreichend gegeben sind, werden häufig schärfere direkte Maßnahmen, z. B. das Ceiling- sowie das Stabilitätskontosystem, ergänzend eingesetzt. Die Zentralbank versucht einerseits, unmittelbar auf die Liquiditätsentwicklung in der Volkswirtschaft einzuwirken, andererseits, die strukturelle Entwicklung der Wirtschaft nach Prioritätskriterien zu steuern.

Fernziel der strukturpolitischen Lenkung durch die zentralbankpolitischen Instrumente ist dabei, die aus der Exportsteigerung durch die strukturelle Verbesserung der Exportindustrie mit Hilfe der zentral-

[1] Vgl. S. 54 und 60 dieser Arbeit; Der Finanzminister ist der Vorsitzende des Währungsrates der Bank von Korea.

bankpolitischen finanziellen Begünstigungen erzielten Devisen in den Aufbau der gesamten Industrie zu stecken.

In diesem Kapitel werden somit unter dem Begriff „wirtschaftliche Entwicklung“ sowohl das quantitative Wachstum der Wirtschaft als auch die qualitativen Strukturveränderungen verstanden, da die Probleme des Wachstums und der Strukturveränderung der Volkswirtschaft aufs engste miteinander verknüpft sind.

I. Die klassischen Zentralbank-Instrumente der Bank von Korea im Dienste der Wirtschaftsentwicklungspolitik

Die klassischen zentralbankpolitischen Instrumente der Bank von Korea sind — ähnlich wie in anderen Ländern — Refinanzierungspolitik, Mindestreservepolitik und Offenmarktpolitik.

1. Die Refinanzierungspolitik als währungspolitisches Instrument

Innerhalb der Refinanzierungspolitik sind je nach den Bedingungen, unter welchen die Zentralbank an die Geschäftsbanken Kredite zu gewähren bereit ist, verschiedene Kreditlenkungsmethoden zu unterscheiden[2].

Zur Refinanzierung stehen der Bank von Korea sowohl die übliche Methode, die das Refinanzierungsvolumen durch den Diskontsatz begrenzt, als auch die Qualitätskontrolle der zum Diskont eingereichten Wechsel als Werkzeuge der Diskontpolitik zur Verfügung[3].

Der Währungsrat legt neben der Rediskontrate die jeweilige Art und Qualität des Rediskontmaterials sowie die Beleihungsobergrenze (Ceilings) je nach ihren Arten fest; diese können nach den Absichten des Währungsrates variiert werden. Ferner kann die Bank von Korea bzw. der Währungsrat zur Abwehr von Refinanzierungswünschen der Kreditinstitute einen Refinanzierungsstop verordnen.

Durch verschärfte oder gemilderte Bedingungen, die von der Zentralbank für die Refinanzierung gestellt werden, sollen diese Werkzeuge (insbesondere die Änderung der Diskontrate) bei entsprechendem Verhalten der Kreditinstitute über Kostenänderungen mittelbar auf den

---

[2] *Gleske,* L.: Artikel „Notenbankpolitik“, in: Enzyklopädisches Lexikon für das Geld-, Bank- und Börsenwesen, 3. Aufl., Frankfurt/M. 1968, S. 1286.

[3] Die qualitativen Maßnahmen zur Refinanzierungspolitik wirken letztlich also quantitativ, denn durch eine Steigerung der qualitativen Anforderungen an das Wechselmaterial verringert sich automatisch der mengenmäßige Bestand an diskontfähigen Papieren bei den Kreditinstituten. Daher bezeichnet H. *Rittershausen* die qualitativen Maßnahmen der Diskontierung als Vorstufe der quantitativen Refinanzierungspolitik: hierzu vgl. *Rittershausen,* H.: Die Zentralnotenbank, Frankfurt/M. 1962, S. 93 f.

Umfang der Geschäftstätigkeit der Unternehmer in der Volkswirtschaft wirken[4].

Jedoch steht diese manipulierende Funktion (d. h. die die Liquiditätsentwicklung steuernde Aufgabe) der rediskontpolitischen Mittel der Bank von Korea nach wie vor nicht im Vordergrund, da die Ursachen des Geldmengenzuwachses primär auf dem Sektor der hoheitlichen Fiskalpolitik (Zentralbankgeldvermehrung durch die andauernde defizitäre Haushaltspolitik der Regierung) liegen, wobei die Bank von Korea generell keine Kreditwünsche der Regierung verweigern darf[5].

Eine Wirksamkeit der Refinanzierungspolitik im üblichen Sinne (vor allem durch eine Änderung der Diskontrate) ist dennoch nicht zu erwarten, solange die Wirtschaft Zinsunempfindlichkeit zeigt.

In Südkorea besteht ein dauernder Trend zur Überschußnachfrage nach Bankkrediten[6], weil viele Unternehmer ihre Gewinnchancen ohne weiteres auch dann für gegeben halten, wenn sie irgendwie Bankkredite erhalten[7].

Der erhoffte Effekt der Diskontpolitik ist außerdem wirkungslos, wenn die Gewinnchancen der Wirtschaft schneller steigen als die Kosten, die durch eine Erhöhung des Zinssatzes vergrößert werden[8].

Bei der inflatorischen Tendenz in Südkorea besteht ständig eine höhere Nachfrage nach jeglichen Gütern. Somit können sowohl die Handels- als auch die Produktionsunternehmen ihre Geschäfte mit hohen realen oder nominalen Gewinnspannen durchführen, die durch eine Erhöhung oder Senkung des Diskontsatzes kaum beeinflußt werden.

Die Bank von Korea kann daher nicht erwarten, die inflatorische Entwicklung durch die Diskontpolitik bekämpfen zu können. Sie hat vielmehr ihre währungspolitischen Werkzeuge in einer gewissen Kombination einzusetzen.

Die Klassifizierung der Refinanzierungswechsel im Rahmen der Qualitätskontrolle der Diskontpolitik erfolgt grundsätzlich nach Prioritäten der Wirtschaftszweige, wobei die Aufstellung von Negativ- oder Positivlisten im Rahmen einer selektiven Kreditsteuerung im Vordergrund steht.

---

[4] Vgl. *Voigt*, F.: Artikel „Währungspolitik", in: Handwörterbuch der Betriebswirtschaft, Bd. 4, 3. Aufl., Stuttgart 1962, Sp. 6123.

[5] Vgl. *Nam*, D. W., *Lee*, S. Y. und *Kim*, B. K.: Determinants of Money Supply and the Scope of Monetary Policy, Seoul 1966, S. 104.

[6] Vgl. S. 90 f. dieser Arbeit.

[7] Ein gutes Beispiel hierfür ist, daß die verhältnismäßig zinsempfindlichen Industriezweige, z. B. Bergbau, Verkehrs- und Bauwirtschaft, im Jahre 1964 über 26 % der gesamten Kredite bei privaten Geldverleihern mit einem durchschnittlichen Zinssatz von 4 bis 6 % monatlich aufgenommen haben; hierzu vgl. *Lee*, C. Y.: Financing and Capital Formation, S. 118, Tabelle 11 bis 14.

[8] Vgl. *Voigt*, F.: Artikel „Währungspolitik", Sp. 6123.

Die Kernaufgabe dieser Qualitativkontrolle der Diskontpolitik liegt in erster Linie darin, daß sie mit Hilfe ihres mehrstufigen Diskontsystems eine gleichgewichtige wirtschaftliche Entwicklung durch Erleichterung oder Erschwerung der Kreditbedingungen je nach Relevanz und Dringlichkeit der Wirtschaftszweige zu steuern versucht. Bei dieser Selektion werden die Diskontsätze für gewisse Wirtschaftsbranchen stets auf einem niedrigen Stand festgesetzt.

Die Bank von Korea rediskontiert hauptsächlich solche Wechsel, die der Förderung des Ex- und Imports und der Produktivitätserhöhung der Montan- und Fertigungsindustrie sowie der Landwirtschaft und Fischerei bzw. Viehzucht dienen. Für solche Wechsel ist eine Fälligkeitsfrist von längstens einem Jahr nach dem Ankauf durch die Zentralbank vorgesehen[9].

Weiter in Betracht kommende Diskontierungen betreffen vor allem den An- und Verkaufswechsel sowie den Transportwechsel von handelsfähigen Erzeugnissen, der längstens eine Restlaufzeit von sechs Monaten genießt[10].

Tabelle 30

Entwicklung der Diskontsätze der Bank von Korea

Stand: Ende des jeweiligen Jahres

(% jährlich)

	1968	1969	1970	1971
Handelswechsel	23	22	19	16
Exportwechsel	3,5	3,5	3,5	3,5
Wechsel von Waren für militär. Lieferungen	25,2	24	24	24
Wechsel von Reispfändungen a)	4	4	4	4
Wechsel von Agrar- und Fischereiprojekten	8	8	8	8
Sonstige Wechsel	28	26	26	24
Lombardkredite b)	28	28	26	24

a) Wechsel von Reispfändungen zur Förderung der agrarischen Produktivität (Erntewechsel).

b) Objekt der Lombardkredite sind hauptsächlich die Staatsanleihen und die Schuldverschreibungen, die von der Regierung garantiert sind.

Quelle: Bank von Korea (Hrsg.): Der 22. Jahresbericht 1971, S. 236—237, Tabelle 10.

[9] Vgl. § 69 Abs. 1 a) des koreanischen Zentralbankgesetzes.

[10] Vgl. § 69 Abs. 1 b) desselben Gesetzes.

Lombardkredite als Refinanzierungsmittel zu festen Laufzeiten bis zu längstens einem Jahr werden grundsätzlich gegen Verpfändung von Staatsanleihen und Schuldverschreibungen, die von der Regierung garantiert sind, gewährt.

Wie bereits erwähnt, erfolgt die Refinanzierung nach den vom Währungsrat unter Berücksichtigung der Art des rediskontfähigen Wechsels variierend festgelegten Rediskontsätzen. Alle diese Sätze werden häufig geändert; eine Ausnahme besteht aber beim Diskontsatz für Exportwechsel, der zur Förderung der Ausfuhr am niedrigsten und seit 1964[11] beim gleichen Stand von 3,5 % (jährlich) gehalten worden ist. Die gleiche Ausnahme trifft auch bei Erntewechseln und Wechseln von Agrar- und Fischereiprojekten zu.

In der Tabelle 30 werden die Diskont- und Lombardsätze der Bank von Korea für die Jahre 1968 bis 1971 wiedergegeben.

2. Die Mindestreservepolitik als währungspolitisches Instrument

In Südkorea wurde den Kreditinstituten seit der Gründung der Bank von Korea 1950 die Mindestreservepflicht vorgeschrieben.

Bei der Mindestreservepolitik handelt es sich um die gesetzliche Ermächtigung der Zentralbank, von den Kreditinstituten zu verlangen, bei ihr zwangsweise gesperrte Guthaben zu halten[12], deren Höhe einen bestimmten Von-Hundert-Satz ihrer Einlagen erreicht.

Das Instrument zur Haltung solcher Guthaben besteht darin, durch die Variation des Mindestsatzes die Liquidität der Kreditinstitute und damit die Möglichkeit der Giralgeldschöpfung bei gegebenem Bestand an Zentralbankgeld zu beeinflussen[13].

Innerhalb des gesetzlichen Limits liegt die Festlegung der Mindestsätze in der Kompetenz des Währungsrates der Bank von Korea[14].

Der Währungsrat darf die Mindestreservesätze generell nicht niedriger als 10 % und nicht höher als 50 % der Einlagen festsetzen[15].

---

[11] Vgl. *Bank of Korea* (Hrsg.): Economic Statistics Yearbook 1970, S. 100, Tabelle 31.

[12] Vgl. § 56 bis § 63 (Abschnitt II) des koreanischen Zentralbankgesetzes.

[13] Vgl. z. B. *Schneider*, E.: Einführung in die Wirtschaftstheorie, IV. Teil, S. 68: Der Währungsrat der Bank von Korea versucht nicht dadurch unmittelbar die Beschaffung von Finanzierungsmitteln für die Regierung zu ermöglichen, wie etwa in Syrien. In Syrien wird die Mindestreservepolitik in erster Linie zum Zwecke der Finanzierungsmittel-Beschaffung für die Regierung durchgeführt; hierzu vgl. *Said*, A. T.: Die Bedeutung des Bankensystems im wirtschaftlichen Wachstumsprozeß Syriens, S. 44 f.

[14] Vgl. § 57 Abs. 1 des koreanischen Zentralbankgesetzes.

[15] Vgl. § 57 Abs. 1 und 2 desselben Gesetzes.

Für den Fall einer besonderen Inflationsgefahr, d. h. zum Zeitpunkt einer bedenklichen Zunahme des Kreditvolumens der Kreditinstitute, ist die Anordnung von Mindestreservesätzen in unbeschränkter Höhe, also theoretisch bis zu 100 % der Einlagen, zulässig.

Die Kreditinstitute haben in solchen Fällen das Recht, eine bestimmte Höhe der Verzinsung zu verlangen[16].

In der Geschichte der südkoreanischen Zentralbankpolitik wurde einmalig im Oktober 1966 die sog. Zuwachsmindestreservepolitik (Grenzmindestreserve) angewendet, um die Überliquidität der Kreditinstitute aufgrund der Zunahme der Kreditaufnahmen bei ausländischen Kreditinstituten zu absorbieren, wobei die Kreditinstitute von den Pflichtreserven keine Barreserve in eigenen Kassen behalten dürften[17].

Von den Mindestreserven können die Kreditinstitute bis zu 25 % in den eigenen Kassen als Barreserve behalten, falls der Währungsrat dies genehmigt[18].

Der Währungsrat der Bank von Korea bestimmt gestaffelte Mindestreservesätze nach der Art (d. h. nur nach der Fristigkeit der Einlagen) der Einlagen[19].

Bis März 1957 wurden die Einlagenarten für die Mindestreserve wie folgt eingeteilt: öffentliche Depositen, Termindepositen und sonstige Depositen, wobei sehr differenzierte Mindestreservesätze eingesetzt wurden[20].

Im Zuge der Veränderung der Mindestreservepolitik der Bank von Korea wurden die Einlagenformen vereinfacht, und zwar als Sicht-, Termin- und Spareinlagen, welche heute noch gelten[21].

---

[16] Vgl. § 58 desselben Gesetzes.

[17] Vgl. *Bankiersverein von Korea* (Hrsg.): Die 20jährige Geschichte der Finanzierung in Korea, S. 205 sowie auch *Suh*, B. K.: Währungs- und Kreditpolitik Koreas (koreanisch), Seoul 1970, S. 130 und 140: Bei der im Oktober 1966 durchgeführten Zuwachsmindestreserveregel (Grenzmindestreserve) wurden die Reservesätze für die ab Ende September des gleichen Jahres anwachsenden Sichteinlagen der Kreditinstitute auf 50 % und für Termin- und Spareinlagen auf 45 % festgesetzt (ab Ende September 1966 bis Ende März 1967).

[18] Vgl. § 59 Abs. 2 des koreanischen Zentralbankgesetzes.

[19] Vgl. § 59 Abs. 1 desselben Gesetzes.

[20] Vgl. *Suh*, B. K.: Währungs- und Kreditpolitik Koreas, S. 116; Bis März 1957 waren die Mindestreservesätze für die öffentlichen Depositen auf 30 %, für die Termindepositen auf 10 % und für die sonstigen Depositen auf 25 % festgesetzt.

[21] Bei der Umformung der Einlagenart wurden die Mindestsätze für Spareinlagen auf 10 % und für Sichteinlagen auf 20 % festgesetzt; hierzu vgl. *Suh*, B. K.: Währungs- und Kreditpolitik Koreas, S. 115 f. In der Zeit vom 16. 7. 1965 bis 16. 11. 1967 wurden die Termin- und Spareinlagen wieder getrennt.

In der Regel werden die Mindestreserveguthaben der Kreditinstitute bei der Zentralbank nicht verzinst. Einzige Ausnahmen waren die Maßnahmen in den Zeiträumen von Oktober 1965 bis März 1966, von März bis September 1970 und von April bis September 1971, in denen die Mindestreserveguthaben für Spareinlagen einheitlich mit 3,5 % (jährlich) verzinst wurden[22].

Das Reserve-Soll ergibt sich aus dem Halbmonatsdurchschnitt der täglichen Verbindlichkeiten aus Einlagen, während die Ist-Reserve nach dem Halbmonatsdurchschnitt der Mindestpflichtguthaben berechnet wird[23].

Unterschreitet die Ist-Reserve einer Bank das Reserve-Soll, so ist das Kreditinstitut zur Zahlung von Geldstrafen (1 % des durchschnittlichen Fehlbetrages eines halben Monats) verpflichtet.

Bei einer länger als zweiundeinhalb Monate anhaltenden Unterschreitung der Mindestpflichtreserven können neue Kreditgewährung, Erwerb von Wertpapieren und die Devidendenausschüttung der Kreditinstitute untersagt werden. Weitere Strafmaßnahmen (z. B. Zwang des Vorstandswechsels oder Aufhebung der Bankgeschäftsgenehmigung) gelangen bei einer mehr als ein Jahr andauernden Zuwiderhandlung der Banken zur Anwendung[24].

Der erste vom Währungsrat der Bank von Korea festgelegte Mindestreservesatz war 10 % für alle Arten von Einlagen, allerdings durften bis zu 20 % in den Kassen der Kreditinstitute verbleiben[25].

Seit Einführung der Mindestreservepolitik hat der Währungsrat die Mindestreservesätze bis Anfang 1966 bereits über dreißigmal geändert[26].

Nach Beendigung der in der Zeit von September 1966 bis März des folgenden Jahres durchgeführten Zuwachsmindestreserveregel[27] setzte der Währungsrat am 16. 11. 1967 die Höchstreservesätze für Sichteinlagen auf 35 %, für längerfristige Termin- und Spareinlagen auf 18 % und für kurzfristige Termin- und Spareinlagen auf 25 % fest[28].

---

[22] Im Rahmen der Förderungsmaßnahmen der langfristigen Spareinlagen des Publikums und der Verbesserung der Ertragslage der Kreditinstitute zahlte die Bank von Korea in den obengenannten Zeiträumen für den bei ihr deponierten Reserveanteil für über 18 Monate befristete Spareinlagen des Publikums 3,5 % Zinsen; hierzu ausführlich *Bankiersverein von Korea* (Hrsg.): Die 20jährige Geschichte der Finanzierung in Korea, S. 204.

[23] Vgl. § 60 des koreanischen Zentralbankgesetzes.

[24] Vgl. § 60 desselben Gesetzes.

[25] Vgl. *Suh*, B. K.: Währungs- und Kreditpolitik Koreas, S. 68.

[26] Vgl. *Suh*, B. K.: Währungs- und Kreditpolitik Koreas, S. 101 f., Tabelle 19 sowie *Economic Planning Board of Republic Korea* (Hrsg.): Korea Statistical Yearbook 1971, S. 316, Tabelle 163.

[27] Vgl. S. 103, Fußnote 17 dieser Arbeit.

[28] Vgl. Tabelle 31, S. 105 dieser Arbeit.

Tabelle 31

Entwicklung der Mindestreservesätze für die Kreditinstitute
(%)

	Termin- und Spareinlagen			Sichteinlagen	vom Währungsrat genehmigte Barreserve
	langfristige [b)]		kurzfristige		
01. 07. 1961		10		14	25 [a)]
01. 06. 1962		10		10	25
01. 08. 1962		10		14	25
01. 09. 1962		10		20	25
01. 01. 1964		10		15	25
01. 03. 1964		10		20	25
01. 06. 1964		10		12	25
16. 07. 1965		10		16	10
01. 12. 1965	10		12	16	10
01. 02. 66	15		20	35	10
16. 11. 1967	18		25	35	10
01. 01. 1968		18		32	10
16. 09. 1968		18 (15) [c)]		32 (25)	10
01. 01. 1971		16 (13)		26 (20)	10
01. 11. 1971		12 (10)		18 (15)	10

a) Der Anteil an Mindestreserve, der in eigenen Kassen der Kreditinstitute bleiben darf.

b) Seit 1. 12. 1965 wurden die Reservesätze für Termin- und Spareinlagen zwischen lang- und kurzfristigen Termin- und Spareinlagen getrennt eingesetzt.

c) Der Prozentsatz in Klammern ist der Mindestreservesatz für den Landwirtschaftlichen Genossenschaftsverband: Die Mindestreservesätze für den Landwirtschaftlichen Genossenschaftsverband gegenüber anderen Kreditinstituten niedriger eingesetzt.

Quelle: Vom Verfasser zusammengestellt nach Angaben in: *Economic Planning Board of Republic Korea* (Hrsg.): Economic Statistics Yearbook 1971, S. 316, Tabelle 163, sowie *Bank of Korea* (Hrsg.): Economic Statistics Yearbook 1972, S. 132, Tabelle 58.

Danach wurden die Mindestreservesätze bis zum 1. 11. 1971 jedoch viermal herabgesetzt, so daß diese zur Zeit für Sichteinlagen 18 % und für Termin- und Spareinlagen 12 % betragen[29].

Wie in der Tabelle 31 ersichtlich ist, wurden in dem Zeitraum vom 1. 2. 1966 bis zuletzt 16. 9. 1968 die Mindestreservesätze für Sichteinlagen drastisch höher gesetzt. Gleichwohl wirkte aber die scharfe

[29] Vgl. Tabelle 31, S. 105 dieser Arbeit.

Mindestreservepolitik der Bank von Korea nicht in vollem Umfang liquiditätsmindernd, da der Spezialfall, daß zur Abdeckung der Mindestreserve ein Kredit von der Zentralbank in Anspruch genommen wird, nicht ausgeschlossen ist. Die Kreditinstitute versuchten daher häufig, ihre Mindestreserve lediglich durch einen Zentralbankkredit zu decken[30], wodurch der Gesamtertrag der Banken durch die Ertragslosigkeit der zu haltenden Reserven beeinträchtigt wurde.

Sobald die Mindestreserve der Kreditinstitute durch die Kreditaufnahme bei der Zentralbank gedeckt wird, gelangen die Reserven wieder in den Umlauf. Die Mindestreservepolitik erfüllt folglich nicht ihren eigentlichen Zweck, die Liquidität der Kreditinstitute zu beeinflussen. Die Bank von Korea will vielmehr durch die höheren Mindestreservesätze eine gewisse kreditpolitische Lenkung im Rahmen der Wirtschaftspolitik erreichen.

Tabelle 32

Entwicklung der Mindestreserve der Kreditinstitute
(in Mill. Won)

	Mindestreservepflichtige Depositen (A)	Ist-Reserve (B)	Soll-Reserve (C)	Überschußreserve (D)	Zentralbankkredite (E)	Netto-Reserve a) (F) = (D) — (E)
1961	18 081	3 381	2 569	812	3 513	— 2 701
1962	31 672	7 354	4 684	2 670	2 311	359
1963	36 261	6 357	5 514	843	4 920	— 4 077
1964	37 046	5 187	4 607	580	8 093	— 7 513
1965	48 902	6 460	6 000	460	14 259	— 13 799
1966	91 379	21 276	20 687	589	24 325	— 23 736
1967	158 480	37 874	35 809	2 065	32 352	— 30 287
1968	265 676	60 447	59 607	840	43 550	— 42 710
1969	478 587	100 407	101 038	— 631	70 780	— 71 411
1970	643 468	135 585	134 755	830	80 912	— 80 082

a) Die Netto-Reserve ist die Differenz zwischen der Überschußreserve und den Zentralbankkrediten.

Quelle: Vom Verfasser zusammengestellt nach Angaben in: *Economic Planning Board of Republic Korea* (Hrsg.): Korea Statistical Yearbook 1971, S. 231, Tabelle 169, und *Federation of Korean Industries* (Hrsg.): Wirtschaftsjahresbuch von Korea 1968, S. 1138 bis 1139, Tabelle 71, sowie *Bank von Korea* (Hrsg.): Der 20. Jahresbericht für das Jahr 1969, S. 298 f. und dies.: Der 22. Jahresbericht für das Jahr 1971, S. 236—237, Tabelle 9.

[30] Vgl. Tabelle 32, S. 106 dieser Arbeit.

Da die diskontpolitische Richtlinie mit dem oben erwähnten mehrstufigen Diskontsystem auf die Steuerung der Wirtschaftsstruktur nach Prioritätskriterien ausgerichtet ist[31], wirkt die Kombination zwischen der Refinanzierungs- und Mindestreservepolitik kreditsteuernd.

3. Die Offenmarktpolitik als währungspolitisches Instrument

Offenmarktoperationen, die seit Gründung der Bank von Korea 1950 zulässig sind[32], bestehen hauptsächlich im An- und Verkauf von Staatspapieren[33], staatlich garantierten Obligationen (z. B. Wohnungsbauanleihen) und von Titeln des Währungsstabilitätsfonds[34] durch die Bank von Korea.

Als Instrument zur Lenkung des umlaufenden Geldvolumens im üblichen traditionellen Sinne gewann die Offenmarktpolitik der Bank von Korea aber noch keine große Bedeutung, weil angesichts der inflatorischen Entwicklung keine wesentliche Beeinflussung auf das Geldvolumen erfolgen konnte. Stets kreuzt die übermäßige und unausweichliche Kreditaufnahme der Kreditinstitute bei der Zentralbank den beabsichtigten Effekt der gelegentlich durchgeführten Offenmarktoperation.

Es fehlt vor allem in Südkorea als notwendige Voraussetzung für die wirksame Offenmarktpolitik sowohl ein ausreichender Wertpapierbestand bei der Zentralbank als auch ein funktionsfähiger Kapitalmarkt.

Die Bank von Korea führt diese Offenmarktoperationen seit November 1961 mit der Ausgabe von Titeln des Währungsstabilitätsfonds durch, sie betreibt sie aber im Sinne einer Geldvolumensregulierung erst seit dem Jahre 1966 intensiv[35].

Im allgemeinen soll die Zentralbank bei der Durchführung der Offenmarktpolitik einerseits aktiv auf die Barreserve der Kreditinstitute einwirken, d. h. die Kapazität der Kreditinstitute zur Giralgeldschöpfung verändern und andererseits den Zinssatz für langfristige Kredite beeinflussen[36]. Somit sollen die Offenmarktoperationen neben dem Mengen-

---

[31] Vgl. S. 101 dieser Arbeit.

[32] Vgl. § 90 des koreanischen Zentralbankgesetzes.

[33] Die Staatspapiere, die zum Zwecke der Offenmarktoperationen durch die Bank von Korea an- und verkauft werden, sind die Staatsgründungs-, Industrieförderungs-, Straßenbau- und Telefonanleihen (Anleihen für die Einrichtungen des Nachrichtenwesens).

[34] Nach § 92 des koreanischen Zentralbankgesetzes erhielt die Bank von Korea seit ihrer Gründung die Berechtigung, die Offenmarktpolitik durch Ausgabe eigener Papiere (Titel des Währungsstabilitätsfonds) zu gestalten.

[35] Vgl. *Bank von Korea* (Hrsg.): Die 20jährige Geschichte der Bank von Korea, S. 205 und 206.

[36] Vgl. *Voigt*, F.: Artikel „Währungspolitik", Sp. 6122.

effekt zugleich einen Zinseffekt und damit einen Einfluß auf die Kreditnachfrage haben[37].

Die Möglichkeit, mit Hilfe von Offenmarktoperationen die Kreditzinssätzen im allgemeinen als auch bei den Operationen auf dem offenen Bank von Korea seit 1961 geübten Form der Offenmarktpolitik nicht gegeben, da der Währungsrat der Bank von Korea sowohl die Kreditzinssätze im allgemeinen als auch bei den Operationen auf dem offenen Markt die An- und Verkaufssätze für die zulässigen Papiere autonom festsetzt, und der Bank von Korea nur wenig geeignetes Material zur Verfügung steht.

Die meisten Staatsanleihen werden generell mit einem sehr niedrigen Zinssatz ausgegeben. Somit sind die im Besitz der Bank von Korea befindlichen Staatspapiere für funktionierende Offenmarktoperationen fast ungeeignet, da weder die Kreditinstitute noch das Publikum an solchen niedrig verzinslichen Staatspapieren interessiert sind.

Die Bank von Korea betrieb daher in mehreren Jahren Offenmarktoperationen fast ausschließlich mit den Kreditinstituten, und zwar hauptsächlich mit Titeln des Währungsstabilitätsfonds.

Nur einmal, im November 1961, versuchte die Bank von Korea durch die Offenmarktpolitik die Ertragslage der Kreditinstitute zu verbessern[38]. In der Zeit von 1961 bis 1965 hatte die Bank von Korea das Instrument der „Kreditplafondierung" in einer erweiterten Form angewendet, wobei die Kreditgeschäfte der Banken drastisch eingeschränkt wurden. Die Bank von Korea gab in dieser Zeit erstmalig verzinsliche Titel im Rahmen des Gesetzes über den Währungsstabilitätsfonds zur Verbesserung der Ertragslage der Kreditinstitute aus, welche jedem Kreditinstitut zugeteilt wurden. Somit strömte die durch die Kreditplafonds gesperrte bzw. nicht weiter abgeschöpfte Liquidität zur Zentralbank und floß auf dem Wege der Refinanzierung bei der Zentralbank wieder selektiv gesteuert zu den Banken bzw. in die Wirtschaft zurück.

Seit 1966 hat sich die Bank von Korea durch ihre Offenmarktpolitik hauptsächlich darum bemüht, die situationsbedingte Überliquidität auf dem Geldmarkt zu absorbieren[39].

Die Mindestreservepolitik ist nämlich zum Ausgleich einer kurzfristig schwankenden Liquiditätslage weniger geeignet, weshalb sie gelegentlich durch Offenmarktoperationen ergänzt werden muß.

---

[37] Vgl. *Schneider*, E.: Einführung in die Wirtschaftstheorie, III. Teil, Geld, Kredit, Volkseinkommen und Beschäftigung, 9. Aufl., Tübingen 1965, S. 75.

[38] Vgl. *Bank von Korea* (Hrsg.): Die 20jährige Geschichte der Bank von Korea, S. 206.

[39] Vgl. *Bank von Korea* (Hrsg.): Die 20jährige Geschichte der Bank von Korea, S. 206.

Bei der Durchführung der Offenmarktoperationen waren die Kreditinstitute gezwungen, den von der Zentralbank zugeteilten Anteil an Titeln aufzunehmen, was als zu starker Eingriff in die Kreditwirtschaft angesehen werden muß.

Die Höchstsumme von Titeln, die aus den Währungsstabilitätsfonds ausgegeben worden sind, wird nach § 2 Abs. 2) des Gesetzes über den Währungsstabilitätsfonds (erlassen am 1. 11. 1961) auf ein Zehntel des im entsprechenden Zeitraum umlaufenden Geldvolumens begrenzt.

Diese werden auf Anweisung des Währungsrates ausgegeben; die einzelnen Bedingungen (Umfang, Zinssatz, Emissionszeitpunkt und Tilgungsfrist usw.) werden von einem durch den Währungsrat beauftragten Sonderausschuß bestimmt[40].

Wie in der Tabelle 33 ersichtlich ist, hatten die Titel aus Währungsstabilitätsfonds im Jahre 1971 ihre Höchstsumme erreicht. Sie betrug Ende dieses Jahres 37,9 Mrd. Won (Geldumlauf: 360,8 Mrd. Won), von denen die Spezialbanken 29,7 Mrd. Won, die allgemeinen Geschäftsbanken 5,9 Mrd. Won und die Regionalgeschäftsbanken 2,3 Mrd. Won übernahmen[41].

Die Ausgabe von Titeln des Währungsstabilitätsfonds soll somit sowohl zur Reduzierung der Überliquidität als auch zur Umstrukturierung der Liquiditätsreserve der Kreditinstitute beitragen.

Zum ersten Mal hat die Bank von Korea im Februar 1969 neben den Titeln des Währungsstabilitätsfonds auch Staatspapiere sowie staatlich garantierte Anleihen zu einem vom Sonderausschuß für die Währungsstabilität festgelegten Preis am offenen Markt angeboten, was im üblichen Sinne der Offenmarktpolitik die erste Operation überhaupt war.

Kurz nach dieser Operation hat die Bank von Korea im April des gleichen Jahres die Staatspapiere (Straßenbauanleihen der Regierung sowie die von der Regierung garantierten Wohnungsbauanleihen), vor allem aus dem Portefeuille der Geschäftsbanken, zu deren Entlastung bei saisonalen Anspannungen erworben, welche — gemessen an ihrem Umfang — keine große Bedeutung erlangt haben[42].

Betrachtet man den Verlauf der Entwicklung der südkoreanischen Wirtschaft, so ist festzustellen, daß die Kreditinstitute wegen der hohen Investitionsbedürfnisse übermäßig Kredite gewähren sollten, und damit in umfangreichem Maße eine Verschuldung über die Refinanzierungsquellen bei der Zentralbank herbeigeführt wurde.

Andererseits haben die Kreditinstitute unter drastischen zentralbankpolitischen Eingriffen ständig leiden müssen.

---

[40] Vgl. ebenda, S. 207.

[41] Vgl. *Bank von Korea* (Hrsg.): Der 22. Jahresbericht 1971, S. 159.

[42] Vgl. *ders.*: Die 20jährige Geschichte der Bank von Korea, S. 208.

Die Kapitalbildung in Südkorea erfolgte z. B. nicht in vollem Umfang auf dem Wege über das Sparen, sondern durch die Zentralbankgeldschöpfung, die den Geldkreislauf erhöhte und ständig die inflatorische Tendenz beschleunigte.

Tabelle 33

Entwicklung der Ausgaben des Währungsstabilitätsfonds der Bank von Korea

Stand: Ende jeden Jahres

(in Mill. Won)

Jahr	Ausgaben	getilgt durch Fristablauf	Rest am Ende jeden Jahres
1966	12 522 a) (84 179)	7 950	4 572
1967	32 572 (120 028)	25 572	7 000
1968	49 327 (149 840)	43 677	5 650
1969	42 474 (217 948)	20 555	21 919
1970	31 874 (360 470)	31 574	300
1971	37 900 (360 847)	16 950	20 950

a) Die Zahlen in Klammern sind die umlaufende Geldmenge am Ende des entsprechenden Jahres; vgl. zu diesen Zahlen *Economic Planning Board of Republic Korea* (Hrsg.): Korea Statistical Yearbook 1971, S. 312—313, Tabelle 159.

Quelle: Vom Verfasser zusammengestellt nach Angaben in: *Finanzministerium der Republik Korea* (Hrsg.): Die Staatsanleihe unseres Landes, Seoul 1971, S. 77, Tabelle 28, und *Bank von Korea* (Hrsg.): Der 22. Jahresbericht 1971, S. 159, sowie die Bilanzen der Bank von Korea für die Jahre 1970 und 1972.

Somit bietet sich angesichts der anwachsenden Knappheit der Liquiditätslage kaum noch ein Spielraum für wirksame zentralbankpolitische Offenmarktoperationen im üblichen Sinne.

II. Die Sonder-Zentralbank-Instrumente der Bank von Korea im Dienste der Wirtschaftsentwicklungspolitik

Zu den weiteren besonderen Zentralbank-Instrumenten gehören das Ceilingsystem (Kreditplafondierung), das Währungsstabilitätskonto und die Regulierung der Bankzinsen.

1. Das Ceilingsystem

Das Ceilingsystem wurde in Südkorea seit der Gründung der Bank von Korea 1950 bis zuletzt 1965 als eines der schärfsten Instrumente der Zentralbankpolitik angewendet[43]. Mit Hilfe dieses Ceilingsystems versuchte die Bank von Korea, in erster Linie direkt auf das Kreditwachstum mengenmäßig einzuwirken. Es handelt sich also beim Ceilingsystem darum, daß eine unerwünscht hohe Geldmenge, deren Entstehung bei den einzelnen Geldschöpfungskomponenten nicht verhindert werden konnte, nachträglich durch Einschränkung der Verwendungsmöglichkeiten des Zentralbankgeldes korrigiert wird.

Das Ceilingsystem, d. h. die währungspolitische Anordnung der Kreditplafondierung, daß über eine bestimmte Grenze hinaus keine weiteren Kredite mehr gegeben werden dürfen, macht den zentralistischen Charakter der südkoreanischen Wirtschaftspolitik sichtbar.

Das Ceilingsystem gewährt den produktiven und für die weitere Entwicklung wichtigen Wirtschaftszweigen selektive Vergünstigungen, womit das Ceilingsystem der Bank von Korea als quantitatives sowie selektives Kreditlenkungsmittel wirken soll.

In der Regel wurden die Ceilings vom Währungsrat der Bank von Korea jährlich für vier Zeiträume (Quartale)[44] getrennt festgelegt. Der Währungsrat setzt die Ceilings im Hinblick auf die gesamtwirtschaftliche Bedeutung der kreditnehmenden Wirtschaftszweige fest, außerdem die Art, den Umfang und den Zweck der Kredite.

Er kann auch die Rediskontceilings von der Zentralbank einsetzen, falls die allgemeine Wirtschaftslage es erfordert[45].

Die Rediskontceilings bestimmen, ob und in welcher Höhe die Papiere der Kreditnehmer (einzelnen Unternehmer) bei der Zentralbank rediskontiert werden.

---

[43] Unter dem Begriff „Ceiling" (Plafondierung) wurde in der BRD bis vor kurzem lediglich eine Höchstgrenze der Kreditgewährung seitens der Zentralbank an den Bundesfiskus verstanden; hierzu vgl. insbesondere *Rittershausen*, H.: Die Zentralnotenbank, S. 33 und 305, jedoch stand in der BRD auch bei der geplanten Novellierung des Bundesbankgesetzes die Kreditplafondierung neben einer Erweiterung der Mindestreservepolitik bzw. Aktiv-Zuwachsreserve mit im Mittelpunkt der Diskussion; hierzu siehe „Handelsblatt" vom Donnerstag, dem 2. 11. 1962, S. 3, vom Freitag, dem 20./21. 7. 1973, S. 3 VIII, vom 16. 8. 1973, S. 2 (Übergeiz kostet Bundesbank die Freiheit), vom 20. 8. 1973, S. 1 und 2, vom 21. 8. 1973, S. 13, sowie vgl. *Ehrlicher*, W.: Zur Neuordnung des Instrumentariums der deutschen Bundesbank, in: Kredit und Kapital, Jg. 6 (1973), H. 2, S. 111 ff.

[44] Bei der Festlegung der Ceilings wurde insbesondere der saisonbedingte Kreditbedarf der Wirtschaftszweige berücksichtigt.

[45] Das Rediskontceiling der Bank von Korea wurde in der Zeit von Juli 1955 bis März 1959 sehr intensiv eingesetzt.

Die Bank von Korea wirkt durch diese Reglementierung an der Auswahl der Kreditnehmer mit und greift damit scharf in die Beziehung zwischen Banken und deren Kreditnehmern ein. Es handelt sich also um einen Eingriff in die wirtschaftliche Aktivität der Unternehmer, der zugleich für den Staat von besonderem entwicklungspolitischen Interesse ist.

Eine solche harte Kreditbegrenzung bzw. -selektion trifft in erster Linie die kleineren Unternehmen, die dadurch gezwungen sind, Privatkredite aufzunehmen.

Das Ceilingsystem war somit ein dirigistisches Mittel der Bank von Korea, um die Kreditentwicklung der Wirtschaft nach eigenen Wünschen direkt einzuschränken, was durch die klassischen Zentralbank-Instrumente weniger möglich gewesen wäre[46].

Das Ceilingsystem wurde jedoch gegen Ende 1965 vorläufig aufgegeben, da die Ceilings durch ihre scharfe Restriktionsmöglichkeit die notwendige Selbständigkeit der Bankwirtschaft und die damit verbundene Wettbewerbsordnung der Wirtschaft erheblich zu beeinträchtigen schienen.

Die Bank von Korea war vor allem gezwungen, sich mit ihren währungspolitischen Steuerungsmitteln neu zu orientieren, da sie der wirtschaftlichen Expansion in den 60er Jahren aufgrund der 5-Jahrespläne Rechnung tragen mußte.

Die Bank von Korea hat für kurze Zeit versucht, durch die traditionellen Zentralbank-Instrumente ihre Währungspolitik möglichst auf die mittelbaren Methoden auszurichten[47].

Das Ceilingsystem kann immer noch nach dem geltenden koreanischen Zentralbankgesetz eingesetzt werden, falls die Anwendung dieses Instruments notwendig sein sollte[48].

2. Das Währungsstabilitätskonto

Seit dem 8. März 1967 sind die Kreditinstitute in Südkorea verpflichtet, bei der Zentralbank ein obligatorisches Währungsstabilitätskonto zu unterhalten[49].

Aufgrund eines Beschlusses des Währungsrates vom 2. März 1967 hat jedes Kreditinstitut einen bestimmten von der Zentralbank angegebenen Betrag rechtzeitig auf diesem Konto zu deponieren.

---

[46] Vgl. *Suh*, B. K.: Währungs- und Kreditpolitik Koreas, S. 112.

[47] Vgl. *Suh*, B. K.: Währungs- und Kreditpolitik Koreas, S. 124.

[48] Vgl. § 66 des koreanischen Zentralbankgesetzes.

[49] Vgl. *Bank von Korea* (Hrsg.): Die 20jährige Geschichte der Bank von Korea, S. 209.

Die Bank von Korea versucht mit Hilfe dieses Währungsstabilitätskontos, die situationsbedingte Überschußliquidität in der Volkswirtschaft zu absorbieren und stillzulegen, welche durch die Mindestreserve-, Diskont- oder Offenmarktpolitik nicht unter Kontrolle gebracht werden könnte.

Dieses Instrument ist ein Ersatzmittel der Bank von Korea für das bereits seit 1965 nicht mehr angewendete Ceilingsystem, das ihr die Kreditexpansionsmöglichkeit direkt einzuschränken verhalf.

Das Bardepot der Kreditinstitute auf dem Währungsstabilitätskonto wird nicht den Mindestreserven zugerechnet.

Die Bank von Korea zahlt jedoch für den bei ihr als Währungsstabilitätsdepot eingelegten Betrag jährlich 5 % Zinsen[50].

Die Höhe des einzulegenden Währungsstabilitätsdepots der einzelnen Kreditinstitute wird unter Berücksichtigung der Zunahme der gesamten Verbindlichkeiten von einem bestimmten Zeitpunkt einer als zu stark angesehenen Expansion des Kreditvolumens festgelegt.

Das Währungsstabilitätsdepot kann auf Antrag einzelner Kreditinstitute abgehoben werden, falls es die Zentralbank aufgrund der Liquiditätslage der Wirtschaft für erforderlich hält.

In der Regel wird das Abheben dieses Währungsstabilitätsdepots im Rahmen von Förderungsmaßnahmen zur Kreditgewährung an bestimmte wichtige Wirtschaftszweige, vor allem aufgrund von strukturpolitischen Erwägungen erfolgen[51].

Tabelle 34

Überblick über das Währungsstabilitätskonto

Stand: Ende jeweiligen Jahres
(in Mill. Won)

1967	1968	1969	1970	1971
7 623	9 398	801	1 073	3 615

Quelle: Vom Verfasser zusammengestellt nach Angaben in: *Bank of Korea* (Hrsg.): Economic Statistics Yearbook 1970, S. 106, Tabelle 37, und *ders.:* Der 22. Jahresbericht 1971, S. 148, Tabelle 90.

50 Vgl. Die Beschlußfassung des Währungsrates der Bank von Korea vom 2. März 1967.

51 Das Währungsstabilitätsdepot der Kreditinstitute wurde hauptsächlich zur Gewährung von Krediten für Rohmaterialimporte der Exportindustrie, die die Deviseneinnahmen begünstigen, oder zur Förderung der Unternehmen, die wichtige Maschinen herstellen, abgehoben.

3. Regelung der Soll- und Habenzinsen der Kreditinstitute

Der Währungsrat der Bank von Korea setzt neben der Refinanzierungsrate auch die Höchstsätze der Soll- und Habenzinsen der Kreditinstitute fest[52].

Diese Regelung der Bankzinsen seitens des Währungsrates verpflichtet die Kreditinstitute, die Maximalgrenzen für Einlagen und Kredite nicht zu überschreiten.

Innerhalb der vom Währungsrat festgelegten Höchstgrenzen werden die tatsächlich angewandten Soll- und Habenzinssätze durch Beschlüsse des „Bankiersverein von Korea“ unter Berücksichtigung der Diskontsätze der Zentralbank detailliert vereinbart. Dem Bankiersverein von Korea gehören alle Kreditinstitute an.

Um einer proportionalen Gestaltung des Zinsgefüges insbesondere der Kreditkosten der Bankkreditnehmer hinsichtlich der allgemeinen Wirtschaftslage Rechnung zu tragen, enthalten die Vorschriften über Bankzinsen, mit denen die Kreditnehmer belastet werden, auch eine Regelung über die Gebührenobergrenze[53].

Die Habenzinsen sind nach einer Fülle verschiedener Sicht-, Termin- und Spareinlagen-Typen differenziert. Die Sollzinsen sind noch komplizierter nach Mittelquellen, Kreditverwendungszwecken, Kreditnehmergruppen bzw. Wirtschaftssektoren und Kreditinstituten[54] untergliedert.

Die Höchstsätze der Bankzinsen wurden in den 60er Jahren oft und sehr unterschiedlich nach den Arten der Kredite variiert. Im Jahre 1965 wurde die Zinsreform durchgeführt, wobei einige Habenzinssätze höher als einige Sollzinssätze lagen[55]. Somit zeigte die Bankzinsstruktur in Südkorea eine ungewöhnliche Form.

Der Grund einer solchen Zinsreform war, die Kapitalbildung im Hinblick auf den 5-Jahresentwicklungsplan und das damit verbundene Wirtschaftswachstum zu fördern.

Erst Anfang 1968 wurden die Bankzinssätze im Zuge einer Neuorientierung der Zinspolitik der Bank von Korea zum Teil gesenkt. Somit erfuhr am 3. August 1972 die Zinspolitik Südkoreas bereits ihre sechste Änderung seit der Zinsreform 1965[56].

Der Währungsrat der Bank von Korea ist jedoch bestrebt, auf Grund seiner so oft geänderten Soll- und Habenzinssätze, Anordnungen für

---

[52] Vgl. § 64 und § 65 des koreanischen Zentralbankgesetzes.

[53] Vgl. § 64 desselben Gesetzes.

[54] Vgl. *Geis*, H. G.: Die entwicklungspolitische Wirksamkeit von Entwicklungsbanken, S. 182.

[55] Vgl. Tabelle 35 und 36, S. 115 und 116 dieser Arbeit.

[56] Vgl. Die Tageszeitung „Chungangilbo“ vom 3. August 1972, S. 1.

Tabelle 35

Entwicklung der wichtigen Sollzinshöchstsätze der Kreditinstitute[a])

Stand: Ende des jeweiligen Jahres

(in %)

	1963	1964	1965	1966	1967
Diskontierung von Handelswechseln	13,87	14,00	24,00	24,00	24,00 (28,00)
Beleihung von Exportwechseln	8,00	8,00	6,50	6,50	6,00
Kaufwechselbeleihung von Entwicklungshilfegütern	13,87	14,00	26,00	26,00	26,00
Beleihung von Rohmaterialimportwechseln der wichtigen Exportindustrie[b])	—	—	—	6,00	6,00
Beleihung von sonstigen Rohstoffimportwechseln	—	—	—	24,00	24,00
Kontoüberziehungskredite	18,25	18,50	26,00	28,00	28,00 (32,00)
Call loan	13,87	12,00	22,00	22,00	22,00

	1968	1969	1970	1971	1972
Diskontierung von Handelswechseln	26,00 (30,00)	24,60 (27,00)	24,00 (27,00)	22,00 (25,00)	19,00 (22,00)
Beleihung von Exportwechseln	6,00	6,00	6,00	6,00	6,00
Kaufwechselbeleihung von Entwicklungshilfegütern	25,02	24,00	24,00	23,00	—
Beleihung von Rohmaterialimportwechseln der wichtigen Exportindustrie[b])	6,00	6,00	6,00	9,00	9,00
Beleihung von sonstigen Rohstoffimportwechseln	24,00	24,00	24,00	24,00	23,00
Kontoüberziehungskredite	28,00 (32,00)	26,00 (29,00)	26,00 (29,00)	24,00 (27,00)	23,00
Call loan	22,00	21,00	21,00	19,00	16,00

a) Außer diesen Höchstsätzen werden oft für Spezialbanken Sonderobergrenzen festgelegt. Die Zahlen in Klammern sind die Höchstsätze für die Regionalbanken.

b) Diese Rohmaterialimporte setzen die spätere Begünstigung der Deviseneinnahmen durch die Exportgüterproduktion voraus.

Quelle: Vom Verfasser zusammengestellt nach Angaben in: *Economic Planning Board of Republic Korea* (Hrsg.): Korea Statistical Yearbook 1971, S. 318, Tabelle 167, und *Bank von Korea* (Hrsg.): Der 20. Jahresbericht 1969, S. 300, und *ders.*: 22. Jahresbericht 1971, S. 238.

eine harmonische Konstellation der gesamten Zinsstruktur zu treffen und vornehmlich die Konditionen im Bankgewerbe in die Regelung einzubeziehen.

Tabelle 36

Entwicklung der wichtigen Habenzinshöchstsätze für die Kreditinstitute

Stand: Ende des jeweiligen Jahres

(in %)

	1963	1964	1965	1966	1967
I. Termin- und Spareinlagen					
befristete Termindepositen a) .	—	—	30,00	30,00	30,00
bis 3 Monate	9,00	9,00	—	—	—
bis 6 Monate	12,00	12,00	—	—	—
bis und über 1 Jahr	15,00	15,00	—	—	—
Spardeposíten zur Hebung des Lebensstandards	—	—	—	—	—
Kündigungsdeposíten	3,65	3,65	5,00	5,00	5,00
Teilzahlungsdeposíten	10,00	10,00	30,00	30,00	30,00
II. Sichteinlagen					
Paßbuchdeposíten	1,80	1,80	1,80	1,80	1,80
Kinderspardeposíten	—	—	—	—	—

	1968	1969	1970	1971	1972
I. Termin- und Spareinlagen					
befristete Termindepositen a) .	25,20	22,80	22,80	21,30	21,30
Spardepositen zur Hebung des Lebensstandards	12,00	9,60	9,60	8,70	8,70
Kündigungsdepositen	5,00	5,00	5,00	5,00	5,00
Teilzahlungsspardepositen	25,00	23,00	23,00	21,00	21,00
II. Sichteinlagen					
Paßbuchdepositen	1,80	1,80	1,80	1,80	1,80
Kinderspardepositen	—	—	—	—	—

a) Seit der Zinsreform 1965 wurden die Habenzinshöchstsätze für die befristeten Termineinlagen nicht mehr nach der Frist unterschiedlich, sondern einheitlich festgesetzt.

Quelle: Vom Verfasser zusammengestellt nach Angaben in: *Economic Planning Board of Republic Korea* (Hrsg.): Korea Statistical Yearbook 1970, S. 371, Tabelle 247, und *Bank von Korea* (Hrsg.): Der 22. Jahresbericht 1971, S. 238, Tabelle 12.

Vor allen währungspolitischen Erwägungen besteht auch ein großes öffentliches Interesse an einer wirksamen Funktionsweise des Kreditsystems, wozu die Bank von Korea die angemessenen Beschränkungen der kreditpolitischen Aktionen der einzelnen Banken immer noch für notwendig hält.

Somit zielt die Bank von Korea mit Hilfe solcher Beschränkungsmöglichkeiten über die Regelung der Bankzinsen offenbar darauf ab, die monopolistische Machtstellung einzelner Banken oder bestimmter Bankengruppen zu unterdrücken. So beschränkt die Bank von Korea beispielsweise durch die vom Währungsrat festgelegte Maximalgrenze der Habenzinssätze vor allem den Wettbewerb zwischen den Kreditinstituten um Bankeinlagen.

Die Höchstgrenze der Sollzinssätze führt andererseits durch ihre Differenzierung nach verschiedenen Arten von Krediten faktisch zu einer Kreditselektion.

Das Motiv dieser unterschiedlichen Obergrenzen der Kreditzinssätze soll auch ein währungspolitisches Bestreben sein, die Kredite nach der volkswirtschaftlichen Dringlichkeit des Verwendungszweckes zu steuern.

Daher ist möglicher konjunkturpolitischer Effekt der Soll- und Habenzinspolitik (d. h. in Zeiten des Tiefstandes durch niedrigen Zins fördernd auf die Wirtschaftstätigkeit einzuwirken und umgekehrt Hochkonjunkturen durch hohen Zins zu stabilisieren) in der seit der Gründung der Bank von Korea ausgeübten Form der Zinspolitik nicht gegeben.

Die Regelung der Soll- und Habenzinssätze dient vielmehr wie bei der Refinanzierungspolitik als selektives und qualitatives Mittel zur Lenkung der Wirtschaftsstruktur[57].

B. Die Bedeutung des Bankensystems für den Industrialisierungsprozeß

I. Die Industrialisierung und ihre Kapitalbeschaffungsproblematik

1. Die Industrialisierung als Voraussetzung für die gesamtwirtschaftliche Entwicklung

Alle in der wirtschaftlichen Entwicklung zurückgebliebenen Länder, d. h. Gebiete mit sehr niedrigem Volkseinkommen pro Kopf der Bevölkerung, sind ausnahmslos bestrebt, durch eine rasche gesamtwirtschaftliche Entwicklung möglichst schnell den Anschluß an den Entwicklungsstand der Industrieländer zu finden[58], um so eine Hebung des Lebensstandards zu erzielen.

[57] Vgl. *Suh*, B. K.: Währungs- und Kreditpolitik Koreas, S. 109 ff.

Daher wurde in diesen Ländern trotz der außerordentlichen Schwierigkeiten die Industrialisierung zum erklärten Ziel ihrer Wirtschaftspolitik.

Betrachtet man zunächst den Zustand der wirtschaftlich zurückgebliebenen Länder, so lassen sich deren Entwicklungsprobleme am treffendsten als Wettlauf zwischen Bevölkerungswachstum und Produktivitätserhöhung kennzeichnen[59]. Mit anderen Worten, diese Länder sind meistens mit dem Problem belastet, die stets wachsende Arbeitsbevölkerung laufend in der Wirtschaft zu absorbieren.

Dieses Problem kann nur dann gelöst werden, wenn mehr Arbeitsplätze geschaffen werden. Geht die Produktivitätssteigerung dieser Länder durch geeignete Investitionen über das Bevölkerungswachstum hinaus, so wird ein höherer Lebensstandard allmählich erreicht.

Um diese grundlegenden Probleme lösen zu können, wurde die Industrialisierung auch in Südkorea als wirksamstes Mittel angesehen, das Realeinkommen pro Kopf der Bevölkerung stärker zu erhöhen[60].

Wie die Wirtschaftsgeschichte in europäischen Industrieländern gezeigt hat, kann man in der Regel davon ausgehen, daß eine Industrialisierung verbunden ist mit einer Ausweitung der Produktionskapazität, bei der regelmäßig sowohl die Erzeugung für den Markt als auch die Nominal- und Realeinkommen gesteigert werden[61].

Die industriewirtschaftliche Art und Weise des Produzierens bietet nun die beste Möglichkeit zur Steigerung des Realeinkommens und erweitert jenen Kreislauf, in dem steigende Güterproduktion mehr Einkommen und mehr Einkommen wiederum erhöhte Güternachfrage bewirkt[62]. Also ist die Erhöhung der Realeinkommen im Zuge der Industrialisierung zugleich Erfolg und Antriebskraft desselben Prozesses[63].

---

[58] Vgl. *Voigt*, F.: Entwicklungshilfe und Entwicklungspolitik, nicht veröffentlichtes Manuskript, Bonn 1970, S. 63; „Die Höhe des Lebensstandards und der wirtschaftliche Entwicklungsgrad der Industrieländer gelten als Vorbilder für die Zielvorstellungen der Entwicklungspolitik in den wirtschaftlich zurückgebliebenen Ländern." Vgl. hierzu *Meyer-Dohm*, P.: Entwicklungsprobleme unterentwickelter Länder, in: *Ortlieb*, H.-D. (Hrsg.): Hamburger Jahrbuch für Wirtschafts- und Gesellschaftspolitik, Jg. 3, Tübingen 1958, S. 202 f., hierzu auch vgl. *Schiller*, K.: Zur Wachstumsproblematik der Entwicklungsländer, in: *Boettcher*, E. (Hrsg.): Entwicklungstheorie und Entwicklungspolitik, Tübingen 1964, S. 180.

[59] Vgl. *Singer*, H. W.: Probleme der Industrialisierung in unterentwickelten Ländern, in: Zeitschrift für Nationalökonomie, Bd. 15 (1956), S. 95 f.

[60] Vgl. *Klatt*, S.: Zur Theorie der Industrialisierung, Hypothesen über die Bedingungen, Wirkungen und Grenzen eines vorwiegend durch technischen Fortschritt bestimmten wirtschaftlichen Wachstums, in: *Voigt*, F. (Hrsg.): Die industrielle Entwicklung, Abt. A, Untersuchungen zur Volkswirtschaftspolitik, Bd. 1, Köln und Opladen 1959, S. 21.

[61] Vgl. *Voigt*, F.: Industrie- und Gewerbepolitik, unveröffentlichtes Manuskript, Bonn 1970, S. 51.

Ein geeignetes System für diesen Prozeß kann die Marktwirtschaft sein, nach deren Gesetzmäßigkeit dieser Prozeß in ein Stadium mit sich gegenseitig induzierenden und hierbei notwendig werdenden Netto-Investitionen kommen wird[64]. Damit soll weiter ein sich selbst nährender Prozeß der Industrialisierung eingeleitet werden[65].

So wird klar, daß bei den Bemühungen um eine bevorzugte Industrialisierung Südkoreas ein Sich-Selbstnähren, d. h. die Stufe des sog. Rostow'schen „Take-off"[66], in Gang gesetzt werden sollte. Allerdings muß dabei der Weg für ein stetiges Wachstum durch das Eintreten der Kumulativwirkung dieses Prozesses frei gemacht werden[67].

Eine sichtbare Steigerung der Arbeitsproduktivität ist zugleich eine Folge des Eintretens der „Take-off"-Stufe, in der eine Umwandlung der traditionellen gewerblichen Produktion in eine industrielle Produktionsweise vorgenommen wird[68].

Die erzeugte Gütermenge wird dabei stark wachsen, so daß aus dem Produktionsproblem zwangsläufig ein Marktproblem entstehen wird[69], das zur weiteren Entwicklung den Anschluß an die Welthandelsmärkte voraussetzt[70].

„Ziel des Industrialisierungsprozesses muß es somit sein, die Grundlagen für die Produktion eines Warensortiments zu legen, das für den internationalen Handel von substitutiver Bedeutung ist[71]."

Um die Aussichten einer Weiterentwicklung der Gesamtwirtschaft Südkoreas beurteilen zu können, muß man sich folgende Tatsachen vor Augen halten.

---

[62] Vgl. *Kamp*, M. E.: Aspekte der industriellen Entwicklung in der Bundesrepublik Deutschland, Vorträge aus Nationalökonomie und Finanzwissenschaft, Bonn 1968, S. 12.

[63] Vgl. ebenda, S. 12.

[64] Nach F. *Voigt* wächst durch die mit der Realeinkommenssteigerung verbundene kaufkräftige Nachfrage der Ertragswert zusätzlicher Investitionen und vermehrt damit die Möglichkeit, sinkende Grenzkostenverläufe im Ausmaß der Nachfrageelastizität in Bezug auf das Einkommen weitgehend auszunutzen. Ferner hält F. *Voigt* diese Entwicklung für einen Prozeß der Differenzierung von Wachstumschancen räumlich und wirtschaftsstrukturell, weil im Verlaufe dieses Prozesses zwingend unterschiedliche Begünstigungen und Benachteiligungen entstehen, die jeweils für die nächste Periode unterschiedliche Entwicklungschancen bedeuten. Hierzu vgl. *Voigt*, F.: Industrie- und Gewerbepolitik, S. 51.

[65] Vgl. *Voigt*, F.: Entwicklungshilfe und Entwicklungspolitik, S. 39.

[66] Vgl. *Rostow*, W. W.: Stadien wirtschaftlichen Wachstums, Eine Alternative zur marxistischen Entwicklungstheorie, Göttingen 1960, insb. Kapitel 3.

[67] Vgl. ebenda, S. 22.

[68] Vgl. *Hax*, K.: Japan Wirtschaftsmacht des Fernen Ostens, S. 20.

[69] Vgl. *Hax*, K.: Japan Wirtschaftsmacht des Fernen Ostens, S. 20.

[70] Vgl. *Voigt*, F.: Entwicklungshilfe und Entwicklungspolitik, S. 79.

[71] Vgl. ebenda, S. 85.

Südkorea ist noch ein Agrarland in dem Sinne, daß der überwiegende Teil der Bevölkerung in der Landwirtschaft, und zwar auf einer zu kleinen landwirtschaftlichen Nutzfläche tätig ist[72], so daß ein großer Anteil zu den „unsichtbaren Arbeitslosen“ gehört. Dies führt zu einer geringeren Produktivität des Arbeitseinsatzes in der Landwirtschaft. Hier zeigt sich die Erscheinungsform einer Unterentwicklung, die im Zuge der gesamtwirtschaftlichen Entwicklung dringend überwunden werden muß.

Wenn im landwirtschaftlichen Gebiet eines Landes eine so große Disproportionalität im Einsatz von Menschen und Nutzfläche besteht, folgen für eine steigende Produktivität des gesamtwirtschaftlichen Arbeitseinsatzes die Notwendigkeit eines Arbeitkräfteabzuges aus der Landwirtschaft und die Schaffung von Einsatzmöglichkeiten in den industriellen Bereichen[73]. So war und ist die Industrialisierung in Südkorea notwendiger Bestandteil der gesamtwirtschaftlichen Entwicklung[74], die mit einigem Gewicht faktisch nach dem Koreakrieg 1953 im Rahmen des Wiederaufbaues begann und in den 60er Jahren mit verstärkter Intensität weiter beschleunigt wurde.

Als Weg zur Entwicklung wirtschaftlich zurückgebliebener Volkswirtschaften kommen in der Regel, neben dem in jedem Fall erforderlichen Ausbau der Infrastruktur, die Entwicklung der Landwirtschaft, die Industrialisierung und der Ausbau des tertiären Sektors, insbesondere des Tourismus, in Betracht[75].

Eine beschleunigte Industrialisierung, die im Mittelpunkt wirtschaftlicher Entwicklungsprogramme der meisten in der Entwicklung zurückgebliebenen Länder steht[76], würde auch in Südkorea im Vergleich zur Entwicklung der Landwirtschaft oder des tertiären Sektors langfristig der beste Weg sein. Einer Entwicklung der übrigen Bereiche, insbesondere einer rein landwirtschaftlichen Intensivierung, sind relativ enge Grenzen gesetzt[77].

---

[72] Die Zahl der Landbevölkerung im Jahre 1971 betrug in Südkorea noch 20 170 000 (Gesamtbevölkerung = 31 920 000), somit 62,2 % auf landwirtschaftlicher Fläche. Hierzu vgl. *Statistisches Bundesamt Wiesbaden* (Hrsg.): Allgemeine Statistik des Auslandes, Länderberichte Südkorea 1972, S. 11.

[73] Vgl. *Singer*, H. W.: Probleme der Industrialisierung in unterentwickelten Ländern, S. 95 ff.

[74] Vgl. *Dittmar*, M.: Inflation in Entwicklungsländern, in: Wirtschaftswissenschaftliche Abhandlungen, H. 24, Berlin 1965, S. 39.

[75] Vgl. *Effenberger*, H.: Wirtschaftssystem und Industrialisierung in den Entwicklungsländern, in: *Broermann*, J. (Hrsg.): Volkswirtschaftliche Schriften, H. 128, Berlin 1961, S. 29.

[76] Vgl. *Michaelies*, A.: Wirtschaftliche Entwicklungsprobleme des Mittleren Ostens, in: Kieler Studien, Bd. 52 (1960), S. 30.

[77] Vgl. *Predöhl*, A.: Industrialisierung der Entwicklungsländer, in: *Sieber*, E. H. (Hrsg.): Entwicklungsländer und Entwicklungspolitik, Nürnberger Ab-

Die Verbesserung der Landwirtschaft hat zwar eine Steigerung der Nahrungsmittel und sonstigen Agrarerzeugnisse in gewissem Maße zur Folge, mit ihr allein kann aber kaum ein Prozeß zur Kumulativwirkung verbunden werden[78]. Die steigende Produktivität der Agrarwirtschaft kann die zunehmende Arbeitsbevölkerung eher weniger als mehr absorbieren[79].

Eine Wirtschaftsentwicklung der zurückgebliebenen Länder durch zunehmende Intensität des agrarischen Bereiches wäre nur dann denkbar, wenn durch die Spezialisierung auf die Produktion von bestimmten agrarischen Gütern eine Realeinkommenszunahme je Kopf der Bevölkerung erzielt werden könnte, die größer ist als das Einkommenswachstum je Kopf in den industrialisierten Ländern, wenigstens aber diesem entspräche[80].

Es gibt aber kein Beispiel, daß ein reines Agrarland es zu einem Lebensstandard gebracht hätte, der mit demjenigen der Industrieländer in Vergleich gesetzt werden könnte[81].

Die Notwendigkeit der Industrialisierung muß aber nicht unbedingt bedeuten, daß alle Investitionsmittel allein dem industriellen Bereich zugeführt werden und der landwirtschaftliche Sektor sich selbst überlassen bleibt[82]. Die Industrialisierung und die landwirtschaftliche Entwicklung sind im gesamtwirtschaftlichen Sinne keine alternativen Möglichkeiten, sondern zwei Vorgänge, die sich gegenseitig bedingen und

---

handlungen zu den Wirtschafts- und Sozialwissenschaften, H. 21, Berlin 1963, S. 61.

78 Vgl. *Muddathir*, A.: Die Industrialisierung der wirtschaftlich unterentwickelten afrikanischen Länder und ihre Auswirkungen auf die Weltwirtschaft, Ein Beitrag zur Lösung des Problems der wirtschaftlichen Arbeitsteilung, Volkswirtschaftliche Schriften, H. 31, Berlin 1957, S. 131.

79 Vgl. *Krusse*, A.: Außenwirtschaft, Die internationalen Wirtschaftsbeziehungen, 2. Aufl., Berlin 1961, S. 602.

80 Vgl. *Timmermann*, V.: Probleme und Möglichkeiten der Entwicklungsplanung, Die Strategie des Balanced Growth, in: *Schachtschabel*, H. G. (Hrsg.): Veröffentlichungen der Wirtschaftshochschule Mannheim, Bd. 17, Köln und Mainz 1967, S. 16.

81 Vgl. *Michaelies*, A.: Wirtschaftliche Entwicklungsprobleme des Mittleren Ostens, S. 61. Dennoch gibt es Befürworter einer vorrangigen Intensivierung der Landwirtschaft als Lösung der gesamtwirtschaftlichen Förderung der in der Entwicklung zurückgebliebenen Länder, die sich vor allem auf Dänemark und Australien bzw. Neuseeland stützen, die sie als Beispiel für Agrarländer mit einem hohen Einkommen anführen. Das ist aber im Grunde genommen nicht ganz richtig, da diese nicht reine Agrarländer sind. Sie sind alle industrialisiert, wenn man ihre innere Beschäftigungsstruktur in Betracht zieht. Hierzu vgl. *Singer*, H.: Probleme der Industrialisierung in unterentwickelten Ländern, S. 90. Hierzu auch *Muddathir*, A.: Die Industrialisierung der wirtschaftlich unterentwickelten afrikanischen Länder und ihre Auswirkungen auf die Weltwirtschaft, S. 132 f.

82 Vgl. *Timmermann*, V.: Probleme und Möglichkeiten der Entwicklungsplanung, S. 20.

tragen[83]. Es handelt sich hier also in Anbetracht der wechselseitigen Beeinflussung um ein Problem ausgewogenen sektoralen Wachstums. Die gesamtwirtschaftliche Förderung der in der Entwicklung zurückgebliebenen Länder wird nur dann erfolgreich sein, wenn sie im Rahmen eines ausgeglichenen Wachstums stattfindet[84]. So ist eine harmonische Entwicklung durch übereinstimmende Fortschritte in der Landwirtschaft und bei der Ausdehnung der Industrie bedingt[85].

Die Industrialisierung soll damit auch an der agrarischen Basis angesetzt werden, denn die Verbesserung der landwirtschaftlichen Produktivität ist hauptsächlich dadurch möglich, daß die überschüssige Landbevölkerung, das sind die oben erwähnten „unsichtbaren Arbeitslosen", in die industrielle Produktion aufgenommen wird[86].

Außerdem trägt die Industrie zur Modernisierung der Landwirtschaft durch Lieferung technischer Ausrüstungen bei[87].

Andererseits beeinflußt die landwirtschaftliche Verbesserung das Wachstum der Industrie, da sie eine zusätzliche Kaufkraft für industrielle Erzeugnisse schafft[88].

Insgesamt gesehen ist die Industrialisierung der hervorragende dynamische Faktor der gesamtwirtschaftlichen Förderung der in der Entwicklung zurückgebliebenen Länder.

2. Die Problematik der industrialisierungsbedingten Kapitalbeschaffung

Die Bestrebungen Südkoreas, ein rasches Wirtschaftswachstum durch umfangreiche Industrie-Investitionsprogramme zu ermöglichen, unterliegen mannigfachen Schwierigkeiten, von denen das Finanzierungsproblem eines der entscheidendsten ist.

Das gesetzte Ziel der Industrialisierung läßt sich nur mit großem Kapitaleinsatz verwirklichen. Jedoch ist die dafür nötige Kapitalbil-

[83] Vgl. *Scharf*, T.: Finanzierungsprobleme in den Entwicklungsländern, Methoden der makroökonomischen Eigen- und Fremdfinanzierung, in: *Broermann*, J. (Hrsg.): Volkswirtschaftliche Schriften, H. 90, Berlin 1961, S. 41.

[84] Vgl. *Muddathir*, A.: Die Industrialisierung der wirtschaftlich unterentwickelten afrikanischen Länder und ihre Auswirkungen auf die Weltwirtschaft, S. 133.

[85] Vgl. *Krier*, H.: Bedingungen und Wege industrieller Entwicklung in einem landwirtschaftlichen Gebiet wie der Bretagne, in: Weltwirtschaftliches Archiv, Bd. 93 (1964/II), S. 314 (Berichte).

[86] Vgl. *Muddathir*, A.: Die Industrialisierung der wirtschaftlich unterentwickelten afrikanischen Länder und ihre Auswirkungen auf die Weltwirtschaft, S. 132.

[87] Vgl. *Krier*, H.: Bedingungen und Wege industrieller Entwicklung in einem landwirtschaftlichen Gebiet wie der Bretagne, S. 314.

[88] Vgl. *Muddathir*, A.: Die Industrialisierung der wirtschaftlich unterentwickelten afrikanischen Länder und ihre Auswirkungen auf die Weltwirtschaft, S. 132.

dung in Südkorea noch relativ gering, was zweifelsohne auf das niedrige Volkseinkommen zurückzuführen ist[89].

Im Verlaufe der ersten beiden Fünfjahrespläne (1962 bis 1971) wurden beträchtliche Auslandsmittel für die Industrialisierung eingesetzt[90]. Heute aber kann die weitere Industrialisierung nicht mehr primär durch Auslandshilfe finanziert werden, sondern muß auf der Grundlage einheimischer Kapitalbildung beruhen, die lediglich durch Auslandsmittel ergänzt werden soll, da bereits die bisherigen Möglichkeiten des Einsatzes der Auslandsmittel aus verschiedenen Gründen auf Schwierigkeiten stoßen.

Insbesondere macht der Beginn der Rückzahlung der in den 60er Jahren aufgenommenen ausländischen Kredite eine weitere Auslandsverschuldung für die an sich notwendigen Industrieinvestitionen sehr bedenklich.

In den 70er Jahren wird somit der mögliche Neuzugang von ausländischen Krediten durch Zins und Tilgung früherer Auslandsverschuldungen teilweise aufgezehrt[91].

Folglich sieht man in Südkorea die Voraussetzung für eine weitere Industrialisierung erst dann gegeben, wenn im Inland selbst das nötige Kapital für Industrieinvestitionen gebildet und bereitgestellt werden kann.

Eine Hauptursache für den außerordentlich hohen Investitionsbedarf im Laufe der Industrialisierung ist die Notwendigkeit umfangreicher Investitionen im Bereich der technischen und sozialen Infrastruktur, die als Basis den erforderlichen Industrialisierungsprozeß trägt.

So wurden zum Beispiel auch noch im Rahmen des Dritten Fünfjahresplanes (1972 bis 1976) über 59,4 v. H. der gesamten Investitionen allein für die Infrastruktur veranschlagt, wie die nachstehende Tabelle zeigt.

Hierzu kann man außerdem noch mehr Einzelheiten anführen, warum die Industrialisierung in Südkorea gegenwärtig und auch in Zukunft noch einer ernsten Kapitalknappheit gegenübersteht. Diese Problematik des industrialisierungsbedingten Kapitalbedarfes ist mehr oder weniger

---

[89] In den Jahren von 1962 bis 1968 betrug die Sparquote im Jahresdurchschnitt 8,4 % des Bruttosozialprodukts.

[90] Während dieses Zeitabschnittes wurden 1 276 780 000 US-Dollar aus ausländischer Quelle zugeführt, wovon der überwiegende Teil für den Industrieaufbau bzw. zur Verbesserung der für die Industrie notwendigen Infrastruktur verwendet wurde.

[91] Am Ende 1971 belief sich der Betrag der bereits zurückgezahlten ausländischen Kredite auf 214,9 Mill. US-Dollar, wovon 81 Mill. Dollar allein für Zinsen entfallen. Vgl. hierzu *Bank von Korea* (Hrsg.): Der 22. Jahresbericht 1971, S. 117, Tabelle 78.

ein gemeinsames Problem fast aller in der Wirtschaftsentwicklung zurückgebliebenen Länder der Welt[92].

Tabelle 37

Aufteilung der gesamten Investitionen im Rahmen der Dritten Fünfjahresentwicklungsplanung (1972 bis 1976)
(Mrd. Won in Preisen des Jahres 1970)

	Planperiode 1972 bis 1976	v. H.	Wachstumsrate gegenüber der Planperiode 1967 bis 1971 in v. H.
Investitionen insgesamt	4 524,5 (2 999,6) a)	100	50,8
Land- und Forstwirtschaft ..	536,1 (189,0)	11,8	183,6
Bergbau und Industrie	1 301,9 (883,0)	28,8	47,4
Infrastrukturbereiche	2 686,5 (1 927,6)	59,4	39,4

a) Die Zahlen in Klammern sind die Investitionen in der Planperiode 1967 bis 1971 (2. Fünfjahresplan).

Quelle: Regierung der Republik Korea (Hrsg.): Der 3. Fünfjahresentwicklungsplan (1972 bis 1976), Seoul 1971, S. 19, Tabelle 9.

Diese müssen mit einer in der Regel immer noch niedrigen einheimischen Kapitalbildung einen äußerst kostspieligen, aber industriell notwendigen Apparat finanzieren, dessen erforderliche Maschinerie im Vergleich zu ihrer Finanzkraft außergewöhnlich teuer ist und der dazu noch ein leistungsfähiges und modernes Transportwesen voraussetzt, sowie den hierfür erforderlichen Automobilverkehr mit seinen Straßenansprüchen und seinem Kraftstoffbedarf, der besonders mangels eigener Ölquellen in Südkorea einen verstärkten Import erfordert[93].

Die Investitionen und mit diesen die zunehmende Nachfrage nach Finanzkapitalmitteln in Südkorea (wie in allen Entwicklungsländern) werden sich im doppelten Sinne einer Kapitalmittelverteuerung durch Geldknappheit einerseits und steigende Preise der Güter und damit steigende Kosten andererseits beachtlich beschleunigen, d. h. die vorge-

[92] Vgl. *Naseem*, A.: Probleme der Industrialisierung in Pakistan, Eine Untersuchung der Möglichkeit zu einer Übernahme des gemischten Bankensystems, Diss. Berlin 1961, S. 85.

[93] Vgl. *Michaelies*, A.: Wirtschaftliche Entwicklungsprobleme des Mittleren Ostens, S. 157.

sehenen Investitionen werden durch die Preissteigerung der Investitionsgüter immer teurer.

Zudem ist noch zu bemerken, daß in einem Entwicklungsland wie Südkorea, in dem die Kernprobleme der Investitionen in der Schaffung neuer Anlagen wie der Erweiterung und dem Ausbau bereits vorhandener Industrieanlagen bestehen, der Bedarf an Anlagenkapital zwangsläufig am bedeutendsten ist.

Somit wird der überwiegende Teil des gesamten Bedarfes an Industrialisierungsmitteln in Südkorea für langfristige Zwecke benötigt, bei denen in der Regel ein sehr hoher Kapitalkoeffizient typisch ist.

Der Kapitalbedarf für die Finanzierung der Nettoanlagen-Investitionen hat sich bei allen Kapitalgesellschaften der Industrieunternehmen in Südkorea in den vier Jahren (1965 bis 1969) lt. nachstehender Tabelle mehr als vervierfacht.

Tabelle 38

Entwicklung des Nettoanlagen-Investitionsbedarfes der juristischen Kapitalgesellschaften der Industrieunternehmen
(Mrd. Won in Preisen des Jahres 1969)

1965	1966	1967	1968	1969
73,7	150,9	205,3	245,3	294,4

Quelle: Vom Verfasser zusammengestellt nach Angaben in: *Korea Economic Research Center and Korea Chamber of Commerce & Industry* (Hrsg.): Problems of Long-Term Financing in Korea, Bd. 72 — 5 (I — 31), S. 19, Tabelle I — 2.

Die infrastrukturellen Anlagen und Einrichtungen wirken erst langfristig wachstumsbeschleunigend[94], so daß bei diesen Investitionen der Prozeß einer beschleunigten Kapitalbildung erst zu einem späteren Zeitpunkt zu erwarten ist. Gerade solche kapitalintensiven Investitionen tragen naturgemäß zu einer Erhöhung des Kapitalkoeffizienten der Gesamtwirtschaft wesentlich bei[95].

Allen diesen weit verzweigten Anforderungen der Industrialisierung zum Trotz sind die internen Kapitalbildungsmöglichkeiten in Südkorea nur wenig gewachsen, da der noch niedrige Lebensstandard im Lande lediglich eine bescheidene Hebung der Kapitalbildung zuläßt. In dieser Diskrepanz zwischen Finanzierungsanforderungen einer weiteren Indu-

[94] Vgl. *Schüller*, H.: Die Bedeutung von Zwangssparprozessen für die Industrialisierung der Entwicklungsländer, Diss. Bonn 1969, S. 31.

[95] Vgl. *Uhlig*, C.: Entwicklungshilfepolitik, Veröffentlichungen des HWWA-Instituts für Wirtschaftsforschung — Hamburg 1971, S. 26.

strialisierung und schwacher Kapitalbildung ist die Hauptproblematik der südkoreanischen Entwicklungspolitik enthalten.

Es soll in der Planperiode 1972 bis 1976, wie in der obigen Tabelle 37 ersichtlich ist, in Höhe von 4 524,5 Mrd. Won investiert werden. Dies entspricht 24,9 % des Bruttosozialprodukts, wovon über 3 988 Mrd. Won auf die Bereiche der Infrastruktur und Industrie bzw. Bergbau entfallen. Diese Summe macht mehr als 88,2 % der insgesamt vorgesehenen Investitionen aus und ist mehr als 43,4 % dessen, was für den Zweiten Fünfjahresplan zugeführt worden war und setzt eine erhöhte Produktionsleistung voraus, wodurch allerdings die einheimische Sparkapitalbildung wesentlich gesteigert werden soll.

Nach dem Mobilisierungsplan der Investitionsmittel des „Economic Planning Board" wird erwartet, daß für die dritte Fünfjahresperiode (1972 bis 1976) 79 % des gesamten Investitionsbetrages (1962 bis 1966 betrug der Anteil 40,06 %) aus landeseigenen Mitteln aufgebracht werden[96]. Hiervon entfallen 61,7 % allein auf den privaten Sektor[97].

Dieser Anteil soll möglichst aus dem Bankensystem aufgebracht werden, denn weder die Selbstfinanzierung noch die vom Kapitalmarkt bereitgestellten Mittel reichen aus, den mit diesem hohen Investitionsprogramm einhergehenden starken Finanzmittelbedarf zu decken.

Unter dieser Prämisse kommt dem Bankensystem Südkoreas in der Beschaffung langfristiger Kapitalmittel bei der weiteren Industrialisierung eine zentrale Funktion zu. Die Banken sollen also notwendigerweise zur Intensivierung der Sparkapitalbildung verstärkt herangezogen werden.

Hinsichtlich der Investitionsmittel im öffentlichen Bereich hofft das „Economic Planning Board", etwa 38,3 v. H. aus Überschüssen der Verwaltungsausgaben, aus Staatsanleihen bzw. aus staatlich verwalteten Investitionsfonds aufbringen zu können.

Dennoch hält die südkoreanische Regierung Zwangssparmaßnahmen (indirekte Konsumsteuer) bzw. eine weitere Verschuldung bei der Zentralbank (Deficit Spending) für nicht ausgeschlossen, um geplante Investitionen durchzuführen. Davon werden im allgemeinen die breiten Bevölkerungsschichten mit niedrigem Einkommen betroffen.

So muß die Kapitalbildung für die noch erforderliche Industrialisierung teilweise auf Kosten des Lebensstandards der Bevölkerung, der ja an sich noch nicht hoch ist, vor sich gehen, was wiederum dem eigent-

---

[96] Die restlichen 21 % des gesamten Investitionsbetrages in Höhe von 948,8 Mrd. Won sollen aus ausländischen Quellen aufgebracht werden, von denen über 509 Mrd. Won (etwa 131 Mill. US-Dollar) durch reine rückzahlbare Kreditaufnahmen aus dem Ausland erfolgen sollen.

[97] Vgl. Tabelle 39, S. 127 dieser Arbeit.

Tabelle 39

Finanzierungsquellen der Investitionen des Dritten Fünfjahresentwicklungsplanes 1972 bis 1976
(Mrd. Won in Preisen des Jahres 1970)

	Beträge der Investitionen	Hundertsätze
Investitionen insgesamt	4 524,5 (980,07) a)	100
Inländische Mittel	3 575,7 (602,91)	79,0
darunter:		
aus privatem Sektor	2 204,8 (383,94)	61,7 (39,2)
aus öffentlichem Sektor	1 370,9 (218,97)	38,3 (22,3)
Ausländische Mittel	948,8 (377,16)	21,0 (38,5)

a) Die Zahlen in Klammern sind die Investitionen im Verlaufe der Zweiten Fünfjahresplanperiode (1967 bis 1971) in Preisen des Jahres 1965.

Quelle: Vom Verfasser zusammengestellt nach Angaben in: *Regierung der Republik Korea* (Hrsg.): Der 2. Fünfjahresentwicklungsplan 1967 bis 1971, S. 136 f., Tabelle 2, sowie ders.: Der 3. Fünfjahresentwicklungsplan 1972 bis 1976, S.156 f., Tabelle 5.

lichen Zwecke der Industrialisierungsbemühungen zumindest scheinbar widerspricht.

Andererseits bemüht sich die Regierung schon seit mehreren Jahren, im Volk das Bewußtsein für den Zusammenhang zwischen Sparen und wirtschaftlichem Aufbau zu schaffen (z. B. Gesetz über das Volkssparen und über den Volkssparverein).

Es wird aber trotzdem noch lange dauern, bis genug Kapital im Lande selbst akkumuliert ist, um bedeutende Ergebnisse durch und für den Industrialisierungsprozeß zu erzielen.

Unter diesen Umständen gewinnt das Bankensystem durch seine Funktionen, nämlich Kapitalsammlung und -verteilung, im Hinblick auf den expandierenden Kapitalbedarf der 70er Jahre an außergewöhnlichem Gewicht.

Um feststellen zu können, inwieweit die Banken im Laufe des Industrialisierungsprozesses ihre notwendigen Aufgaben erfüllen, wird im folgenden Teil dieses Abschnitts zunächst die Entwicklung des Kapitalaufkommens im gesamten Bankensystem untersucht.

II. Die Entwicklung des Kapitalaufkommens des Bankensystems und der Beitrag der Banken zur Industrieentwicklung

1. Die Entwicklung des Kapitalaufkommens des gesamten Bankensystems[98]

In der obigen Darstellung hat sich ergeben, daß in Südkorea eine langfristige verstärkte einheimische Sparkapitalbildung durch das Bankensystem unerläßlich ist, da das Problem der Deckung des Kapitalbedarfes laufend größere Sorgen bereitet. Daher soll im folgenden die Entwicklung des Kapitalaufkommens der Banken im Hinblick auf die Passivgeschäfte dargestellt werden, da man daraus schließen kann, auf welche Kapitalquellen die südkoreanischen Banken angewiesen sind.

Die vorliegende Analyse stützt sich auf die zusammengefaßten Passiva-Daten der Gesamtbankbilanz, wobei die zwei Bankengruppen, nämlich die Geschäftsbanken und die Spezialbanken, getrennt betrachtet werden.

Das gesamte Kapitalaufkommen der allgemeinen Geschäftsbanken in den vergangenen zehn Jahren 1962 bis 1971, zu dem die In- und Auslandseinlagen, die Zentralbankkredite, Darlehen vom Ausland sowie das Eigenkapital zählen, hing in erster Linie von den Inlandseinlagen ab, während dies bei den Spezialbanken in starkem Maße sowohl die In- und Auslandseinlagen als auch die Regierungskredite ausmachten[99].

Der Anteil aller Einlagen am gesamten Kapitalaufkommen beträgt bei den Geschäftsbanken 78,54 % und bei den Spezialbanken 53,48 %. Damit machten die Einlagen überhaupt die wichtigste Geldquelle des gesamten Bankensystems aus.

Nach der Herkunft werden diese Einlagen in In- und Auslandseinlagen getrennt. Bei den Geschäftsbanken war der Anteil der Auslandseinlagen jedoch nur gering. Er betrug im Durchschnitt der zehn Jahre 1962 bis 1971 nur 0,70 %.

Im Gegensatz zu den Geschäftsbanken ist der Anteil der Auslandseinlagen bei den Spezialbanken mit 22,34 % am Gesamtaufkommen beachtlich hoch.

Als wichtigste Geldquelle des gesamten Bankensystems galten in diesen zehn Jahren die Termin- und Spareinlagen. Sie machten bei den Geschäftsbanken 54,55 % des gesamten Geldaufkommens und bei den Spezialbanken 20,30 % aus. Seit 1966 lag ihr Anteil über dem Anteil der

[98] Unter dem Begriff „gesamtes Bankensystem" sind sowohl die allgemeinen Geschäftsbanken als auch die verschiedenen Arten der Spezialbanken mit Sonderaufgaben zu verstehen.

[99] Vgl. Tabelle 42, S. 131 dieser Arbeit.

Tabelle 40

Entwicklung des Kapitalaufkommens der Geschäftsbanken[a])
(in Mill. Won)

	1962	1963	1964	1965	1966
Sichteinlagen	19 726	17 633	18 872	33 953	32 742
Termin- und Spareinlagen	9 243	8 710	9 326	21 361	49 765
Auslandseinlagen[b])	15	9	12	330	83
Zentralbankkredite	1 256	3 380	4 463	2 919	4 001
Schuldverschreibungen ..	—	—	—	—	—
Darlehen vom Ausland ..	—	—	2	2	5
Hinterlegungen für Import und Sonstiges .	3 355	3 556	9 387	7 640	7 484
Kapital und Rücklagen .	4 555	4 756	4 897	5 068	9 319
Gesamtaufkommen	38 150	38 044	46 959	71 273	103 399

	1967	1968	1969	1970	1971
Sichteinlagen	49 369	77 072	102 219	123 563	169 156
Termin- und Spareinlagen	87 600	172 439	307 927	381 871	466 502
Auslandseinlagen[b])	304	1 344	509	7 635	9 351
Zentralbankkredite	7 863	16 372	27 857	79 074	90 298
Schuldverschreibungen ..	—	—	—	—	—
Darlehen vom Ausland .	2 543	1 014	3 505	32 800	42 957
Hinterlegungen für Import und Sonstiges .	8 304	12 284	13 598	16 251	27 896
Kapital und Rücklagen .	11 244	23 022	26 159	29 692	48 969
Gesamtaufkommen	167 229	303 547	481 774	670 886	855 129

a) Zu dieser Geschäftsbankenkategorie gehören die sechs Geschäftsbanken, zehn Regionalbanken und die acht ausländischen Bankvertretungen; bei diesen Zahlen ist die Interbankverschuldung außer acht gelassen.

b) Auslandseinlagen bestehen in Devisen und stammen von den südkoreanischen Bürgern, die im Ausland leben bzw. sich zeitweilig dort aufhalten.

Quelle: Vom Verfasser zusammengestellt nach Angaben in: *Bank of Korea* (Hrsg.): Economic Statistics Yearbook 1972, S. 100 f., Tabelle 30.

Sichteinlagen. Die erfreuliche Zunahme des Termin- und Spareinlagenbestandes seit dem Jahre 1966 beim gesamten Bankensystem war allerdings ein Erfolg der im September 1965 durchgeführten Zinsreform, die einen ungewöhnlich hohen Habenzins von 30 %[100] vorsah. Nicht zuletzt

[100] Vgl. Tabelle 36, S. 116 dieser Arbeit.

war es auch das Ergebnis einer allgemeinen Verbesserung der Sparleistung der Bevölkerung auf Grund des erhöhten Volkseinkommens, wenn es auch nur verhältnismäßig gering gewesen ist.

Ferner kann nicht von einer bedeutenden Erhöhung der Sparfreudigkeit, wie es aus den Tabellen 40 und 41 ersichtlich ist, gesprochen werden, da teilweise die Einzahlung von den Konten der Sichteinlagen auf die Termin- und Sparkonten umgeschrieben wurden.

Tabelle 41

Entwicklung des Kapitalaufkommens der Spezialbanken a)
(in Mill. Won)

	1962	1963	1964	1965	1966
Sichteinlagen	9 931	10 266	10 957	15 899	19 404
Termin- und Spareinlagen	3 253	4 506	5 530	10 318	22 009
Auslandseinlagen b)	—	—	—	—	—
Zentralbankkredite	230	994	3 156	4 011	2 126
Schuldverschreibung	400	377	331	270	210
Darlehen vom Ausland .	17	66	124	289	965
Kredite von d. Regierung	30 426	36 358	41 544	44 657	55 924
Hinterlegungen	1	4	2	3	5
Kapital und Rücklagen .	10 193	12 175	13 459	15 703	19 206
Gesamtaufkommen	54 451	64 744	75 103	91 150	119 849

	1967	1968	1969	1970	1971
Sichteinlagen	28 526	42 245	70 304	96 977	105 359
Termin- und Spareinlagen	43 604	87 698	146 888	198 166	245 625
Auslandseinlagen b)	71 913	131 087	183 503	223 812	234 088
Zentralbankkredite	4 113	2 507	7 316	11 159	21 257
Schuldverschreibung	150	3 825	22 156	36 202	37 954
Darlehen vom Ausland .	2 230	17 715	46 512	53 447	117 771
Kredite von d. Regierung	69 104	87 773	133 546	162 187	188 053
Hinterlegungen	19 379	11 820	14 826	18 331	23 999
Kapital und Rücklagen .	39 756	46 273	68 435	94 101	103 478
Gesamtaufkommen	278 775	430 943	693 486	894 382	1 077 584

a) Die Spezialbanken sind die Korea-Development Bank, Medium Industry Bank, Korea Exchange Bank, Citizens National Bank, Korea Housing Bank, Agricultural Cooperatives Federation und Fisheries Cooperatives Federation.

b) Auslandseinlagen bestehen in Devisen und stammen von den südkoreanischen Bürgern im Ausland bzw. von ausländischen Direktinvestoren.

Quelle: Vom Verfasser zusammengestellt nach Angaben in: *Bank of Korea* (Hrsg.): Economic Statistics Yearbook 1972, S. 102—103, Tabelle 31, S. 137, Tabelle 64 und S. 140, Tabelle 66.

Tabelle 42

Die Anteile einzelner Komponenten des Kapitalaufkommens am Gesamtaufkommen des Bankensystems im Jahresdurchschnitt der Zeit von 1962 bis 1971
(in v. H.)

Geschäftsbanken	Beträge im Jahresdurchschnitt Mill. Won	in v. H.
Gesamteinlagen	217 864	78,54
davon:		
Sichteinlagen	64 431	23,20
Termin- und Spareinlagen	151 474	54,55
Auslandseinlagen	1 959	0,70
Zentralbankkredite	23 748	8,55
Schuldverschreibung	—	—
Darlehen vom Ausland	8 283	2,98
Hinterlegungen für Import und Sonstiges	10 976	3,95
Kapital und Rücklagen	16 768	6,03
Gesamtaufkommen	277 639	100,00

Geschäftsbanken	Beträge im Jahresdurchschnitt Mill. Won	in v. H.
Gesamteinlagen	202 187	53,48
davon:		
Sichteinlagen	40 987	10,84
Termin- und Spareinlagen	76 760	20,30
Auslandseinlagen	84 440	22,34
Zentralbankkredite	5 687	1,50
Schuldverschreibung	10 188	2,69
Darlehen vom Ausland	23 914	6,33
Kredite von der Regierung	84 957	22,47
Hinterlegungen für Import und Sonstiges	8 837	2,34
Kapital und Rücklagen	42 278	11,18
Gesamtaufkommen	378 047	100,00

Quelle: Der Tabelle 42 liegen die Tabellen 40 und 41, S. 129 und S. 130 dieser Arbeit zugrunde.

Für die Banken war das auch von Vorteil hinsichtlich der Liquiditätsknappheit, da ab 1966 die Mindestreservesätze bei Sichteinlagen drastisch erhöht wurden, während sie bei den Termin- und Spareinlagen um mehr als 10 % darunter blieben[101].

Ein weiterer Grund für das relativ geringe Sichteinlagenvolumen ist darin zu suchen, daß der durchschnittliche Zinssatz seit 1959 nur 1,8 % beträgt. Außerdem werden auch aus Tradition noch große Teile der Handelsgeschäfte in bar abgewickelt[102].

Dennoch trugen die Sichteinlagen in den oben erwähnten zehn Jahren mit einem Anteil von 23,20 % bei Geschäftsbanken und von 10,84 % bei den Spezialbanken zu dem Gesamtkapitalaufkommen bei.

Die bei der Zentralbank aufgenommenen Darlehen machten verhältnismäßig wenig aus, insbesondere, wenn man die Spezialbanken in Betracht zieht. Ihr Anteil am Gesamtaufkommen betrug 8,55 % bei den Geschäftsbanken und 1,50 % bei den Spezialbanken[103]. Bei den Geschäftsbanken belegten aber die Zentralbankkredite mit einem Betrag in Höhe von 23 748 Mill. Won im Zehnjahresdurchschnitt die dritte Stelle der Geldquellen.

Die Spezialbanken decken den erforderlichen Kreditbedarf, der über ihre verfügbaren Mittel hinausgeht, normalerweise durch Kredite aus Mitteln des Regierungshaushaltes bzw. aus Regierungsfonds. Sie nehmen daher gewöhnlich keine direkten Zentralbankkredite in Anspruch.

Der Anteil der direkten Regierungskredite am gesamten Kapitalaufkommen der Spezialbanken betrug über 22 %.

Sie nahmen im Laufe der zehn Jahre 1962 bis 1971 im Jahresdurchschnitt 84 957 Mill. Won Darlehen bei der Regierung auf, womit die Regierungsdarlehen für die Spezialbanken eine der wichtigsten Geldquellen darstellen. Die Darlehen von der Regierung enthalten sowohl direkte Ausleihungen aus fiskalischen Mitteln an die Spezialbanken, als auch Kredite aus den zu besonderen Zwecken gebildeten Regierungsfonds, die sich hauptsächlich durch ausländische bzw. internationale Hilfeleistungen (z. B. Projekthilfe der Weltbank, der KFW (Kreditanstalt für Wiederaufbau) sowie der ADB und Programmhilfe der UNO usw.) bilden.

Die Verwendung der Spezialbankenkredite aus Mitteln derartiger Quellen beschränkt sich in der Regel auf bestimmte Vorhaben und wird

---

[101] Vgl. Tabelle 31, S. 105 dieser Arbeit.

[102] Der Anteil des Bargeldumlaufes an der Geldmenge im Elfjahresdurchschnitt von 1961 bis 1971 betrug 47,58 %.

[103] Die aus den Tabellen 27 und 28 ersichtlichen Zahlen der Zentralbankkredite sind die Bestände am Ende der jeweiligen Jahre. Somit stimmen sie mit den tatsächlich im Laufe der jeweiligen Jahre bei der Zentralbank aufgenommenen gesamten kurzfristigen Kreditsummen nicht überein.

nach den Weisungen des Regierungsplanes durch die zuständigen Bankorgane kontrolliert, um eine mögliche Verschwendung von Investitionsmitteln zu verhindern. Bei dieser Kontrolle handelt es sich gewissermaßen um die Erhöhung der Kapitaleffizienz.

Diese Abhängigkeit des Kapitalmittelaufkommens der Spezialbanken von der Regierung bzw. von Auslandsmitteln kann insofern ein ernstes Problem aufwerfen, als künftig die Existenzfrage einiger Spezialbanken möglicherweise davon berührt werden kann.

Die Entwicklung des Kapitalmittelaufkommens der Spezialbanken, insbesondere der Korea-Entwicklungsbank, bei der die Regierungskredite bzw. -fonds immer eine bedeutende Rolle gespielt haben, wird vermutlich in Zukunft nicht mit dem zwangsläufig expandierenden langfristigen Industriekreditbedarf Schritt halten können, zumal die Auslandshilfeleistungen von Jahr zu Jahr deutlich abnehmen.

Bei den Spezialbanken ist im Vergleich zu den Geschäftsbanken das Gewicht des Eigenkapitals immer höher gewesen. Der Anteil von Kapital und Rücklagen stieg bei den Spezialbanken von 10 193 Mill. Won im Jahre 1962 auf 103 478 Mill. Won im Jahre 1971 und wurde somit in diesen zehn Jahren mehr als verzehnfacht. Die Summe von Kapital und Rücklagen der Geschäftsbanken wuchs im gleichen Zeitraum von 4 555 Mill. Won auf 48 969 Mill. Won. Somit machen die Anteile von Kapital und Rücklagen am gesamten Aufkommen 11,18 % bei den Spezialbanken und 6,03 % bei den Geschäftsbanken aus, woraus überdies ersichtlich wird, daß sowohl die Spezialbanken als auch die Geschäftsbanken mit geringen Eigenmitteln arbeiten.

Der Anteil der Bankschuldverschreibungen am gesamten Aufkommen hat nur wenig Zuwachs gehabt. Die südkoreanischen Geschäftsbanken geben gewöhnlich keine Bankschuldscheine aus, um nötige Mittel aufzubringen, da mangels Vertrauen beim Publikum keine Absatzmöglichkeiten dafür bestehen. Dagegen können die Spezialbanken Schuldverschreibungen (im Zehnjahresdurchschnitt in Höhe von 10 188 Mill. Won) aufweisen, deren Anteil am Gesamtkapitalaufkommen bei 2,69 % liegt. Die Ausgabe von Spezialbank-Schuldscheinen erfolgt nach Sonderregelungen, wobei die Höchstgrenze des Betrages jährlich der Zustimmung des Nationalparlaments bedarf. Ihre Schuldscheine werden in der Regel an die Geschäftsbanken vergeben.

Als letztes ist der Anteil der Auslandsdarlehen zu erwähnen, die seit 1967 eine deutliche Zunahme aufweisen. Er betrug bei den Spezialbanken 6,33 % und bei den Geschäftsbanken 2,98 % des Gesamtaufkommens.

So hat sich das Aufkommen der Kapitalmittel der südkoreanischen Banken nach den erwähnten Geldquellen in diesen zehn Jahren ganz typisch für Korea entwickelt.

Während bei den Geschäftsbanken beispielsweise die Termin- und Spareinlagen seit der Zinsreform 1965 beachtlich zunahmen, zeigt die Entwicklungstendenz des Kapitalaufkommens der Spezialbanken eine enorme Zunahme der Darlehen bei der Regierung sowie bei ausländischen Quellen. Ohne Zweifel nahm aber auch bei den letztgenannten Banken der Anteil der Termin- und Spareinlagen am Gesamtaufkommen der Kapitalmittel bemerkenswert zu, was — wie bei den Geschäftsbanken — auf höhere Habenzinssätze durch die Zinsreform im Jahre 1965 zurückzuführen ist.

Eine merkliche Zunahme von Auslandsdarlehen bei den Spezialbanken war erst im Laufe der 2. Hälfte der 60er Jahre zu beobachten, wobei sich insbesondere die neue Verordnung über Auslandskredite zugunsten der Spezialbanken, insbesondere der Korea-Entwicklungsbank, im Jahre 1968 stark auswirkte[104].

Was nun die langfristigen Perspektiven für die Aufbringung von Kapitalmitteln anbelangt, so sind die Aussichten der Geschäftsbanken trotz allem besser als die der Spezialbanken, die stark von staatlichen und ausländischen Kapitalquellen abhängen.

Es sollten daher Möglichkeiten gesucht werden, die bei den Geschäftsbanken aufkommenden Kapitalmittel den Spezialbanken zuzuleiten, damit diese ihre angestammten Aufgaben der Finanzierung der industriellen Entwicklung noch intensiver erfüllen können.

Deshalb muß eine gute und verständnisvolle Zusammenarbeit zwischen beiden Bankengruppen angestrebt bzw. verstärkt werden.

2. Der Beitrag des Bankensystems zur Förderung der industriellen Entwicklung

Die ständigen Bemühungen um die Entwicklung der südkoreanischen Wirtschaft kommen auch in der Tendenz der Arbeitsteilung zwischen den Banken und durch die Reform der Bankwirtschaft am Anfang der 60er Jahre zum Ausdruck.

Das Problem der bankwirtschaftlichen Arbeitsteilung, das mit der Finanzierungsfrage der von der Regierung vorbereiteten 5-Jahrespläne auftauchte, führte im Bankensystem zu Neugründungen bzw. Neugestaltungen der Spezialinstitute mit Sonderaufgaben[105].

Durch die Änderung des Korea-Industriebank-Gesetzes (heute Korea-Entwicklungsbank) und die Gründung der Bank für Mittel- und Klein-

[104] Vgl. *Koreanischer wirtschaftlicher Entwicklungsverband* e. V. (Hrsg.): Untersuchung über die Neugestaltung des Aufbaufinanzierungssystem, (koreanisch), Seoul 1971, S. 88.

[105] Vgl. S. 53 dieser Arbeit.

betriebe sollte das südkoreanische Bankensystem den neuen Finanzierungsproblemen bei der Durchführung der Entwicklungspläne Rechnung tragen und sich mit Unterstützung der Regierung um die Finanzierung der langfristigen Industrieinvestitionen bemühen. Die allgemeinen Geschäftsbanken sollten sich jedoch weitgehend um die Erfassung des inländischen Sparkapitals und damit um die kurzfristigen Finanzierungsmittel kümmern.

Wie aus der anschließenden Tabelle 43 ersichtlich ist, haben sowohl die Geschäftsbanken als auch die Spezialbanken zur Förderung der Industrialisierung beigetragen, wenn sie sich auch in der Methode der Finanzierung unterscheiden.

Die Geschäftsbanken beschaffen die Kapitalmittel, wie oben bereits erwähnt wurde, in erster Linie in Form von Depositen und Spareinlagen und die Spezialbanken hauptsächlich durch Regierungs- und Auslandskredite sowie durch Ausgabe von Schuldverschreibungen.

Tabelle 43

Kreditvergabe seitens der Banken an die Fertigungs- und Bergbauindustrieunternehmen
(in Mill. Won)

Jahr	Anlagenkredite			Kredite für Betriebsmittel		
	Geschäftsbanken	Spezialbanken	gesamt	Geschäftsbanken	Spezialbanken	gesamt
1963	1 137	10 589	11 726	11 024	9 250	20 274
1964	1 063	11 297	12 360	11 436	11 710	23 146
1965	964	14 430	15 394	20 143	14 814	34 957
1966	780	19 168	19 948	33 141	18 735	51 876
1967	490	24 539	25 029	61 041	16 686	77 728
1968	1 966	34 551	36 417	108 095	38 717	146 812
1969	7 293	45 277	52 570	183 485	61 161	244 646
1970	7 923	57 773	65 696	253 802	85 240	339 042
1971	8 862	71 694	80 556	343 009	106 472	449 481

Quelle: Vom Verfasser zusammengestellt nach Angaben in: *Bank of Korea* (Hrsg.): Economic Statistics Yearbook 1970, S. 116—117, Tabelle 48, S. 118—119, Tabelle 49 und S. 120—121, Tabelle 50, sowie ders.: Economic Statistics Yearbook 1972, S. 126—127, Tabelle 52, S. 128—19, Tabelle 53, und S. 138—39, Tabelle 65.

Die Kreditgewährung seitens des Bankensystems dehnte sich, wie die Tabelle 43 zeigt, im Zuge der Industrialisierung der 60er Jahre im Vergleich zur vorhergehenden Zeit beschleunigt aus.

Industriekredite der Geschäftsbanken allein an die Fertigungs- und Bergbauunternehmen nahmen von 12 161 Mill. Won im Jahre 1963 auf 351 871 Mill. Won im Jahre 1971 zu, wovon über 95 % auf die kurzfristigen Kredite für Betriebsmittel entfielen. Im Gegensatz dazu haben die Spezialbanken im gleichen Zeitraum in sehr großem Umfang Anlagenkredite gewährt, die im Laufe der Jahre eine beachtliche Zunahme aufwiesen.

Tabelle 44

Entwicklung der Kreditgewährung seitens der Korea-Entwicklungsbank
(in Mill. Won)

Jahr	Kredite an alle Zweige der Wirtschaft	Kredite an Fertigungs- und Bergbauindustrieunternehmen		
		Anlagen-kredite	Betriebsmittel Kredite für	gesamt
1963	27 621	10 285	3 713	13 998
1964	31 738	10 594	5 374	15 968
1965	36 786	13 481	6 936	20 417
1966	46 638	17 526	8 139	25 665
1967	52 423	19 920	8 568	28 488
1968	66 426	25 624	11 357	36 981
1969	96 103	31 244	16 571	47 815
1970	128 965	40 782	28 380	69 162
1971	157 493	48 632	31 421	80 053

Quelle: Vom Verfasser zusammengestellt nach Angaben in: *Bank of Korea* (Hrsg.): Economic Statistics Yearbook 1970, S. 120—121, Tabelle 50, und ders.: Economic Statistics Yearbook 1972, S. 138—139, Tabelle 65.

Die Industriekredite der Spezialbanken nahmen von 19 639 Mill. Won im Jahre 1963 auf 178 166 Mill. Won im Jahre 1971 zu.

Wegen der mangelnden Funktionsfähigkeit des Wertpapiermarktes mußten die Geschäftsbanken neben den umfangreichen kurzfristigen Industrie-Betriebsmittel-Krediten auch langfristige Kredite für Investitionen gewähren.

Sie haben im Rahmen ihrer begrenzten Möglichkeiten zur Bereitstellung langfristiger Kredite beigetragen, wodurch sie die Spezialinstitute bei den langfristigen Finanzierungen sinnvoll ergänzten.

Von den Spezialbanken ist die Korea-Entwicklungsbank das größte Institut. Sie fungiert seit ihrer Gründung in der Hauptsache als Vollzugsapparat der Regierung und hat in den 60er Jahren einen ganz entscheidenden Beitrag zum Aufbau der südkoreanischen Industrie geleistet.

Ende 1971 belief sich die Kreditgewährung der Korea-Entwicklungsbank auf 157 493 Mill. Won, wovon über 80 000 Mill. Won allein an die Fertigungs- und Bergbauindustrie vergeben wurden[106].

Zu den von der Korea-Entwicklungsbank unterstützten Großbetrieben gehören Erzeuger von Lebensmitteln, Textilien, Rohholz und Holzprodukten, Gummiartikeln, Chemikalien, Glas und Keramik, Metallwaren, Maschinen, technischem Material und Düngemitteln.

Für die Ausweitung der industriellen Kapazität und den Aufbau der wichtigen Industriezweige werden allerdings umfangreiche langfristige Kredite benötigt, die das Anlagevermögen so schnell wachsen lassen, daß die Eigenkapitalbildung überhaupt nicht damit Schritt halten kann. Bei dieser Entwicklung steigt der Anteil der Fremdmittel bei der Finanzierung von Industrie-Investitionen ständig, womit auch die Schuldenlast der südkoreanischen Industrieunternehmen enorm wächst.

Diese Tatsache erklärt, daß die mächtigen Kreditbanken, gemeint ist hier vor allem die Korea-Entwicklungsbank, ständig ihre Stellung verstärkten, so daß sie einen großen Teil der südkoreanischen Industrie unter Kontrolle haben. Damit obliegt es der Korea-Entwicklungsbank, die für den Aufbau und die Weiterentwicklung der Schlüsselindustrie erforderlichen langfristigen Kredite zu garantieren[107].

Neben der Einräumung langfristiger Kredite an die wichtigen Industriezweige spielt die Korea-Entwicklungsbank bei der Vermittlung ausländischen Investitionskapitals eine große Rolle. Die nachstehende Tabelle gibt ihre Kapitalvermittlungsleistungen wieder.

Wie bereits im Laufe der Arbeit mehrfach gesagt wurde, ist die Knappheit an Geldkapital für die südkoreanische Industrie charakteristisch. Die Sparrate ist zwangsläufig bei der geringen Höhe der Einzeleinkommen sehr niedrig. Damit stehen jeweils Beträge zur Verfügung, die für eine Anlage in Industrieunternehmen unzureichend sind. Dieser Mangel an anlagebereitem Geldkapital bei gleichzeitig dringendem und ständig wachsendem Bedarf wirkte sich in einer Verteuerung des Investitionskapitals aus. Die südkoreanische Großindustrie ist also gezwungen, ihren langfristigen Kapitalbedarf überwiegend über die Spezialbanken zu decken.

Wie oben erwähnt wurde, sind für die Investitionen südkoreanischer Industrieunternehmen zum einen der hohe Anteil des Fremdkapitals, insbesondere der kurzfristigen Verbindlichkeiten, an dem gesamten Kapital und zum anderen die begrenzte Möglichkeit der Selbstfinan-

---

[106] Vgl. Tabelle 44, S. 136 dieser Arbeit.

[107] Vgl. S. 65 dieser Arbeit.

Tabelle 45

Entwicklung des von der Korea-Entwicklungsbank vermittelten Investitionskapitals aus dem Ausland
(in Mill. Won)

Jahr	Beträge des vermittelten Kapitals in fld. Addition
1962	1 934
1963	16 213
1964	3 857
1965	28 286
1966	37 966
1967	26 888
1968	32 238
1969	128 656
1970	129 582

Quelle: Koreanischer wirtschaftlicher Entwicklungsverband e. V. (Hrsg.): Untersuchung über die Neugestaltung des Aufbaufinanzierungssystems, S. 62, Tabelle 3 bis 8.

zierung, deren Vorteil durch die hohe Belastung der Fremdmittelkosten überlagert wird, typisch. Die Zinsbelastung wurde vielfach noch dadurch erhöht, daß die Banken vom Kreditnehmer ein bestimmtes Einlagenvolumen fordern, das einen vereinbarten Prozentsatz des gewährten Kredites erreicht.

Da aber das kurzfristige Fremdkapital zu einem großen Teil von den Geschäftsbanken stammt[108], beruht darauf der Einfluß, den auch die Geschäftsbanken auf den Entscheidungsprozeß der Industrieunternehmen auszuüben vermögen.

Es handelt sich bei den von den Geschäftsbanken an Industrieunternehmen gewährten Krediten zwar zum großen Teil um Kredite, die entsprechend der Eigenart der Geschäftsbanken kurzfristig gewährt werden, jedoch stehen auch diese Finanzierungsmittel den Industrien — allerdings unter der Bedingung, daß die finanziellen Verhältnisse den zu stellenden Anforderungen entsprechen — durch jeweilige Prolongation praktisch für längere Dauer zur Verfügung und unterscheiden sich dann oft nur wenig von einem von Anfang an längerfristig gegebenen Kredit[109].

Diese Art der Kredite schafft ein besonders enges Verhältnis zwischen Industrie und Geschäftsbanken.

---

[108] Vgl. Tabelle 43, S. 135 dieser Arbeit.
[109] Vgl. S. 91 dieser Arbeit.

Bei derartigen kurzfristigen Industriekrediten seitens der Geschäftsbanken muß man anders als beim längerfristigen Kredit immer wieder über die innerbetriebliche Situation Rechenschaft ablegen.

Gerade die Geschäftsbanken haben durch solche Tätigkeit eine gute Übersicht über die industrielle Entwicklung und können durch fachgerechte Beratung hierbei für die Industriebetriebe wertvolle Dienste leisten.

Für die Industrieunternehmen sind daher günstige Bankverbindungen mit Geschäftsbanken sowie mit Spezialbanken von lebenswichtiger Bedeutung. Die direkte Beteiligung seitens des Bankensystems an den Industrieunternehmen durch Übernahme der Industrieaktien ist aber in Südkorea weitgehend unbedeutend.

Ausschlaggebend ist für die Industrieentwicklung und die Investitionspolitik der direkte Einfluß der Wirtschaftspolitik der Regierung, deren Lenkungserfolg unmittelbar durch die Gewährung hoher langfristiger und niedrig zu verzinsender Investitionskredite über die Spezialbanken möglich ist.

Von dem Kapitalmangel sind besonders die Mittel- und Kleinbetriebe der Industrie betroffen, weil sie vielfach nicht in der Lage sind, die von den Geschäftsbanken wie auch den Spezialbanken geforderten Sicherheiten zu stellen.

Da diese Mittel- und Kleinbetriebe der Industrie im normalen Bankverkehr nicht die notwendigen langfristigen Kredite erlangen können, wenden sie sich häufig an Privatgeldleiher, deren Monatszinssatz in der Regel über 5 bis 8 % beträgt. Die Banken und deren Zweigstellen haben, insbesondere in ländlichen Gebieten, keinen rechten Kontakt zu Mittel- und Kleinbetrieben.

Aus dem Grunde machen es sich die Mittel- und Kleinbetriebe der südkoreanischen Wirtschaft bei der Investitionsfinanzierung zur Regel, sich eine möglichst langfristige Finanzierung zu sichern, wobei sie auf feste und seitens der Kreditgeber unkündbare Tilgungsvereinbarungen Wert legen, was aber im gewöhnlichen Kreditdienst der Bankwirtschaft Südkoreas nur schwer erwartet werden kann. Das Eigenkapital der südkoreanischen Mittel- und Kleinbetriebe, das bei der Gründung der Unternehmen eingebracht wird, ist höchst unzureichend. Infolge des Konkurrenzdrucks vermögen sie außerdem häufig keine oder nur geringe Gewinne zu erzielen, so daß die Möglichkeit der Selbstfinanzierung sehr begrenzt ist. Die Mittel- und Kleinbetriebe sind infolgedessen auf Kredite angewiesen, die sie bei den Privatgeldleihern oder bei einer Bank zu beschaffen versuchen müssen.

Von den Kreditinstituten ist die Bank für Mittel- und Kleinbetriebe (Medium Industry Bank) das einzige Kreditinstitut, das zur Förderung der finanziell schwächeren Mittel- und Kleinbetriebe beigetragen hat. Sie hat seit ihrer Gründung 1961 einen großen Teil der Anlagen- und Betriebsmittelkredite an die industriellen Mittel- und Kleinbetriebe gewährt, wie aus der nachstehenden Tabelle ersichtlich wird.

Die Kreditvergabe seitens der Bank für Mittel- und Kleinbetriebe nahm von 2 807 Mill. Won in ihrem Gründungsjahr auf 68 841 Mill. Won zu; damit hat sich ihr Beitrag zum Wachstum der industriellen Mittel- und Kleinbetriebe um mehr als das 24fache vermehrt.

Tabelle 46

Entwicklung der Kreditgewährung seitens der Bank für Mittel- und Kleinbetriebe
(in Mill. Won)

Jahr	Kredite an die Mittel- und Kleinbetriebe
1961	2 807
1962	4 456
1963	5 929
1964	6 463
1965	8 399
1966	11 066
1967	17 697
1968	26 021
1969	39 193
1970	52 722
1971	68 841

Quelle: Vom Verfasser zusammengestellt nach Angaben in: *Bank of Korea* (Hrsg.): Economic Statistics Yearbook 1972, S. 109, Tabelle 37.

Die Tätigkeit der Bank für Mittel- und Kleinbetriebe als einem halbstaatlichen Kreditinstitut hat sich bisher besonders auf die Unterstützung der Fertigungsindustrie gerichtet, was übereinstimmt mit der Industrieförderungspolitik der Regierung, durch die die Industrie angeregt werden soll, sich vielseitiger zu betätigen und damit neue Beschäftigungsmöglichkeiten für die aus den ländlichen Gebieten zur Industrie abwandernden Arbeitskräfte zu schaffen. Ferner soll die Bank für Mittel- und Kleinbetriebe die mittleren Industrieunternehmen dabei unterstützen, ihre Produktionsstätten zu modernisieren und dadurch die Wettbewerbsfähigkeit südkoreanischer Waren mit fremden Erzeugnissen auf den in- und ausländischen Märkten zu erhöhen.

Über die Hälfte der Kredite seitens der Bank für Mittel- und Kleinbetriebe ging in den 60er Jahren an die Metallwaren- und Textilindustrie sowie an die Elektroindustrie. Der Großteil der übrigen Darlehen kam Mittel- und Kleinbetrieben der Nahrungsmittelverarbeitung, der Herstellung nichtmetallischer Mineralprodukte, des Druck- und Verlagswesens und der chemischen Industrie zugute.

Damit hat die Bank für Mittel- und Kleinbetriebe faktisch immer mehr die Funktion einer auf die langfristigen Finanzierungsbedürfnisse der mittelständischen Industrieunternehmen ausgerichteten Investitionsbank in Südkorea übernommen. Sie erfüllt somit eine für das Funktionieren des mittelständischen Industriewachstums wichtige Aufgabe.

C. Die Bedeutung des Bankensystems für die Entwicklung des primären Wirtschaftssektors

I. Die Bedeutung und Stellung des primären Wirtschaftssektors in der gesamtwirtschaftlichen Entwicklung

Um die Betrachtungen über die Bedeutung des Bankensystems für die Entwicklung des primären Wirtschaftsbereiches in den richtigen Rahmen setzen zu können, ist es zweckmäßig, zunächst die Bedeutung und damit die Stellung des primären Sektors in der Gesamtwirtschaft kurz zu erörtern.

Zum primären Wirtschaftssektor gehören die Land-, Forst- und Fischereiwirtschaft. Das Hauptgewicht liegt in Südkorea jedoch auf der Landwirtschaft.

Mit der Zunahme der Bevölkerung sowie der wachsenden Industrie ist der Nahrungsmittelbedarf erheblich gestiegen. Um diesen Bedarf decken bzw. die unerwünschten Nahrungsmitteleinfuhren vermeiden zu können, muß eine Erhöhung der Produktion von der Land- und Fischereiwirtschaft angestrebt werden. Also gehört die Steigerung der Nahrungsmittelproduktion zu den Hauptpostulaten der Entwicklungsbemühungen im Bereich des primären Wirtschaftssektors[110].

Außerdem sollen von der Land-, Forst- und Fischereiwirtschaft Rohstoffe für die einheimische Industrie geliefert werden, wie Baumwolle,

---

[110] Vgl. *Wilbrandt*, H.: Wandel der Agrarstruktur in den Entwicklungsländern, in: *Sieber*, E. H. (Hrsg.): Entwicklungsländer und Entwicklungspolitik, Nürnberger Abhandlungen zu den Wirtschafts- und Sozialwissenschaften, H. 21, Berlin 1961, S. 73.

Wolle, Rohhäute, Hanf, Meeresprodukte für die Herstellung von Fischmehl, Düngemittel und Farben, Bau-, Möbel- und Sperrholz usw.

Ferner ist der Export von Gütern des primären Wirtschaftssektors von besonderer Bedeutung, denn ein Entwicklungsland wie Südkorea ist gezwungen, umfangreiche Investitionsgüter für die Industrialisierung zu importieren.

Der Export von Erzeugnissen des primären Wirtschaftssektors muß also die erforderlichen Devisen für den Import von Industrie-Investitionsgütern liefern[111] bzw. wenigstens dazu beitragen. Ebenso kann durch die steigende Produktion einiger Güter des primären Wirtschaftssektors deren Einfuhr entbehrlich gemacht oder zumindestens eingeschränkt werden, d. h. es wird eine Importsubstitution angestrebt.

Allerdings die wichtigste von den oben erwähnten Forderungen des primären Bereiches ist die Bereitstellung der Nahrungsmittel, die notwendig sind, die Bevölkerung so zu ernähren, wie es den Anforderungen der industriellen Arbeitstätigkeit im Sinne von Karl *Hax* in heutiger Zeit entspricht[112].

Durch eine Vernachlässigung dieses primären Wirtschaftsgliedes würde außerdem die Industrialisierung erheblich gehemmt[113], was zu Krankheitserscheinungen der ganzen Volkswirtschaft führen könnte. Denn eine schlechte Lage des primären Wirtschaftssektors wirkt sich nicht nur in schlechtem Einkommen und damit einem gedrückten Lebensstandard der Bevölkerung im primären Wirtschaftsbereich aus, sondern sie hält auch den Absatz industrieller Produkte an die Bevölkerung des primären Sektors auf einem Tiefstand. Das wiederum kann sich auf die Einkommensverhältnisse der Bevölkerung in der Industrie, besonders auf die Arbeitslosigkeit der bereits in die industrielle Beschäftigung aufgenommenen Arbeiterschaft ungünstig auswirken[114].

Dagegen wird eine fortgesetzte Steigerung der Produktivität des primären Wirtschaftssektors sowohl die Realeinkommen erhöhen als auch die Nachfrage nach Industriegütern steigern. Ferner wird eine abgeleitete Nachfrage nach Kapitalgütern bestehen[115].

---

[111] Vgl. *Wilbrandt*, H.: Wandel der Agrarstruktur in den Entwicklungsländern, S. 77.

[112] Vgl. *Hax*, K.: Japan Wirtschaftsmacht des Fernen Ostens, S. 105: „Die Landwirtschaft hat in erster Linie die Aufgabe, den Grundstock an Nahrungsmitteln bereitzustellen, der erforderlich ist, ein Volk zu ernähren, und zwar so zu ernähren, daß es den Anforderungen der beruflichen Tätigkeit gewachsen ist, in unserer Zeit also vor allem den Anforderungen der industriellen Arbeit."

[113] Vgl. *Michaelies*, A.: Wirtschaftliche Entwicklungsprobleme des Mittleren Ostens, S. 61.

[114] Vgl. *Wilbrandt*, H.: Agrarkrise und Rationalisierung, Landwirtschaftliche Einkommenssteigerung durch Produktionssteigerung, Diss. Berlin 1930, im Vorwort.

Es ergibt sich daraus, daß das Industriepotential vor allem in seiner anfänglichen Entwicklung durch die Heranziehung von Beitragsleistungen aus dem primären Wirtschaftssektor grundsätzlich gehoben werden kann[116].

Die Erfüllung dieser wichtigen Funktionen stößt aber im südkoreanischen primären Wirtschaftssektor auf vielfältige Schwierigkeiten.

An dieser Stelle wird zunächst der Bereich der Landwirtschaft aufgezeigt.

Infolge der gebirgigen Natur des Landes sind nur etwa 22 % der Gesamtfläche landwirtschaftlich nutzbar, wobei über die Hälfte mit dem Hauptnahrungsmittel Reis und Gerste bzw. Weizen bebaut wird[117].

Obwohl das Klima und die Bodenverhältnisse der landwirtschaftlich genutzten Gebiete für den Anbau von Reis und Getreide günstig sind, läßt sich der Eigenbedarf der Bevölkerung an Reis und Getreide nicht ganz aus eigener Produktion decken. Der Reisbedarf im Jahre 1970 beispielsweise betrug 4 400 000 Tonnen. Dagegen wurden im gleichen Jahr im eigenen Land nur 3 939 000 Tonnen geerntet. So mußte Südkorea in diesem Jahr 461 000 Tonnen Reis einführen[118].

Trotz ihrer außerordentlichen Bedeutung können die südkoreanischen Reis- und Getreidefelder nicht weiter ausgedehnt werden, da dies eine intensive Bodenbearbeitung und Bewässerung verlangt und das Land nur vereinzelt eingestreute fruchtbare Ebenen besitzt.

Außerdem ist bei der Bodenbestellung auf den verhältnismäßig kleinen Feldern eine Verwendung moderner landwirtschaftlicher Maschinen nur begrenzt möglich.

Die südkoreanische Landwirtschaft wurde daher extrem arbeitsintensiv betrieben, was zu einer niedrigen Produktivität führt. Ihre Produktivität ist trotz aller Bemühungen hinter der allgemeinen Entwicklung zurückgeblieben, so daß Südkorea heute noch immer gezwun-

---

[115] Vgl. *Singer*, H. W.: Probleme der Industrialisierung in unterentwickelten Ländern, S. 92.

[116] Vgl. *Wilbrandt*, H.: Die politische und sozialökonomische Stellung der landwirtschaftlichen Entwicklung im Rahmen der Entwicklungsplanung, in: Grundfragen der Entwicklungsplanung, Schriften der Deutschen Stiftung für Entwicklungsländer, Bd. 1, S. 183.

[117] Der Anteil der Reisanbaufläche an der gesamten landwirtschaftlichen Nutzfläche liegt in den letzten Jahrzehnten ständig bei etwa 34,6 % (Gerste und Weizen = 30,9 %). Der Anteil der Reisproduktion an der gesamten landwirtschaftlichen Produktion macht ständig über 53 % aus. Somit steht die Reisproduktion mengenmäßig an erster Stelle, obwohl sie mit ihrem Anteil den inländischen Reisbedarf nicht befriedigen kann.

[118] Vgl. *Economic Planning Board of Republic Korea* (Hrsg.): Wirtschaftsweißbuch 1971, S. 293, Tabelle 2-3-1 (Nahrungsmittelbedarf und -produktion) hierzu vgl. auch *Hesse*, K. und *Ischinger*, W.: Die Entwicklungsschwelle, S. 237.

gen ist, wertvolle Devisen zur Einfuhr von Nahrungsmitteln auszugeben.

Der Anteil der landwirtschaftlichen Produktion am Sozialprodukt verringerte sich also von 33,4 % im Jahre 1962 auf 25,8 % im Jahre 1970 (28,4 % im Jahre 1969)[119].

Die scheinbare Stagnation der Landwirtschaft wirkt sich in erster Linie auf das Realeinkommen der landwirtschaftlichen Bevölkerung aus, woraus man schließen kann, daß die südkoreanische Landwirtschaft nicht in der Lage ist, die oben erwähnten Funktionen der gesamtwirtschaftlichen Entwicklung zu erfüllen. Anders gesagt kann die Landwirtschaft weder den einheimischen Nahrungsbedarf befriedigen, noch Devisen durch ihren Export einbringen.

Die stagnierende landwirtschaftliche Einkommenssteigerung stellt in der gesamtwirtschaftlichen Entwicklung ein ernstes Problem dar, welches durch die Bauernverschuldung noch verschärft wird, mit deren Problematik sich der kommende Abschnitt näher beschäftigen wird.

Neben dem Agrarsektor gehört die Forstwirtschaft zu den problematischen Bereichen der südkoreanischen Wirtschaft.

Die bewaldete Bodenfläche umfaßte im Jahre 1970 6 683 000 ha, d. i. 67 % der Gesamtfläche des Landes[120], wovon die Fläche mit Laub- und Nadelwald 85 % ausmachte, während der Rest Ödflächen und Kahlschläge sind.

Obwohl die Waldfläche mehr als die Hälfte der Gesamtfläche Südkoreas umfaßt, müssen noch große Mengen Holzstämme (unbearbeitetes Nutzholz) eingeführt werden, weil die Einschläge wegen des zunehmenden Nutz- und Brennholzbedarfes und auch wegen des vergrößerten Sperrholzexportes seit langem den natürlichen Zuwachs überschreiten[121].

Die ständige Steigerung des Nutzholzbedarfes stellt somit die südkoreanische Forstwirtschaft vor schwierige Probleme.

Um die durch die über dem natürlichen Zuwachs liegenden Einschläge drohende Verkarstung und Zernagung der Waldfläche zu verhindern, hat die südkoreanische Regierung im Rahmen der 5-Jahrespläne ein

---

[119] Vgl. *Economic Planning Board of Republic Korea* (Hrsg.): Wirtschaftsweißbuch 1971, S. 61.

[120] Vgl. *Regierung der Republik Korea* (Hrsg.): Der 3. Fünfjahresentwicklungsplan, S. 43.

[121] In den Jahren 1971 bis 1972 wurden die Hölzer in Höhe von 240 Mill. US-Dollar importiert, während der Sperrholzexport in diesen beiden Jahren 220,3 Mill. US-Dollar erreichte. Hierzu vgl. *Statistisches Bundesamt Wiesbaden* (Hrsg.): Mitteilungen der Bundesstelle für Außenhandelsinformation (BfA), März 1973, Jg. 23, Nr. 52, Weltwirtschaft am Jahreswechsel, „Korea", S. 7, Tabelle 4 und 5.

langfristiges Aufforstungsprogramm eingeleitet mit dem Ziel, beispielsweise bis zum Jahre 1976 275 000 ha Waldland neu zu gewinnen und 202 000 ha wieder aufzuforsten[122].

Für dieses Programm wurde ein Investitionsbetrag in Höhe von 44 232 Mill. Won im Dritten 5-Jahresplan (1972 bis 1976) veranschlagt[123].

Die Fischereiwirtschaft in Südkorea spielt sowohl in der Nahrungsmittelversorgung als auch im Export eine tragende Rolle. Neben Reis und Getreide sind Fischereiprodukte der wichtigste Bestandteil der südkoreanischen Nahrungsmittel. In den Küstenlandschaften wird der Fisch zum großen Teil als Frischfisch verzehrt, in den von der Küste abgelegenen Gebieten bekommt man dagegen gesalzenen und getrockneten Fisch.

In Ermangelung von Fleischnahrung in Südkorea wird man auch in Zukunft in weitgehendem Maße Nahrungsmittel aus dem Meere holen müssen.

Trotz der günstigen geographischen Lage machte Südkorea bis 1961 aber keinerlei Fortschritte in der Fischereiwirtschaft.

Eine entscheidende Wende in der Fischerei erfolgte erst mit dem Beginn der 5-Jahrespläne. Die Fischereiproduktion steigerte sich von 470 000 Tonnen im Jahre 1962 auf 935 000 Tonnen im Jahre 1970. Der Wert des südkoreanischen Fischereiexportes belief sich auf 82 324 000 US-Dollar im Jahre 1970. Mit diesen Leistungen erzielte die Fischereiwirtschaft innerhalb von neun Jahren eine jährliche Zuwachsrate der Produktion von 11,3 %[124].

Die rasche Steigerung der Fischereiproduktion ist im wesentlichen auf den Neubau und die Einfuhr von Fischerbooten im Rahmen der 5-Jahrespläne zurückzuführen.

Die Gesamttonnage der Fischerboote belief sich im Jahre 1960 nur auf 107 017 Tonnen (34 438 Einh.). Im Jahre 1970 erreichte sie bereits 376 000 Tonnen[125].

Einhergehend mit dieser Entwicklung erfolgten ebenfalls wesentliche Verbesserungen in den Fischerei-Techniken durch die Einfuhr von Dieselmotoren und Elektro-Suchgeräten usw.

---

122 Vgl. *Regierung der Republik Korea* (Hrsg.): Der 3. Fünfjahresentwicklungsplan 1972 bis 1976, S. 45, Tabelle 28.

123 Vgl. ebenda, S. 44.

124 Vgl. *Economic Planning Board of Republic Korea* (Hrsg.): Quarterly Economic Research, Bd. 15, Nr. 1, März 1970, S. 54 sowie *Regierung der Republik Korea* (Hrsg.): Der 3. Fünfjahresentwicklungsplan 1972 bis 1976, S. 44 f.

125 Vgl. *Regierung der Republik Korea* (Hrsg.): Der 3. Fünfjahresentwicklungsplan 1972 bis 1976, S. 45, Tabelle 28.

Auch die Aktivität nahm im Hochseefischereibereich von Jahr zu Jahr zu, insbesondere im Süd- und Nordpazifischen Seeraum, wobei die südkoreanische Seefischerei mit den gut ausgerüsteten japanischen Hochseefischereischiffen in harte Konkurrenz treten mußte.

Die Hochseefischerei soll die Basis einer leistungsfähigen Fischexportindustrie schaffen, die Devisen einbringt. Bis 1976 soll die Gesamttonnage der Hochseefischerschiffe 238 Tonnen erreichen (90 Tonnen im Jahre 1970), wofür ein Betrag in Höhe von 7,03 Mrd. Won im Verlaufe des Dritten 5-Jahresplanes (1972 bis 1976) investiert werden soll[126].

II. Die Problematik des primären Wirtschaftssektors und der Beitrag des Bankensystems zu seiner Entwicklung

1. Die Problematik des primären Wirtschaftssektors hinsichtlich der finanziellen Lage

Die Produktionssteigerung des primären Wirtschaftssektors ist ein dringendes Problem in der südkoreanischen Wirtschaft, da die Kluft zwischen dem primären Wirtschaftsbereich und der Industrie bzw. zwischen den ländlichen Gebieten und den Städten erheblich vergrößert wurde. Der primäre Wirtschaftssektor ist im Zeitraum der ersten beiden 5-Jahrespläne (1962 bis 1971) wegen der übereilten Industrialisierungsbestrebungen sehr vernachlässigt worden.

In erster Linie ist die Stagnation des primären Wirtschaftssektors neben anderen Ursachen auch aus den finanziellen Problemen zu erklären.

Eine Steigerung der landwirtschaftlichen Produktion verlangt zum Beispiel, wie oben schon gesagt wurde, die Intensivierung der Bebauung und die Anwendung von neuen Anbautechniken, sofern die landwirtschaftlich nutzbare Fläche aus den natürlichen Gegebenheiten nicht mehr erweitert werden kann.

Ein intensiver Bau von Bewässerungen im landwirtschaftlichen Bereich, wofür ein höherer Kapitaleinsatz unerläßlich ist, setzt aber als Bedingung größere ökonomische Anreize für die Bauern voraus.

Die für die Produktionssteigerung im primären Wirtschaftssektor geringe fortschrittliche Einstellung der südkoreanischen Bauern kann in erster Linie darauf zurückzuführen sein, daß die Produktion in diesem Bereich im allgemeinen als sehr unrentabel empfunden wird[127].

---

[126] Vgl. ebenda, S. 45.

[127] Vgl. *Rhee*, P. W.: Die aktuelle Bedeutung von Friedrich List's Theorie der produktiven Kräfte für die Wachstums- und Entwicklungstheorie, Eine

Häufig überschreiten die Produktionskosten sogar den Jahresernte-wert.

Es muß ein Umstellungsprozeß im ganzen primären Sektor vollzogen werden. Aus einer auf die eigene Bedürfnisbefriedigung gerichteten Einzelwirtschaft muß eine für den Markt produzierende Wirtschaftseinheit geschaffen werden, die ihre Produktion rentabel absetzen kann.

Zur Durchführung dieses Prozesses bedarf es vor allem erheblicher Kapital- bzw. Kreditmittel. Nur der billige Kredit, durch gut organisierte Institutionen gewährt, kann die Einführung neuer Produktionstechniken und eine rentable Bewirtschaftung ermöglichen, durch die die meisten Bauern bzw. Fischer von der Überschuldung durch hoch zu verzinsende Privatkredite befreit würden.

Ein sehr dringendes und ernstes Problem ist der Abbau der Verschuldung im primären Wirtschaftssektor.

Die für die Bauern und Fischer bereits eingerichteten Kreditinstitute — Agricultural Cooperatives Federation und Fisheries Cooperatives Federation — sind mangels Kapital nicht in der Lage, den gesamten Kreditbedarf des primären Sektors zu decken.

Wegen der mangelnden Funktionsfähigkeit von ländlichen Kreditinstituten sind die Bauern bzw. Fischer sehr von privaten Kreditgebern abhängig. Die Geschäftsleute und Händler in den Städten waren und bleiben trotz drastischer Maßnahmen gegen private Geldleiher[128] die Kreditgeber der Bauernschaft.

Die südkoreanischen Bauernhaushalte waren zum Beispiel i. d. J. 1961 bis 1967 pro Haushalt jährlich mit 11 184 Won verschuldet[129], wovon über 57 % für Konsumzwecke verwendet wurden. Von dieser gesamten Verschuldung der Bauern und Fischer entstammten 68,7 % den

vergleichende Betrachtung des Effektes der institutionellen produktiven Kräfte im Frühstadium der wirtschaftlichen Entwicklung in Japan und Korea, Diss. Köln 1970, S. 227.

[128] Im Rahmen einer Serie von Maßnahmen, die am 3. 8. 1972 in Kraft traten, ist die südkoreanische Regierung scharf gegen private Geldverleiher vorgegangen. Die privaten Kredite sowohl an die Industrieunternehmen als auch an die Bauern und Fischer müssen danach auf einer monatlichen Zinsbasis von 1,35 % festgelegt werden, anstelle des üblichen Zinssatzes für Privatgelder von 3 bis 6 %. Nach dieser Verordnung wurden rund 200 Mrd. Won (etwa 1,4 Mrd. DM) allein von Industriebetrieben als private Darlehen gemeldet. Die durch das Moratorium eingefrorenen Kredite sollen erst nach dem Ablauf von drei Jahren mit jährlich einem Fünftel zurückgezahlt oder in Form einer Beteiligung an den betreffenden Unternehmen durch Übernahme von Aktien umgewandelt werden. Hierzu vgl. The Joong-ang Daily News vom 3. 8. 1972, S. 1.

[129] Vgl. *Lee*, C. Y.: Financing and Capital Formation, S. 128, Tabelle II-28.

Privatgeldleihern, wofür monatlich 5 bis 8 % Zinsen bezahlt werden mußten[130].

Im Laufe der Entwicklung wirtschaftlicher Beziehungen zwischen der Bauernschaft und den städtischen Kaufleuten, anders gesagt, zwischen ländlichen Gemeinden und Städten, traten die reichen Händler, Grundbesitzer und Frauenkyegemeinschaften der Kaufleute oder Beamten als Kreditgeber immer mehr in den Vordergrund.

Bei den Privatgeldgeschäften werden die Zinsen nach den einheimischen Bräuchen berechnet, bei denen der Grad der Bekanntschaft die Sicherheitsbasis bildet.

Manchmal wird der Bargeldkredit zu Getreidemengen in Marktpreisen gebucht, und bei der Tilgung werden die vereinbarten Zinssätze in Getreidemengen gezahlt, da der inflatorische Trend sehr schnell die Bargeldzinssätze überholt. In der inflationären Geldwertentwicklung werden die Realzinsen für die Privatgeldleiher auf diese Weise immer mehr vergrößert werden.

In einem Mißerntejahr sind die Bauern und Fischer schon deswegen gezwungen, Kredite aufzunehmen, weil ihre Erträge für den täglichen Bedarf der eigenen Familie manchmal nicht ausreichen.

Da immer größere Teile der aufgenommenen Kredite der Bauernfamilien nicht wieder an die Kreditgeber zurückfließen, ist darin der Grund der dauernden Verschlechterung der Lage im primären Wirtschaftssektor zu suchen.

Unter diesen Umständen gibt es für die Bauernschaft wenig Anreize, Kredite aufzunehmen, um die Anbautechniken zu verbessern und Bewässerungsanlagen zu bauen.

Die industrielle Entwicklung war und ist trotz aller Schwierigkeiten gegenüber der Land-, Forst- und Fischereiwirtschaft finanziell begünstigt. Die gesetzlichen sowie ökonomischen Vorteile z. B. des Aktienkapitals sind dem primären Wirtschaftssektor nie zugute gekommen[131].

Die Banken haben sich in der Regel nach den Bedürfnissen des Handels bzw. der Industrieunternehmen entwickelt, während im großen und ganzen die davon sehr verschiedenen Kreditbedürfnisse der Land-, Forst- und Fischereiwirtschaft weitgehend ignoriert wurden.

In vielen Ländern, auch in Südkorea, gewähren die Geschäftsbanken selten Kredite an die Landwirtschaft und Fischerei, weil sie verhält-

---

130 Vgl. ebenda, S. 129, Tabelle II-29.

131 Vgl. *Scharf*, T.: Finanzierungsprobleme in den Entwicklungsländern, S. 31.

nismäßig geringe Erträge abwerfen und relativ großen Risiken ausgesetzt sind[132].

Daher war und ist eine Versorgung des primären Wirtschaftssektors mit Krediten durch genossenschaftliche Organisationen bzw. durch die staatlichen Kredite unerläßlich.

2. Der Beitrag des Bankensystems zur Förderung des primären Wirtschaftssektors

Oben wurde bereits auf die herausragende Bedeutung des primären Wirtschaftssektors für die gesamtwirtschaftliche Entwicklung hingewiesen. Für die Entwicklung dieses Wirtschaftsbereiches spielt der billige Kredit eines gut organisierten Bankensystems eine entscheidende Rolle, denn er ermöglicht es dem armen Bauern oder Fischer, eine den modernen Erfordernissen angepaßte Produktionstechnik einzuführen und somit rentabel zu arbeiten.

Im Rahmen des gesamten Bankensystems gibt es in Südkorea ein spezielles Agrar- und Fischereikreditsystem in Form von Genossenschaftsverbänden, die ihre Aufgabe in der Kreditversorgung der Landwirtschaft und Fischerei sehen.

Die Verbände von Land- und Fischereiwirtschaftsgenossenschaften sollen als Sonder-Kreditinstitute dazu beitragen, daß eine Umorientierung und Reorganisation der einzelnen Bauern- und Fischereiwirtschaften durchgeführt wird, wozu in erster Linie Kapital nötig ist[133].

Somit besteht bei den genossenschaftlichen Verbänden die wichtigste Aufgabe darin, Finanzmittel für die Agrar- und Fischereiwirtschaft bereitzustellen. Insbesondere geht es um die Gewährung von kurzfristigen Erntefinanzierungs- und Überbrückungskrediten für die Zeit bis zur Ernte, aber auch um mittel- und langfristige Produktionskredite und Darlehen für genossenschaftliche Gemeinschaftsprojekte[134].

Die Befriedigung des kurzfristigen Kreditbedarfs der Landwirtschaft und Fischerei erfolgt generell aus eigenen Mitteln der Genossenschaftsverbände, die allerdings bei der Gewährung der mittel- und langfristigen Kredite weitgehend auf die Mithilfe der Regierung angewiesen sind[135].

Die finanzielle Schwäche der Bauern und Fischer ermöglicht nämlich nicht eine ausreichende Kapitalbildung durch den genossenschaft-

[132] Vgl. *Schultze-Kimmle*, H. D.: Japans Banken, S. 199.

[133] Vgl. *Zentralverband der Landwirtschaftlichen Genossenschaften* (Hrsg.): Das Agrarfinanzierungssystem Koreas, Seoul 1970, S. 14.

[134] Vgl. ebenda, S. 15.

[135] Vgl. Tabelle 46, S. 140 dieser Arbeit.

lichen Zusammenschluß, so daß entsprechende Hilfsleistungen der Regierung unbedingt erforderlich sind. Dies bedeutet andererseits jedoch eine Abhängigkeit von der Regierung und ist auch mit einer strengen Kontrolle sowie fortwährenden Einmischung in die Geschäftsführung der Genossenschaften seitens der Regierung verbunden.

In welchem Maße die Land- und Fischereiwirtschaftsgenossenschaften ihre Stellung im Agrar- und Fischereikreditgeschäft gegenüber dem gesamten Bankensystem behaupten können, wird aus Tabelle 47 sichtbar.

Bei der Geschäftsbankengruppe und auch bei der Korea-Entwicklungsbank laufen unter dem Begriff „Agrar- und Fischereikredit“ in geringem Umfang Kredite an die Mittel- und Kleinernährungsindustrie bzw. an die Nahrungsmittelverarbeitung für den Export[136].

Aufgrund der oben erwähnten übermäßigen Verschuldung im primären Wirtschaftsbereich[137] sind verschiedene Entschuldungspläne von der Regierung entwickelt worden, die mit Hilfe der Genossenschaftsverbände durchgeführt werden sollen, was eine ausreichende Versorgung dieses Sektors mit Krediten sicherstellen sollte.

Hierbei handelt es sich zunächst um die Entschuldung der Bauern und Fischer von den Privatgeldverleihern.

Am 25. 5. 1961 wurde ein Gesetz erlassen und 1964 sowie 1969 ergänzt[138], wonach alle privaten Kredite im land- und fischereiwirtschaftlichen Bereich mit mehr als 20 % Jahreszinsen durch Agrar- bzw. Fischereischuldverschreibungen von Genossenschaftsverbänden ersetzt werden sollten. Für die gemeldeten Privatkredite wurden jetzt Agrar- und Fischereischuldverschreibungen mit nur 20 % Jahreszinsen ausgegeben, während die Differenz bis zum ursprünglich vereinbarten Zinssatz dem privaten Geldverleiher verloren ging. Nunmehr zahlte der Schuldner an die Genossenschaftsverbände anstelle des bislang üblichen Zinssatzes von 4 bis 6 % monatlich nur noch 12 % Jahreszinsen, und die Regierung zahlte die restlichen 8 % in Form von Subventionen[139].

Damit die Kredite der Genossenschaftsverbände möglichst dorthin fließen, wo sie den größten volkswirtschaftlichen Nutzen erzielen, ist

---

136 Vgl. Tabelle 48, S. 152 dieser Arbeit.

137 Vgl. S. 146 ff. dieser Arbeit.

138 Vgl. *Zentralverband der Landwirtschaftlichen Genossenschaften* (Hrsg.): Das Agrarfinanzierungssystem Koreas, S. 16.

139 Vgl. *Zentralverband der Landwirtschaftlichen Genossenschaften* (Hrsg.): Das Agrarfinanzierungssystem Koreas, S. 16. Man war der Ansicht, daß die privaten Geldverleiher trotz der strengen gesetzlichen Bestimmungen zum Teil schadlos blieben, denn es ist ein offenes Geheimnis, wenn auch nicht statistisch nachzuweisen, daß die Bauern bzw. Fischer die Zinsdifferenzen in irgendeiner Form an den Gläubiger in Naturalien gezahlt haben.

Tabelle 47

Kreditgewährung seitens der Land- und Fischereigenossenschaftsverbände nach Quellen der Kapitalmittel
(in Mill. Won)

Jahr	Kreditgewährung aus eigenen Mitteln	Kreditgewährung aus Mitteln der Regierungskasse	insgesamt
1963	5 196	12 465	17 661
1964	7 166	12 683	19 849
1965	8 168	13 238	21 406
1966	11 379	14 780	26 159
1967	15 521	21 700	37 221
1968	30 966	26 313	57 281
1969	56 268	40 941	97 209
1970	76 515	46 576	123 091
1971	94 771	49 020	143 791

Quelle: Vom Verfasser zusammengestellt nach Angaben in: *Bank of Korea* (Hrsg.): Economic Statistics Yearbook 1972, S. 112, Tabelle 40, und S. 140, Tabelle 66.

eine Beratung der Bauern und Fischer unerläßlich. Ebenso muß die Verwendung der Kredite überwacht werden.

Durch die Gewährung von Warenkrediten (Kunstdünger, Reis und Getreide als Saatgut und Nahrungsmittel) tragen die Genossenschaftsverbände dennoch dazu bei, die privaten Geldleiher allmählich zu entmachten und die starke Position der Zwischenhändler und der lokalen Lieferanten zu schwächen, denn die Abhängigkeit der Landwirte und Fischer von ungünstigen saisonal schwankenden lokalen Marktpreisen war oft nicht unerheblich.

Die Landwirtschaftsgenossenschaften kaufen außerdem bei der Erntezeit mit Unterstützung der Regierung die landwirtschaftlichen Produkte — z. B. Reis und Getreide — zu einem festgesetzten Preis auf, der über dem Marktpreis der Erntezeit am Ernteort liegt, um damit die Bauern vor den Schwankungen des regionalen Erntepreises zu schützen[140].

Ein Teil dieser Ernte wird in der nächsten Überbrückungszeit bis zur Ernte dann als Warenkredit an die Bauern gewährt, so daß ihre Existenzgrundlage gesichert ist. Die Gewährung von individuellen Bauernkrediten durch die Genossenschaften muß also durch einen zu-

[140] Vgl. The Seoul-Kyungje-Sinmun (Seouler Wirtschaftszeitung) vom 11. Nov. 1973, S. 3.

Tabelle 48

Entwicklung der Kreditgewährung seitens des Bankensystems an dem primären Wirtschaftssektor
(in Mill. Won)

Jahr	Genossenschaftsverbände der Land- und Fischereiwirtschaft	Geschäftsbankensystem	Korea-Entwicklungsbank	Bankensystem insgesamt
1963	17 661	585	278	18 524
1964	19 849	573	250	20 672
1965	21 406	729	—	22 135
1966	26 159	1 456	512	28 127
1967	37 221	2 898	621	40 740
1968	57 279	5 129	691	63 099
1969	97 209	6 921	—	104 130
1970	123 091	10 829	111	134 031
1971	143 791	17 409	416	161 616

Quelle: Vom Verfasser zusammengestellt nach Angaben in: *Bank of Korea* (Hrsg.): Economic Statistics Yearbook 1970, S. 116—117, Tabelle 48, S. 120—121, Tabelle 50, und ders.: Economic Statistics Yearbook 1972, S. 126—127. Tabelle 52, S. 112, Tabelle 40, S. 140, Tabelle 66, S. 138—139, Tabelle 65.

gunsten des Bauern gesteuerten Ernteabsatz ergänzt werden, denn die Kreditnehmer bei den Kleinbauern verfügen meistens nicht über Mittel, um damit Notzeiten zu überbrücken.

Welche Möglichkeiten sich bieten, den primären Wirtschaftssektor zu fördern, wird im vierten Kapitel behandelt.

Viertes Kapitel

Möglichkeiten und Grenzen des Bankensystems zur Förderung der gesamtwirtschaftlichen Entwicklung

A. Möglichkeiten und Grenzen der einheimischen Sparkapitalbildung durch das Bankensystem

I. Das volkswirtschaftliche Sparen als Grundlage der wirtschaftlichen Entwicklung

Jeder volkswirtschaftliche Entwicklungsprozeß verlangt als notwendige und hinreichende Bedingung die Vornahme von Nettoinvestitionen[1], bei deren Verlauf zwangsläufig ein realwirtschaftlicher Sparprozeß abläuft[2], der verhindert, daß die gesamte Produktion einer Periode für den unmittelbaren Verbrauch verwendet wird.

Also setzt der volkswirtschaftliche Entwicklungsprozeß voraus, daß nicht alle vorhandenen Produktionsfaktoren für die Herstellung von Konsumgütern in Anspruch genommen, sondern auch zur Erweiterung und Verbesserung des Produktionsapparates (für den Bau von Maschinen und Fabrikanlagen usw.) herangezogen werden[3].

Unter dem Begriff „Sparen" kann man in güter- und geldwirtschaftlicher Sicht unterschiedliches verstehen.

Im güterwirtschaftlichen Zusammenhang bedeutet jedes Sparen „Schaffung einer volkswirtschaftlichen Leistungsreserve durch Einschränkung des Verbrauches"[4].

Die „volkswirtschaftliche Leistungsreserve, aus der eine Investition überhaupt erst getätigt werden kann ..."[5] ist somit das Resultat der verschiedenartigen volkswirtschaftlichen Sparprozesse[6].

---

[1] Vgl. *Voigt,* F.: Industrie- und Gewerbepolitik, S. 85.

[2] Vgl. ebenda, S. 88.

[3] Vgl. *Voigt,* F.: Der volkswirtschaftliche Sparprozeß, Berlin 1950, S. 24.

[4] Ebenda, S. 13.

[5] *Voigt,* F.: Geld und Sparen im volkswirtschaftlichen Entwicklungsprozeß, in: Vorträge auf der Mitgliederversammlung des Verbandes der Deutschen Öffentlichen Sparkassen e. V. in Travemünde 1963, H. 8, S. 16.

Geldwirtschaftlich betrachtet finden diese volkswirtschaftlichen Sparprozesse ihren Ausdruck in der Geldwertersparnisbildung[7], wobei in diesem Zusammenhang die Bildung von Spareinlagen beim Bankensystem interessiert.

Das Bankensystem ist imstande, die durch Spareinlagen gebildeten volkswirtschaftlichen Leistungsreserven für Investitionen nutzbar zu machen, denn trotz der ständigen Veränderungen der individuellen Guthaben bleibt die gesamte Sparsumme weitgehend stabil[8].

Das hierdurch entstehende Geldkapital wie auch die im gewissen Maße gegebene Kreditschöpfungsfähigkeit des Bankensystems stellen im marktwirtschaftlichen System auf der einen Seite die Basis für die organisatorische Erfassung volkswirtschaftlicher Leistungsreserven dar, und auf der anderen Seite bieten sie dem potentiellen Unternehmer die Chance, Verfügungsmacht über Produktionsfaktoren zu erlangen[9].

Dabei ist jedoch zu beachten, daß für die fortlaufende wirtschaftliche Entwicklung nicht die Gesamtsumme der Ersparnisse in Geldwert entscheidend ist, sondern die Größe der durch sie bedingten, für Investitionen verwertbaren Leistungsreserve[10], da nicht jedes Sparen zu einem Investieren führt[11].

Wenn aber die in der Produktion von Verbrauchsgütern durch das Sparen freigesetzten Produktionsfaktoren für Investitionen nicht eingesetzt werden, löst dies unter bestimmten Bedingungen eine kontraktive Wirtschaftsentwicklung einer Volkswirtschaft aus.

In der Marktwirtschaft sind nämlich für die Investitionen die vorhandenen volkswirtschaftlichen Leistungsreserven und das damit verbundene Kapitalangebot noch keine hinreichende Bedingung, da eine

---

[6] Vgl. *Voigt*, F.: Der volkswirtschaftliche Sparprozeß, S. 109 ff.

[7] Vgl. *Schüller*, H.: Die Bedeutung von Zwangssparprozessen für die Industrialisierung der Entwicklungsländer, Diss. Bonn 1969, S. 19; Vom Blickpunkt des Sparers besteht zwischen dem Geld, Geldersparnissen und Geldwertersparnissen (bzw. Sparkapital) kein großer Unterschied. Sämtliche Begriffe verkörpern für den Sparer nicht verbrauchtes Einkommen. Jedoch unterscheiden sie sich vom Blickpunkt der Volkswirtschaft aus sowohl in der systematischen Stellung als auch in den Funktionen prinzipiell voneinander. Für diese unterschiedlichen Begriffe siehe *Voigt*, F.: Der volkswirtschaftliche Sparprozeß, S. 390 ff.

[8] Das Bankensystem ermöglicht dadurch, auch die Zeitspanne zwischen Einkommenserzielung und Verbrauch zu Investitionen nutzbar zu machen. Hierzu vgl. auch *Voigt*, F.: Der volkswirtschaftliche Sparprozeß, S. 221.

[9] Vgl. ebenda, S. 220 und 227.

[10] Vgl. *Voigt*, F.: Der volkswirtschaftliche Sparprozeß, S. 259. Hierbei wird es deutlicher, daß das sog. leere Sparen, welches nur zusätzlich Gläubiger- und Schuldnerbeziehungen entstehen läßt, ohne daß auf der Güterseite eine für Investitionen ausnutzbare Leistungsreserve gebildet wird, deswegen ausgeschlossen sein muß, da es nur geldwirtschaftlich in Erscheinung tritt. Vgl. hierzu auch ebenda, S. 53 und 70.

[11] Vgl. ebenda, S. 353.

Investition nicht ohne Beachtung der Rentabilitätschancen vorgenommen wird[12]. Neben den Kosten für die Bereitstellung der Kapitalmittel spielt bei der Investitionsentscheidung somit auch der Erwartungsgrad des Investors in Bezug auf die Absatzmöglichkeiten der in Frage kommenden Produkte, also die konjunkturelle Entwicklung eine entscheidende Rolle[13]. So hat das Sparen als Grundlage für jede Investition und damit für die Gestaltung weitgehenden wirtschaftlichen Fortschritts in den unterschiedlichen volkswirtschaftlichen Lagen nicht denselben Wert[14].

Der volkswirtschaftliche Sparprozeß löst also eigenständige Impulse mit unterschiedlicher Fruchtbarkeit für die wirtschaftliche Entwicklung aus[15]. Er kann unter gewissen Voraussetzungen die wirtschaftliche Entwicklung beschleunigen, aber sie auch hemmen[16].

Eine gewisse volkswirtschaftliche Problematik besteht darin, daß das Sparen auf der einen Seite als Nichtbeanspruchung von Produktionsfaktoren für Konsumzwecke die notwendige Leistungsreserve zur Durchführung neuer Investitionsvorhaben schafft und auf der anderen Seite als Nachfrageausfall unter Umständen die Erwartungen des Investors mindert, was ein Hindernis bei der Investitionstätigkeit bedeutet[17].

Von diesen hemmenden Effekten des Sparens auf die wirtschaftliche Entwicklung kann aber — nach klassischer Auffassung — dann abgesehen werden, wenn in gleicher Höhe Netto-Investitionen vorgenommen werden, da dadurch der Nachfrageausfall im Bereich der Konsumgüter durch eine verstärkte Nachfrage nach Investitionsgütern ausgeglichen würde. Dem Bankensystem Südkoreas fällt somit zur Erreichung des gewünschten wirtschaftlichen Wachstums eine wertvolle Aufgabe zu, denn durch das Bankensystem muß garantiert sein, daß die durch das Sparen gebildeten volkswirtschaftlichen Leistungsreserven zu Investitionen ausgenutzt werden[18].

Es ist auch nicht zu vergessen, daß ein Entwicklungsland wie Südkorea noch dadurch gekennzeichnet ist, daß Geld- und Sachkapital be-

---

[12] Vgl. ebenda, S. 489.

[13] Vgl. ebenda, S. 489.

[14] Vgl. ebenda, S. 444.

[15] Vgl. *Voigt*, F.: Geld und Sparen in volkswirtschaftlichen Entwicklungsprozessen, S. 11.

[16] Vgl. *Voigt*, F.: Der volkswirtschaftliche Sparprozeß, S. 444.

[17] Vgl. *Ehrlicher*, W.: Die volkswirtschaftliche Bedeutung der Formen des Sparens, in: Beiträge zur Theorie des Sparens und der wirtschaftlichen Entwicklung, in: *Voigt*, F.: (Hrsg.): Untersuchungen über das Spar-, Giro- und Kreditwesen, Bd. 1, Berlin 1958, S. 151.

[18] Vgl. *Voigt*, F.: Geld und Sparen in volkswirtschaftlichen Entwicklungsprozessen, S. 18.

sonders knapp und Investitionsgelegenheiten reichlicher vorhanden sind als anlagebereite Geldmittel[19].

Unter diesen Bedingungen sind für die Erweiterung der Produktionskapazität (für Erzeugung produktiver Anlagen und Maschinen usw.) Kräfte erforderlich, die vor allem durch die Einschränkung des gegenwärtigen Konsums gewonnen werden können. Wird weniger verbraucht, so kann damit aus einem gegebenen Sozialprodukt mehr investiert werden[20].

In der gegenwärtigen Lage der südkoreanischen Volkswirtschaft tritt das Problem des *Keynes*'schen Nachfrageausfalls als Folge des Sparens nicht in den Vordergrund[21]; vielmehr scheint die Gefahr einer Inflation näher zu liegen als die einer Deflation. Da nämlich die Regierung notwendige Investitionen bei öffentlichen Projekten oft durch Geldschöpfung finanziert, wäre ein dauernder Inflationsprozeß die Folge, wenn das vermehrte Geldeinkommen auf den Verbrauchsgütermärkten ausgegeben werden würde, zumal das Angebot an Verbrauchsgütern in der Regel die Nachfrage nicht decken kann[22].

Unter diesen Verhältnissen erscheint das freiwillige Sparen als eine geeignete Methode zur Bekämpfung der durch die erhöhte Geld- und Kreditschöpfung verursachten Inflation[23]. So ist man sich in Südkorea in letzter Zeit bewußt geworden, daß der überwiegende Teil der erforderlichen Kapitalmittel im Lande durch das Sparen aufgebracht werden sollte[24].

Hieraus resultiert die positive Akzentuierung des Sparens für die gesamtwirtschaftliche Entwicklung Südkoreas.

Wie manche Vertreter einer positiven Einschätzung des Sparprozesses glauben, ist ohne Inanspruchnahme der realwirtschaftlichen Leistungsreserven keine Investition zu erstellen. Volkswirtschaftliches Wachstum ist ohne Nettoinvestitionen nicht möglich[25].

---

[19] Vgl. *Scharf*, T.: Finanzierungsprobleme in den Entwicklungsländern, S. 56.

[20] Vgl. *Voigt*, F.: Geld und Sparen in volkswirtschaftlichen Entwicklungsprozessen, S. 18 f.

[21] In der Situation einer bestimmten konjunkturellen Überhitzung steht nach W. *Ehrlicher* auch das Problem des Nachfrageausfalls als mögliche Folge des Sparens nicht im Vordergrund. Vgl. hierzu *Ehrlicher*, W.: Die volkswirtschaftliche Bedeutung der Formen des Sparens, S. 132.

[22] Vgl. *Lewis*, W. A.: Die Theorie des wirtschaftlichen Wachstums, Tübingen und Zürich 1956, S. 214 f.

[23] Vgl. *Peter*, H.: Die unterschiedlichen Auffassungen von der Wirkung des Sparens und die moderne Wachstumstheorie, in: *Voigt*, F. (Hrsg.): Untersuchungen über das Spar-, Giro- und Kreditwesen, Bd. 11, Berlin 1960, S. 107.

[24] Vgl. S. 122 f. dieser Arbeit.

[25] Vgl. *Voigt*, F.: Geld und Sparen in volkswirtschaftlichen Entwicklungsprozessen, S. 17. Hierzu auch *Peter*, H.: Die unterschiedliche Auffassung der Wirkung des Sparens und die moderne Wachstumstheorie, S. 24 ff.

Das Sparen ist daher ein aktiver Impuls für die volkswirtschaftliche Entwicklung[26], da jede Investition — unabhängig von der Art des Wirtschaftssystems — aus irgendeinem Sparprozeß hervorgegangen sein muß[27].

II. Probleme der Sparkapitalbildung durch das einheimische Bankensystem

Die freiwillige Sparförderung in Südkorea stößt wie in fast allen Entwicklungsländern auf ganz erhebliche Schwierigkeiten, die mehrere Ursachen haben.

Einmal bedingen die niedrigen Einkommen eine entsprechend geringe Sparfähigkeit, zum anderen sind es die mangelnden Kenntnisse der finanziellen Zusammenhänge bzw. das Nichtvorhandensein eines Spargedankens bei der Bevölkerung und damit ein niedriger Vertrauensgrad der Sparer in bezug auf die vorhandenen Kreditinstitute[28], der vor allem historisch bedingt ist. Nicht zuletzt deswegen ist das Bankensystem erst wenig entwickelt, wobei die Sparkassen noch vollständig fehlen[29].

Eine entscheidende Rolle spielt zudem der stetige Prozeß der Geldentwertung.

In diesem Abschnitt soll auf die Inflation hinsichtlich der einheimischen Sparkapitalbildung und auf die traditionelle Spargemeinschaft „Kye“ besonders eingegangen werden.

1. Die Inflation als Problem für die einheimische Sparkapitalbildung

Jedes Wirtschaftssubjekt reagiert bewußt oder unbewußt auf die Geldwertänderungen, wenn es sich für den Kauf eines Konsumgutes oder aber für das Sparen zu entscheiden hat[30].

Wird nun bewußt von der Regierung aus bestimmten Gründen, wie bereits mehrfach erwähnt, eine Politik der Geldschöpfung betrieben[31] und tritt als Folge davon eine inflatorische Preissteigerung ein, wie

---

[26] Vgl. ebenda, S. 19.

[27] Vgl. *Voigt*, F.: Der volkswirtschaftliche Sparprozeß, S. 335.

[28] Vgl. *Geis*, H. G.: Die entwicklungspolitische Wirksamkeit von Entwicklungsbanken, S. 180.

[29] Vgl. *Hesse*, K. und *Ischinger*, W.: Die Entwicklungsschwelle, S. 231 f.

[30] Vgl. *Voigt*, F.: Die Aussagefähigkeit und Erkenntnisgrenzen der Wirtschaftstheorie, in: Beiträge zur Theorie des Sparens und der wirtschaftlichen Entwicklung, in: *Voigt*, F. (Hrsg.): Untersuchungen über das Spar-, Giro- und Kreditwesen, Bd. 1, Berlin 1958, S. 37.

[31] Vgl. S. 156 dieser Arbeit.

es in Südkorea besonders in den 50er und Anfang der 60er Jahren war[32], nimmt damit das Vertrauen in die Währung ab.

Dabei kann man von niemandem verlangen, daß er seine mit erheblichen materiellen Opfern verbundenen Ersparnisse durch die inflatorische Entwicklung freiwillig entwerten läßt. Wären den Sparern keine Möglichkeiten zum Sachwertsparen gegeben, wäre für sie bei steigenden Preisen der Konsum die wirtschaftlich einzig richtige Entscheidung[33]. Demzufolge ist die durchschnittliche Konsumneigung relativ hoch, so daß damit zu rechnen ist, daß die effektive Nachfrage mit zunehmendem Geldvolumen noch vergrößert wird. Da zudem das Konsumgüterangebot nicht in gleichem Maße erweitert werden kann, wird die Inflation noch stärker steigen.

Vom gesamtwirtschaftlichen Standpunkt aus gesehen, ist es auch unwahrscheinlich, daß das freiwillige Sparen auf einem Bankkonto infolge der Vermehrung des Geldvolumens zunehmen wird.

Da sich das zusätzlich geschaffene Geld in Südkorea zum überwiegenden Teil als vermehrtes Bargeld des Publikums und damit außerhalb des Bankensystems niederschlägt und weniger zu einer Einlagenerhöhung bei Banken führt[34], kann die Zentralbank durch ihre währungspolitischen Instrumente auch nicht viel Einfluß auf die Zunahme des Geldvolumens und damit auf die inflatorische Tendenz nehmen. So rufen die Erwartungen hinsichtlich weiterer Preissteigerungen in der nahen Zukunft nur eine lebhafte Spekulationstätigkeit hervor, d. h. manche Wirtschaftssubjekte werden dazu übergehen, ihre Anlagemittel lieber in Sachwerten anzulegen, deren Sicherheit höher veranschlagt wird. Man kauft beispielsweise bevorzugt Grundstücke und wertbeständige Objekte, da in einer solchen inflatorischen Tendenz Geldanlagen oder in Geld ausgedrückte finanzielle Aktiva dem Sparer keine ausreichende Sicherheit gegen die ständige Wertminderung bieten können[35].

Wie stark sich die spekulativen Tätigkeiten in Südkorea vermehrten, zeigt die Tabelle 49, aus der die Zahlen der Entwicklung der Immobilien-Erwerbssteuereinnahmen ersichtlich sind.

---

[32] In Südkorea stiegen die Preise in der Zeit von 1953 bis 1964 durchschnittlich um 23 % pro Jahr. Vgl. hierzu auch *Rhee*, P. W.: Die aktuelle Bedeutung von Friedrich List's Theorie der produktiven Kräfte für die Wachstums- und Entwicklungstheorie, S. 185.

[33] Vgl. *Schick*, W.: Das Bankwesen in Israel, S. 77.

[34] Vgl. *Meimberg*, R. und *Jürgensen*, H.: Probleme der Finanzierung von Investitionen in Entwicklungsländern, in: Schriften des Vereins für Sozialpolitik, Bd. 16 (1959), S. 25.

[35] Vgl. *Tijam*, T. G.: Die Beziehungen zwischen Inflation und Wachstum in den Entwicklungsländern, Diss. Köln 1969, S. 97.

Tabelle 49

Entwicklung der Immobilien-Erwerbssteuereinnahmen in den Jahren 1962 bis 1968 a)
(in tausend Won)

Jahr	Einnahmen der Immobilien-Erwerbssteuer	Zuwachsrate in %
1962	492 570	— (9,4) b)
1963	659 144	33,8 (20,5)
1964	911 148	38,2 (34,7)
1965	1 340 757	47,2 (10,0)
1966	1 872 172	39,6 (8,8)
1967	2 958 645	58,0 (9,4)
1968	4 002 623	35,3 (8,1)

a) In der Zeit von 1962 bis 1968 kam keine Änderung der Immobilien-Erwerbssteuersätze vor.

b) Die Zahlen in Klammern sind *die Steigerungsraten der Preise* in % im entsprechenden Jahr (Großhandelspreise), woraus die allgemeine inflatorische Tendenz zu erkennen ist.

Quelle: Han, K. C.: Die Ursache von Sparbehinderung unseres Landes, in: Bank von Korea (Hrsg.): Sparen und Wachstum (koreanisch), Seoul 1969, Tabelle 9, S. 205.

Also kann das Sparen in Sachwerten nur die Aufgabe der Sicherung übernehmen[36]. Darüber hinaus kann es aber auch eine sichere Rendite erwirtschaften, weil die Werterhöhungen der Sachanlagen schneller steigen als die Banksparzinssätze.

Die andauernde inflatorische Entwicklung hat ohne Zweifel Änderungen in der privaten Verhaltensweise des Sparens zur Folge; manche Wirtschaftssubjekte mögen nämlich in einem solchen Inflationsprozeß lieber Debitor als Kreditor werden, weil bei dem sich vermindernden Wert des Geldes die Aufnahme eines Kredits alleine schon einen erheblichen Gewinn für den Kreditnehmer bedeutet[37].

Die Debitoren, insbesondere die verschuldeten Unternehmen, können daraus den Nutzen ziehen, daß die nominell festgelegten Schulden real gesehen eine immer geringere Belastung darstellen, d. h. die Schuldner brauchen zum Zeitpunkt der Tilgung nur geringere Sachwerte zu verkaufen als zum Zeitpunkt der Kreditaufnahme, um so den Kreditbetrag aufzubringen[38].

---

[36] Vgl. *Voigt*, F.: Aussagefähigkeit und Erkenntnisgrenzen der Wirtschaftstheorie, S. 43.

[37] Vgl. *Tjiam*, T. G.: Die Beziehungen zwischen Inflation und Wachstum in den Entwicklungsländern, S. 102.

[38] Vgl. *Wicke*, L.: Der Einfluß der schleichenden Inflation auf die Vermögensbildung, hrsg. von der Konrad Adenauer Stiftung, Bonn 1972, S. 13.

Auf diese Weise versetzte der steile Preisanstieg in Südkorea in den inflatorischen Jahren, insbesondere in den 50er Jahren, die Schuldner nach kurzer Zeit in eine immer günstigere Lage, was allein auf der Kaufkraftminderung der Währung basierte[39]. Demzufolge bildete sich in Sükorea eine unliebsame Methode bei den Unternehmen, sich ihre Finanzmittel nur durch billige Kredite zu beschaffen.

Diese Tatsache hindert die Selbstfinanzierung der Unternehmer durch eigene Ersparnisbildung und führt dazu, daß die Unternehmer kurzfristige spekulative Vorrats- bzw. Immobilieninvestitionen bevorzugt vornehmen[40].

Obwohl die Banken nach den geltenden Vorschriften lediglich für produktive Investitionszwecke Kredite gewähren durften, leiteten häufig die Spekulationsabsichten die Entschlüsse der Unternehmer[41].

Somit werden oft die Kredite des Bankensystems zu einem spekulativen Geschäft benötigt, wodurch dann die ungünstigen ökonomischen Bedingungen geschaffen werden, die das freiwillige Sparen keineswegs fördern. Diese Tendenz zu zunehmenden spekulativen Verhaltensweisen (Bodenspekulation, Getreidehortung und Konzentrierung auf Vorratskäufe usw.) bestärkt die Inflation und schädigt die gesamtwirtschaftliche Entwicklung, da die Knappheit an Roh- und Hilfsstoffen gesteigert wird und zu einer Verlangsamung der Produktion führen kann.

Unter dieser Prämisse werden die Sparer weder ihr Geld zur Bank bringen noch Obligationen kaufen. Die Sachanlagen dagegen werden nach wie vor in starkem Maße gefragt, da ihre Preise nämlich mit der Inflation — verstärkt durch die vermehrte Nachfrage — in die Höhe gehen.

In den letzten Jahren versucht die südkoreanische Regierung, um die Bedeutung einheimischer Ersparnisse im Hinblick auf das erklärte Ziel der wirtschaftlichen Entwicklung wissend, das freiwillige Sparen intensiv zu fördern[42]. Um dadurch die Mittel für Investitionen bereitzustellen, muß das Sparaufkommen im Lande gesteigert werden, zumal der Rückgang der Kapitalimporte unumgänglich sein wird.

---

[39] Vgl. *Geis*, H. G.: Die entwicklungspolitische Wirksamkeit von Entwicklungsbanken, S. 179 f.

[40] Vgl. *Han*, K. C.: Die Ursache von Sparbehinderung unseres Landes, S. 206.

[41] Da die Aktien der Kreditinstitute in der überwiegenden Mehrheit der Regierung gehören, fügen sich die Anstalten dem oftmals ausgeübten politischen Druck und entsprechen in ihrem Verhalten widerstandslos den verwerflichen Zumutungen der Bürokratie. Vgl. hierzu *Song*, C. J.: Die Neugestaltung des Bankwesens, S. 26.

[42] Vgl. *Finanzministerium der südkoreanischen Regierung* (Hrsg.): Weißes Papier des Sparens (koreanisch), 1971, S. 272 ff.

So bilden derartige Bemühungen einen ersten Ansatz, einen Teil der Entwicklungsvorhaben zumindestens durch das einheimische Sparaufkommen zu bestreiten.

Zur Förderung des freiwilligen Sparens muß in erster Linie eine gegen Inflation gerechte Geld- und Kreditpolitik stehen. Das bedeutet, daß die seit längerem von der Regierung betriebene inflatorische Geldschöpfungspolitik aufgegeben werden muß.

Die Regierung bzw. die Zentralbank hat dafür Sorge zu tragen, daß die Sicherung und Wertbeständigkeit der Ersparnisse gewahrt werden, denn für den privaten Sparer, insbesondere den Kleinsparer, dürfte der Sparzinsertrag weniger wichtig sein[43] wie vielmehr die Erhaltung seines Sparkapitalwertes.

Die Währungsstabilität kann damit Voraussetzung für einen Übergang von dem traditionsgebundenen oft im gesamtwirtschaftlichen Sinne weniger produktiven Sachwertsparen zu einem reinen Geldwertsparen sein[44].

Das Niveau des freiwilligen Sparens muß vor allem über die reale Steigerung des Einkommens erhöht werden. Außerdem ist die Einstellung der Bevölkerung zum Sparen und Verbrauchen ausschlaggebend, weshalb sie zuerst von der Notwendigkeit des Sparens überzeugt werden muß und lernen soll, warum und wie sie sparen soll. Die Regierung und die Zentralbank müssen daher durch verstärkte Aufklärung und Werbung dahin wirken, daß die Einstellung der Bevölkerung und damit ihre Sparwilligkeit prinzipiell geändert werden[45]. Die im allgemeinen zur Förderung des freiwilligen Sparens angewandten Werbungsmethoden wie Umdrucke, Zeitung, Plakatierung, Rundfunk usw. können in Südkorea schon viel Erfolg versprechen, weil keine Analphabeten in der Bevölkerung vorhanden sind[46]. Zudem müssen die Regierung und die Zentralbank neben dem Ausbau der institutionellen Einrichtungen tatkräftig das Sparwesen durch Sparprämien, Steuerbegünstigungen usw. unterstützen. Allerdings stellt die Ausweitung der Institutionen, wie z. B. der Sparkassen, ein erhebliches Kosten- und Verwaltungsproblem dar[47].

---

[43] Zu diesem Problem erklärt *Schmölders*: „Der Kleinsparer spart nicht wegen des Zinses; der Zins tritt überhaupt erst dann in sein Gesichtsfeld, wenn sich seine Sparbeträge zu einer so beträchtlichen Summe akkumuliert haben, daß die Zinsbeträge ins Gewicht fallen". Hierzu *Schmölders*, G.: Der Umgang mit Geld im privaten Haushalt, Berlin 1969, S. 143.

[44] Vgl. *Hahn*, O.: Bankpolitik in Nepal II, in: Zeitschrift für das gesamte Kreditwesen, H. 3 (1966), S. 118.

[45] Vgl. *Kiani*, M.: Ansätze und Möglichkeiten der Geld- und Fiskalpolitik als Finanzierungsinstrumente einer gesamtwirtschaftlichen Entwicklungspolitik, dargestellt am Beispiel Persiens, S. 110.

[46] Der *Pearson*-Bericht, Anhang I, S. 155.

Um das Vertrauen der Sparer in die Geldinstitute zu vertiefen, ist es erforderlich, entsprechende Gesetze zur Sicherung und Geheimhaltung von Spargeldern zu erlassen.

Nur so kann die Forderung nach einer möglichst großen volkswirtschaftlichen Sparkapitalbildung durch das einheimische Bankensystem erfüllt werden.

2. Die traditionelle Spargemeinschaft „Kye" als Problem für die einheimische Sparkapitalbildung

Es ist in Südkorea eine allgemein bekannte Tatsache, daß die Bevölkerung ihr Geld gern bei ihren traditionellen privaten „Kye-Gemeinschaften" deponiert. Gerade diese „Kye-Gruppe", obwohl zahlenmäßig schwer erfaßbar, stellt neben der vorerwähnten Inflation im volkswirtschaftlichen Sparprozeß ein entscheidendes Problem dar.

Diese „Kye-Gemeinschaft", deren Anfang auf das ursprüngliche Gemeinschaftsleben des koreanischen Volkes zurückgeht, hatte ihre Blütezeit in der späten Yi-Dynastie (etwa Mitte des 19. Jh.)[48]. Sie kann als eine auf dem Freundschafts- und Gemeinschaftsprinzip beruhende wirtschaftliche Organisation angesehen werden.

Charakteristisch für die „Kye-Gemeinschaften" war, daß sie aufgrund der engen Kontakte innerhalb eines Freundes- oder Berufskreises aufgebaut und erhalten wurden[49]. Besonders aktiv sind heute derartige Zusammenschlüsse von den nachbarschaftlichen Hausfrauenkreisen.

Das Arbeitsprinzip der „Kye-Gemeinschaft" besteht darin, daß jedes Mitglied an den Versammlungstagen (im Regelfall einmal im Monat) beim „Kye-Leiter" einen bestimmten vereinbarten Ratenbetrag einzahlt und die eingezahlte Beitragssumme unmittelbar an ein Mitglied nach festgelegter Reihenfolge ausgezahlt wird[50].

---

[47] Vgl. *Said*, A. T.: Die Bedeutung des Bankensystems im wirtschaftlichen Wachstumsprozeß Syriens, S. 79.

[48] Es entstanden in dieser Zeit neben der Freundschaftskye zahllose Kaufmanns- und Handwerkerkye, die sich mehr und mehr nach einzelnen Berufen aufgliederten und die damit etwa mit der mittelalterlichen europäischen Gilde vergleichbar waren. Sie wurden häufig zur beruflichen sowie wirtschaftlichen Förderung und auch zum gegenseitigen Schutz der Mitglieder untereinander gebildet, die aber streng sittlich gebunden waren. Die „Kye-Gemeinschaften" hatten eigene Regeln des Rechts und der Pflichten (z. B. Geheimhaltung der „Kye-Mitgliedschaft" war und ist die Tugend der „Kye-Mannschaft") sowie auch eigene Rechnungsregeln für die „Kye-Geldwirtschaft" entwickelt, die nach Art, Zweck und Ort der „Kye" verschieden waren. Vgl. hierzu *Kim*, B. H.: Artikel „Kye" in: Das Große Wirtschaftslexikon (koreanisch), Seoul 1964, S. 143 f.

[49] Vgl. *Rhee*, P. W.: Die aktuelle Bedeutung von Friedrich List's Theorie der produktiven Kräfte für die Wachstums- und Entwicklungstheorie, S. 179.

Die Gründe für die Entstehung einer „Kye-Gemeinschaft" können auch heute noch sehr verschieden sein. Eine „Kye-Organisation" wird z. B. gebildet, um Geld zu einem rein freundschaftlichen Zweck der Mitglieder zu sammeln, d. h. zur Finanzierung gemeinsamer Unternehmungen dieses Freundeskreises (Freundschaftskye), um gemeinsam eine Reise zu machen (Reisekye) oder um Hochzeits- und Trauerfeierlichkeiten zu finanzieren (Zeremonienkye), um Schulgelder für die Kinder bezahlen zu können (Schulgeldkye), um Steuern zu bezahlen (Steuerkye), um Schmuck zu kaufen (Schmuckkye), um in der Landwirtschaft beispielsweise eine Kuh zu kaufen (Kuhkye) und nicht zuletzt, um einfach etwas Geld zu sparen[51].

So ist leicht zu verstehen, daß diese „Kye-Gemeinschaften" mit ihrer alten Tradition in der koreanischen Gesellschaft eine erhebliche soziale und wirtschaftliche Bedeutung erlangten und in starkem Maße die Einstellung der Bevölkerung zum Geldgeschäft[52] und damit auch zum Sparen und Verbrauchen geprägt haben.

Bei Geldangelegenheiten nehmen daher in Südkorea noch viele Haushalte, kleine und mittlere Händler, Handwerker, Selbständige sowie auch manche Gehaltsempfänger lieber Kontakte mit diesen traditionellen „Kye-Gemeinschaften" auf. Nach Schätzung von *Chang-Yol Lee* waren Ende 1962 ca. 48,2 % aller südkoreanischen Haushalte „Kye-Mitglieder"[53]. Im Gegensatz dazu stehen die Haushalte in Südkorea nur in geringem Umfang mit öffentlichen Kreditinstituten in geschäftlicher Verbindung[54].

Im Jahre 1960/61 besaßen dagegen in der Bundesrepublik Deutschland 48,6 % (68,4 % / 1969) der Gesamthaushalte ein normales Banksparbuch. In 17,6 % der Gesamthaushalte (27,9 % / 1969) gab es ein Postsparbuch, in 7,1 % (23,8 % / 1969) ein Prämiensparbuch[55]. Somit

[50] Diese Reihenfolge wird in der Regel durch das Los bestimmt. Die Gesamtsumme der Einzahlungen eines Mitgliedes entspricht dem entliehenen Betrag, der während einer „Kye-Periode" für ein Mitglied einmal entliehen wird. Es gibt aber auch unterschiedliche Einzahlungen je nach der Art und Methode der „Kye", die unter Berücksichtigung des entsprechenden „Kye-Zinssatzes" gestaffelt eingesetzt werden. Eine „Kye-Periode" ist beendet, wenn jedes Mitglied im Laufe dieses Zeitabschnittes einmal den entsprechenden Betrag erhalten hat.

[51] Vgl. *Lee*, C. Y.: Financing and Capital Formation, S. 152 ff.

[52] Vgl. *Rhee*, P. W.: Die aktuelle Bedeutung von Friedrich List's Theorie der produktiven Kräfte für die Wachstums- und Entwicklungstheorie, S. 180.

[53] Vgl. *Lee*, C. Y.: Artikel „Kye und Sparen unseres Landes" in: Bank von Korea (Hrsg.): Sparen und Wachstum (koreanisch), Seoul 1969, S. 265.

[54] Wieviel Prozent der Gesamthaushalte Südkoreas in der Tat mit dem „modernen Bankensystem" eine Geschäftsverbindung unterhalten, konnte vom Verfasser aus dem vorliegenden statistischen Material nicht nachgewiesen werden.

[55] Vgl. *Bosch*, H. D.: Zur Vermögenssituation der privaten Haushalte in der Bundesrepublik Deutschland, Teil II, Ein tabellarischer Vergleich für die

war schon im Jahre 1960/61 in jedem zweiten Haushalt in der Bundesrepublik Deutschland mindestens ein Sparbuch vorhanden. In Südkorea dagegen verkehrte zu diesem Zeitpunkt die Hälfte aller Haushalte mit der „Kye-Organisation".

Der Hauptgrund für dieses Gegensätzliche der südkoreanischen Haushalte ist in erster Linie in der Einstellung der Bevölkerung zu den Banken zu suchen. Dies muß man auch historisch verstehen, denn die südkoreanische Bevölkerung hat sich nie an den Umgang mit dem während der japanischen Kolonialzeit aufgrund japanischer Initiative errichteten Bankensystem gewöhnen können, da die Kreditgeschäfte der damaligen Banken nur mit wenigen Privilegierten, oft nur mit den japanischen Kaufleuten und Unternehmern, durchgeführt wurden[56].

Die unter politischer oder wirtschaftlicher Vormundschaft von Japan gegen Ende des 19. Jahrhunderts gegründeten modernen Bankinstitutionen waren nämlich von Anfang an für begrenzte Zwecke und auch nur für einen beschränkten Kundenkreis geschaffen worden[57].

Tatsächlich stehen die südkoreanischen Banken auch heute noch mit sehr begrenzten Teilen der Wirtschaft in engerem Kontakt; ihre Filialnetze sind unzureichend, sie können nur wenige Bankleistungen im städtischen Gebiet anbieten und arbeiten in der Regel selektiv.

Dies gilt nicht nur für die aus der japanischen Zeit stammenden Banken, sondern auch für die Banken, die nach der Unabhängigkeit entstanden sind; besonders bei einigen politisch privilegierten Großunternehmen ist diese Tendenz in den 50er Jahren unter dem Regime Syngman Rhees sichtbar gewesen[58].

Offensichtlich vertraut also die südkoreanische Bevölkerung aus diesem historischen Grunde mehr einer „Kye-Gemeinschaft", in der sie die für jeden erkennbaren gemeinnützigen Ziele zu erreichen sucht.

So ist es verständlich, weshalb heute in Südkorea ein beträchtlicher Teil der Geldmenge als Bargeld im Umlauf ist, wie aus Tabelle 50 ersichtlich ist.

Mit dem Erstarken des quasi modernen Gesellschaftssystems verlieren die „Kye-Gemeinschaften" aber ihre ursprüngliche Bedeutung aus früherer Zeit für wirtschaftskooperative und produktive Zwecke[59].

Jahre 1960/61 und 1969 aufgrund statistischer Erhebungen des Deutschen Sparkassen- und Giroverbandes, in: *Voigt*, F. (Hrsg.): Untersuchungen über das Spar-, Giro- und Kreditwesen, Bd. 60/II, Berlin 1971, S. 31 sowie S. 35, Tabellen: Haushalte nach ausgewählten Sparformen und Immobilienbesitz (Relativverteilung in den Jahren 1969 und 1960/61).

[56] Vgl. *Rhee*, P. W.: Die aktuelle Bedeutung von Friedrich List's Theorie der produktiven Kräfte für die wachstums- und Entwicklungstheorie, S. 181.

[57] Vgl. S. 37 ff. dieser Arbeit.

[58] Vgl. *Rhee*, P. W.: Die aktuelle Bedeutung von Friedrich List's Theorie der produktiven Kräfte für die Wachstums- und Entwicklungstheorie, S. 181.

Tabelle 50

Entwicklung der Geldmenge und des Bargeldumlaufes in den Händen des Publikums (in Mill. Won)

	1962	1963	1964	1965	1966
Geldmenge	40 816	41 355	48 580	64 699	84 179
Bargeldumlauf	18 002	18 250	24 896	31 617	42 882
	1967	**1968**	**1969**	**1970**	**1971**
Geldmenge	120 028	149 840	217 948	306 470	360 847
Bargeldumlauf	57 606	81 861	111 230	133 338	162 761

Quelle: Bank of Korea (Hrsg.): Economic Statistics Yearbook 1972, S. 94 und 95, Tabelle 27.

So hat sich bei den „Kye-Gemeinschaften" im Laufe der letzten Zeit, in der die südkoreanische Bevölkerung mit der ungewöhnlichen Nachkriegsinflation und dazu noch mit einer unsicheren Zukunftsvorstellung über das geteilte Korea lebte, eine starke innere Charakterwandlung vollzogen.

Die meisten „Kye-Gemeinschaften" werden heute zu einem rein konsumtiven Zweck gebildet. Dies beweist die von C. Y. *Lee* auf diesem Gebiet durchgeführte Untersuchung, bei der 15 000 ausgewählte „Kye-Haushalte"[60] im ganzen Lande Südkoreas befragt worden sind (vgl. Tabelle 51).

Außerdem sind „Kye-Gemeinschaften" häufig mit illegalen Geld- und Kapitalmarkt- sowie Immobilienspekulationsgeschäften verbunden.

Solange aber diese traditionelle „Kye-Organisation" mehr Vertrauen bei der Bevölkerung genießt als das öffentliche Bankensystem, kann von den Banken das vorhandene einheimische Sparpotential nicht in dem Maße zur gesamtwirtschaftlichen Entwicklung mobilisiert werden, wie es Südkorea nötig hat. Eine erfolgreiche Wirtschaftsentwicklung setzt, wie die europäische Wirtschaftsgeschichte gezeigt hat, eine positive Einstellung der Bevölkerung zum modernen Geld- und Kredit-

[59] Vgl. *Rhee*, P. W.: Die aktuelle Bedeutung von Friedrich List's Theorie der produktiven Kräfte für die Wachstums- und Entwicklungstheorie, S. 182.

[60] Die Auswahlkriterien für diese 15 000 Haushalte hat der Verfasser dieser Untersuchung nicht angegeben. Vgl. *Lee*, C. Y.: Financing and Capital Formation, S. 108 und S. 155.

system voraus. Man sollte daher durch geeignete Maßnahmen zunächst die Haltung der Bevölkerung allmählich zu dem öffentlichen Kreditsystem hin beeinflussen, wodurch die Verbindungen zu den „Kye-Institutionen" mit ihren in Bezug auf die Wirtschaftsentwicklung negativen Traditionen abgebaut werden könnten.

Wegen der tief verwurzelten Tradition wird dieser Prozeß des Umdenkens nur auf sehr lange Sicht und in mehreren kleinen Schritten zu verwirklichen sein.

Tabelle 51

Ausgabenzwecke der "Kye-Gelder" von 15 000 befragten Haushalten (in %)

Zwecke der ausgegebenen „Kye-Gelder"	Gegebene Antwort auf Fragebogen in %
Lebensunterhalt	13,9
Kosten für die Krankenpflege	1,1
Zeremonien für Hochzeits- und Trauerfeiern	9,4
Schulgeld für Kinder	18,4
Möbelkäufe	10,3
Wohnungskäufe	5,6
Finanzierung für eigene Unternehmen	12,1
Schuldenausgleich	11,6
Kreditvergabe a)	5,1
Zum Befragungszeitpunkt noch nicht ausgegebene „Kye-Gelder"	5,1
Ohne Antwort	7,4
Befragte „Kye-Haushalte" insgesamt	100

a) Als Kreditvergabe auf dem schwarzen Geldmarkt (Annahme des Verfassers).

Quelle: Lee, C. Y.: Financing and Capital Formation, S. 155, Tabelle III — 26 (diese Tabelle wurde vom Verfasser aus dem Koreanischen übersetzt und übernommen).

Anfänge sind in dieser Richtung schon erkennbar, denn wie aus einem Bericht[61] des Finanzministeriums über ähnliche Bürgerfinanzierungsunternehmen hervorgeht, sind seit 1967 in Südkorea 179 Mujingesellschaften[62] und 123 Bürgerkassen (18 von diesen 123 Bürgerkassen üben

[61] Vgl. *Finanzministerium südkoreanischer Regierung* (Hrsg.): Tatbestandsanalyse der ähnlichen Bürgerfinanzierungsunternehmen. Finanzforschungsmaterial Nr. 10 (Untersuchungsfrist vom 5. 2. 1972 bis 29. 2. 1972).

[62] Die Mujingesellschaften sind die aus der japanischen Tradition stammenden Finanzinstitute, die sehr ähnlich wie „Kye" arbeiten. Es gab während der japanischen Zeit und auch nach der Unabhängigkeit 1945 verschiedene

gleichzeitig auch die Mujingeschäfte aus) entstanden, die ähnliche Geld- und Kreditgeschäfte außerhalb des Bankensystems ausüben (Stand: Ende 1971). Diese Finanzierungsgesellschaften sind meistens in Form einer Aktiengesellschaft (62,9 %) errichtet[63], aber sie fallen nicht unter die gesetzlichen Bestimmungen für die allgemeinen Geschäftsbanken, sondern unter das Gesellschaftsrecht. Sie arbeiten alle auf der Grundlage der traditionellen „Kye-Gemeinschaft". Diese Gesellschaften entstehen in Südkorea dadurch, daß ihnen große Kapitalansammlungen durch die Verbindungen mit „Kye-Gemeinschaften" zur kreditmäßigen Verwendung zur Verfügung gestellt werden können.

Sie haben heute somit die zentrale Stellung im Bereich der privaten Finanzierungsgesellschaften inne, die nicht der zentralbankpolitischen Kontrolle unterliegt.

In der Regel wenden sich kleine Unternehmer an die Mujingesellschaften oder die Bürgerkassen, da sie weder emissionsfähig sind, noch bei den Banken Kredite erhalten können.

Diese Mujingesellschaften und Bürgerkassen ziehen das lukrativere kurzfristige Kreditgeschäft vor.

Es wäre sehr wünschenswert, wenn solche Geldsammelstellen außerhalb des Bankensystems entsprechenden Gesetzen unterworfen würden[64].

Für die ländlichen Gebiete ist es dringend erforderlich, ähnlich wie es Walter *Hesselbach* in anderem Zusammenhang vorschlägt, eine Möglichkeit zu suchen, auf der Basis der mit Tradition verbundenen „Kye-Gemeinschaften", z. B. nach dem Vorbild der deutschen Sparkassen, in jedem Ort Sparkassen einzurichten. Dies ist jedoch nur möglich, wenn der Bürger auf dem Land der Institution genügend Vertrauen entgegenbringen kann.

Das wäre der Fall, wenn den in jedem Ort bestehenden Verwaltungseinheiten eine Abteilung zur Tätigung von Spar- und Kreditgeschäften angegliedert würde. Dieser Vorschlag könnte deshalb Erfolg versprechen, weil die dörfliche Bevölkerung dem Gemeindevorsteher genausoviel Vertrauen schenkt, wie dem Leiter der „Kye-Gemeinschaften", wobei die Gemeinden die Sicherheit der dort deponierten Spargelder garantieren können.

Mujingesellschaften nach japanischem Muster, die im Jahre 1950 zunächst unter „Korea-Mujingesellschaft A. G." zusammengeschlossen und später im Jahre 1962 zu der koreanischen Volksbank umgewandelt wurden. Die 179 Mujingesellschaften sind alle seit 1967 neu gegründet. Vgl. hierzu S. 55 dieser Arbeit.

[63] Vgl. *Finanzministerium südkoreanischer Regierung* (Hrsg.): Tatbestandsanalyse der ähnlichen Bürgerfinanzierungsunternehmen, S. 23, Tabelle 2.

[64] Nach oben angegebenem Bericht des Finanzministeriums ist ein Gesetzentwurf im Jahre 1972 in Vorbereitung gewesen.

Die mit Bank- bzw. Spargeschäften befaßten Abteilungen der Verwaltungen könnten dann später, wenn die betreffenden Geschäfte sich ausgeweitet haben, ausgegliedert und zu eigenen Sparkassen rechtlich wie auch tatsächlich verselbständigt werden[65].

Die Einführung solcher lokalen Sparkassen muß vor allem von einer groß angelegten Aufklärungskampagne begleitet sein. Man muß nämlich in den entsprechenden Dörfern die Bauern und Fischer durch geeignete Vorträge oder Filme zum Sparen anregen. Die dabei geweckte Sparbereitschaft muß auf lokale Entwicklungsprojekte geleitet werden, damit den Sparern an Ort und Stelle vor Augen geführt wird, wie groß der darauf beruhende Erfolg für die betreffende Bevölkerung ist[66].

Dies wäre eine gute Grundlage für die schrittweise Entwicklung eines autonomen Sparkassensystems, und es könnte auf diese Weise mit Hilfe bereits vorhandener oder hierdurch zu schaffender Institutionen ein pluralistisches und dezentralisiertes Bankensystem entstehen, welches sich aus sich selbst heraus weiterentwickeln könnte.

B. Möglichkeiten und Grenzen einer Entwicklung der südkoreanischen Bankwirtschaft zur Beschleunigung des gesamtwirtschaftlichen Entwicklungsprozesses

I. Notwendigkeit der Förderung der Bankwirtschaft für die gesamtwirtschaftliche Entwicklung

Sowohl bei der Betrachtung der geschichtlichen Entwicklung als auch des gegenwärtigen Bildes des Bankensystems lassen sich verschiedenartige Erscheinungsformen feststellen, die genug Anregungen geben, über das Wesen der Bankwirtschaft Südkoreas prinzipiell nachzudenken. Dabei ist offensichtlich, daß das Problem der Aufbringung der notwendigen Mittel für die weitere Entwicklung der südkoreanischen Wirtschaft mit der Entwicklung der Bankwirtschaft selbst verbunden ist. Denn die Bankwirtschaft übernimmt gegenüber den übrigen Einzelwirtschaften innerhalb der gesamtwirtschaftlichen Entwicklung eine Rolle ähnlich dem Prinzip der kommunizierenden Röhren[67], d. h. die

[65] Vgl. *Hesselbach*, W.: Gemeinwirtschaftsbanken in Entwicklungsländern, Eine Modellstudie, in: Solidarität, Alfred Nau zum 65. Geburtstag, Bonn-Bad Godesberg 1971, S. 70 f. sowie ders.: Funktion und Aufbau eines Bankensystems in Entwicklungsländern, S. 13 f.

[66] Vgl. *Said*, A. T.: Die Bedeutung des Bankensystems im wirtschaftlichen Wachstumsprozeß Syriens, S. 80.

[67] Vgl. *Düvel*, C.: Wettbewerbsfragen im Bankgewerbe, in: Zeitschrift für das gesamte Kreditwesen, Jg. 16 (1963), H. 18, S. 10.

Bankwirtschaft verbindet, regelt und gestaltet die Wirtschaftseinheiten.

Da eine funktionierende Bankwirtschaft eine der fundamentalen Voraussetzungen für die notwendige Kapitalbildung in Südkorea und damit für die gesamtwirtschaftliche Entwicklung ist, soll das Bankensystem nach der Einlageseite und auch der Kreditseite hin so gut verästelt und als ganzes so integriert sein, daß es in engem Kontakt zu beiden Seiten auch kleine Summen sammeln und rentabel an die wichtigen Stellen der Gesamtwirtschaft leiten kann[68].

Damit soll zugleich vermieden werden, daß ein Unternehmen gezwungen ist, von der beherrschenden Bank Kredite zu ungünstigen Bedingungen aufzunehmen, statt günstige Angebote anderer Kreditinstitute auszunutzen[69].

Also wäre zur Herstellung verbesserter Verhältnisse zwischen der Bankwirtschaft und den sonstigen Wirtschaftseinheiten ein funktionierender Wettbewerb zwischen verschiedenen Spezialbanken einerseits und den allgemeinen Geschäftsbanken andererseits förderlich.

Dadurch soll sich die Möglichkeit ergeben, die Abhängigkeit eines Industrieunternehmens von einer bestimmten Bank zu lockern. Eine intensive staatliche Mitwirkung, bankwirtschaftliche Initiativen zu fördern, erscheint daher für die verfolgten Ziele im Rahmen der gesamtwirtschaftlichen Entwicklungspläne notwendig.

Die meisten Spezialbanken in Südkorea kranken — wie oben bereits erwähnt — beispielsweise daran, daß ihre Ziele zu hoch gesteckt sind und so bewußt oder unbewußt zu Kostenunterdeckung und Verlusten führen.

Da die Mittel und die personelle Verteilung nicht rationell sind, geht ihre Ausleihkapazität durch Substanzverzehr allmählich zurück, wie dies bei vielen staatlichen Kreditinstituten in Entwicklungsländern der Fall ist[70].

Ein Konsumverzicht der südkoreanischen Bevölkerung muß hierbei — wie schon oben dargestellt — mehr oder weniger für notwendig gehalten werden. Vornehmlich aber sollten die Anlagegewohnheiten der Bevölkerung geändert werden, um so die vorhandenen Ersparnisse in Form von Geldkapitalien möglichst schnell mobilisieren zu können[71].

---

[68] Vgl. *Geis*, H. G.: Die Geld- und Bankensysteme der Staaten Westafrikas, München 1967, S. 45.

[69] Vgl. *Vasos*, G.: Die Beziehungen zwischen Banken und Industrie in Griechenland, Diss. Freiburg 1968, S. 180.

[70] Vgl. *Geis*, H. G.: Die Geld- und Bankensysteme der Staaten Westafrikas, S. 49.

[71] Vgl. *Klein*, C.: Das zentralbankpolitische Instrumentarium der afrikanischen Entwicklungsländer im Commonwealth, Diss. Erlangen-Nürnberg 1970, S. 55.

Um dies ermöglichen zu können, müßte zunächst die Bankwirtschaft selbst stabiler bzw. rentabler arbeiten, damit sie dem Sparer ihre Dienste zu verbesserten Bedingungen anbieten kann.

Dazu die Impulse zu geben, ist die Aufgabe der staatlichen bzw. zentralbankpolitischen Förderung der Bankwirtschaft[72], wodurch allerdings vor allem nicht die Eigenständigkeit der Banken eingeschränkt werden darf.

Die Schwierigkeiten der bankwirtschaftlichen Förderung liegen in Südkorea in den großen Kreditrisiken und in den hohen Regiekosten der Bankwirtschaft, die allerdings durch die Unterhaltung der Bankstellennetze und auch durch das Vorherrschen von kleinen Einlagen und Krediten entstehen. Auch in der Zinsgestaltung bestehen große Differenzen zwischen dem privaten Geldmarkt und dem Bankensystem. In Südkorea ist es nicht möglich, daß sich die Banken, insbesondere die neu entstehenden Lokalbanken, bei der Vergabe von Krediten allein auf Depositen des Publikums stützen; sie sollten deshalb über ein hohes Eigenkapital verfügen[73].

So ist es dem südkoreanischen Bankensystem bisher nicht gelungen, eine genügend große Sparquote der Bevölkerung, insbesondere in ländlichen Gebieten, zu erreichen. Die Bevölkerung kann aber ihr Sparverhalten nicht ändern, wenn nicht genügend Institutionen vorhanden sind, die Spareinlagen entgegenzunehmen.

Dies wird erst möglich sein, wenn in diesen Gegenden entsprechende Sparinstitute, und zwar lokal- sowie traditionsgebundene Institute, errichtet werden, z. B. in Form von Sparkassen, die zunächst mit den lokalen Verwaltungseinheiten verbunden sein können[74], was jedoch ohne Unterstützung des Staates kaum möglich sein wird.

Die Bankwirtschaft sollte aufgrund ihrer zentralen Bedeutung für die wirtschaftliche Entwicklung einen stabilisierenden Faktor in der Gesamtwirtschaft darstellen; dies erfordert in einem Entwicklungsland wie Südkorea besonders in Anbetracht der ehrgeizigen Ziele der 5-Jahrespläne, daß die Bankwirtschaft selbst funktionstüchtig, d. h. selbst rentabler gestaltet wird[75].

Dies muß allerdings auf dem Wege der Stärkung innerer Reserven, der Rationalisierung, der Verbesserung und des Aufbaues von Dienstleistungen geschehen.

---

[72] Vgl. ebenda, S. 56.

[73] Vgl. *Hesselbach,* W.: Gemeinwirtschaftsbanken in Entwicklungsländern, S. 9.

[74] Vgl. S. 167 f. dieser Arbeit.

[75] Vgl. *Geis,* H. G.: Die entwicklungspolitische Wirksamkeit von Entwicklungsbanken, S. 193.

Gerade in der heutigen Zeit müssen die Banken bzw. die Bankwirtschaft in Südkorea mit verschiedenen Neuerungen aufwarten. So ist die südkoreanische Bankwirtschaft bewußt zu fördern, damit sie die immer höheren Ansprüche, die an sie hinsichtlich der gesamtwirtschaftlichen Entwicklung gestellt werden müssen, erfüllen kann.

Vor allem muß aber bei den Förderungsmaßnahmen der Regierung bzw. der Zentralbanken darauf geachtet werden, daß durch die Gewährung von staatlichen Hilfen und durch die damit verbundene starke Einflußnahme der Wille der Selbständigkeit weder unterdrückt noch geschwächt wird.

II. Probleme der Entwicklung der südkoreanischen Bankwirtschaft

1. Herstellung des Liberalisierungsprinzips als Problem der bankwirtschaftlichen Entwicklung

Wie bereits mehrfach erwähnt, beruht die südkoreanische Wirtschaftsentwicklungspolitik auf dem Prinzip der direkten und stark selektiven staatlichen Einzelsteuerung und negiert die Vorteile der mehr indirekten Lenkung[76].

Um die Bankwirtschaft zu reglementieren und den wirtschaftlichen und politischen Konzeptionen dienstbar zu machen, sind beispielsweise die meisten Banken in Südkorea staatlich oder haben eine Regierungsbeteiligung, die der Regierung starken Einfluß sowohl auf die Personal- als auch die Geschäftspolitik der Banken sichert[77].

Die Regierung bzw. Zentralbank läßt somit den Banken faktisch nur ein Minimum an Freiheit und reglementiert sämtliche bankwirtschaftlichen Geschäfte.

Die südkoreanische Zentralbank (Bank of Korea), die sehr von der Regierung abhängig ist[78], verfügt z. B. über eine Vielzahl von Instrumentarien, die aufgrund der großen Abhängigkeit der Banken von der Refinanzierung der Zentralbank ohnehin selektiv wirken[79].

Ein spezielles staatliches Lenkungsinstrument der Bankwirtschaft ist zudem das System des Darlehensprogramms, welches aus Regierungsmitteln mit starken Zinssubventionen hervorgeht[80]. Somit wird

---

[76] Vgl. *Geis*, H. G.: Die entwicklungspolitische Wirksamkeit von Entwicklungsbanken, S. 171.

[77] Vgl. ebenda, S. 181.

[78] Vgl. S. 58 ff. dieser Arbeit sowie auch ebenda, S. 181.

[79] Vgl. ebenda, S. 181.

[80] Vgl. ebenda, S. 181.

eine immer breitere Basis für die staatliche Reglementierung, Beaufsichtigung und Intervention in der Bankwirtschaft geschaffen, deren Auswirkung auf die Entwicklung der Bankwirtschaft ohnehin zu grundsätzlichen Bedenken Anlaß gibt.

Durch die wegen der Kreditselektion bzw. Zinsreglementierung eingeschränkte Konkurrenz unter den Banken wird jede Kreditentscheidung mit den Mängeln eines administrativen Monopols belastet.

Ein weiterer wirtschaftlicher Nachteil, der seine Ursache in der beispielsweise auf die Zinsreglementierung beruhenden eingeengten Konkurrenz hat, kommt darin zum Ausdruck, daß Gelder des Publikums in großem Ausmaß ohne Einschaltung des Bankensystems direkt von Betrieb zu Betrieb vermittelt werden[81].

Hinsichtlich der erforderlichen Sparkapitalbildung wäre es sehr wünschenswert, wenn solche Beträge in Form von Spar- und Termineinlagen bei den Banken angesammelt würden. Hierfür wäre die erste Voraussetzung vor allem, daß die Bankwirtschaft in der Anpassung ihrer Zinssätze an die jeweiligen Marktverhältnisse beweglicher wäre.

Das Problem der privaten Geldmakler konnte trotz der scharfen Maßnahmen vom 3. 8. 1972 nie ganz ausgeschaltet werden[82]; es könnte aber bei entsprechender freier Zinspolitik der Banken in Grenzen gehalten werden.

Die Bankwirtschaft soll auch eine Art Erwerbsunternehmen sein, das in eigenem Entscheidungs- und Verantwortungsbereich über die Ablehnung oder Bewilligung der Kredite im Rahmen der ihnen zur Verfügung stehenden Mittel zu entscheiden hat. Die Vorschriften über Zinsen müssen daher möglichst gelockert werden, d. h. der Zins muß allmählich aus dem Gebiet der behördlichen Anordnung herausgenommen und den Marktmechanismen ausgesetzt werden[83].

Den Banken ist wohl ein besseres Urteilsvermögen hinsichtlich des marktgerechten Zinses zuzutrauen als den Kontrollbehörden, die den Marktzinssatz für wirkungslos halten[84].

Diese Problematik wurde schließlich auch in Südkorea erkannt. Es sind nämlich eine Reihe von Maßnahmen zur Verbesserung des Bankensystems im Rahmen des dritten 5-Jahresplanes vorgesehen, und zwar besonders eine erneute Reform der Zinsstruktur, neue Spar- und Kapitalmarktförderungsmaßnahmen, die Verbesserung des Managements

---

[81] Vgl. *Mühlbauer*, M.: Der Wettbewerb zwischen den Sparkassen und den ländlichen Kreditgenossenschaften, Diss. Nürnberg 1963, S. 13.

[82] Vgl. Tageszeitung „The Hankook Ilbo" (koreanisch) vom 27. 3. 1974, S. 2 sowie vom 28. 5. 1974, S. 2 (Neue Erscheinung der privaten Kredite).

[83] Vgl. *Mühlbauer*, M.: Der Wettbewerb, S. 14.

[84] Vgl. *Mühlbauer*, M.: Der Wettbewerb, S. 14.

in den staatlichen Spezialbanken, soweit es die wirtschaftliche Situation erlaubt, auch die Reprivatisierung der allgemeinen Geschäftsbanken[85].

Da die Einflußmöglichkeiten der Regierung in Südkorea auf die Bankwirtschaft noch immer groß sind, kommt es prinzipiell nur auf die ernste Absicht der Regierung an, die erforderlichen Reformmaßnahmen tiefgreifend einzuleiten bzw. beschleunigt zu verwirklichen.

Es wäre zu wünschen, daß die Regierung zu einer liberalen Geld- und Kreditpolitik überginge und die Zentralbank ihre Bemühungen auf Herstellung einer Konkurrenz in der Bankwirtschaft ernsthaft intensivieren könnte, damit die geld- und kreditpolitische Autonomie der Bankwirtschaft hinreichend liberalisiert wird. Denn die freie Konkurrenz ist elementarer Grundsatz in der Marktwirtschaft[86]. Sie soll also auch in der Bankwirtschaft ihre marktwirtschaftliche Funktion erfüllen, indem sie die Banken zwingt, ihre Leistungsfähigkeit zu steigern[87].

Konkurrenzmäßiges Verhalten von Banken setzt nun genau wie bei anderen Wirtschaftszweigen einen hinreichenden Gestaltungsraum für eigene Initiative voraus und insoweit Unabhängigkeit gegenüber Lenkungsmaßnahmen der Behörden.

2. Verbesserung der kooperativen Beziehungen zwischen Banken und Industrieunternehmen zur Beschleunigung der industriellen Entwicklung

Die fortschreitende wirtschaftliche Entwicklung eines Landes kann zunächst nur dann möglich sein, wenn die Banken den finanziellen Erfordernissen der Industrieunternehmen entsprechen können. In Deutschland haben sich die Banken von Anfang an so mächtig entwickelt, daß sie z. B. durch ihre Fähigkeit zur Giralgeldschöpfung den Industrialisierungsprozeß mitformten und beschleunigten[88].

Die Banken können durch ihren Giralgeldschöpfungsprozeß eine erweiterte Investitionstätigkeit der Industrieunternehmen ermöglichen, was zu einer Erhöhung der kaufkräftigen Nachfrage und einer ständigen Lohnerhöhung führt und was sich schließlich in erhöhten Bankeinlagen niederschlägt. In diesem fortlaufenden Prozeß sollen die Banken und die Industrie miteinander und aneinander wachsen.

In Südkorea sind vor allem die Industrieunternehmen, wie bereits mehrfach erwähnt wurde, sehr auf eine Kapitalbeschaffung durch Bank-

---

[85] Vgl. *Geis*, H. G.: Die entwicklungspolitische Wirksamkeit von Entwicklungsbanken, S. 193 ff.

[86] Vgl. *Mühlbauer*, M.: Der Wettbewerb, S. 1.

[87] Vgl. ebenda, S. 121.

[88] Vgl. *Said*, A. T.: Die Bedeutung des Bankensystems im wirtschaftlichen Wachstumsprozeß Syriens, S. 96.

kredite angewiesen, um den technischen Erneuerungen folgen oder neue Anlagen für die Erweiterung der Kapazität sowie den Ausbau der Industrie finanzieren zu können.

Es gibt gewisse Gründe, weshalb die südkoreanischen Industrieunternehmen Bankkredite vorziehen, um die notwendigen Finanzierungsmittel zu beschaffen. Die Mehrzahl der Industrieunternehmen war und ist sehr klein und noch im Besitz von Familiengroßaktionären, die ihren Status als Unternehmer mit Alleinbestimmungsrecht rein äußerlich wahren wollen. Deshalb schreckt der Unternehmer gewöhnlich davor zurück, seiner Unternehmung Kapital von außen zuzuführen, um so eine offenkundige direkte Einflußnahme zu verhindern. Diese Tatsache führte dazu, daß sich die Unternehmer z. B. vor der Emission von Aktien scheuen, was die Vorliebe für Bankkredite erklärt.

So bleibt in Südkorea eine sehr hohe Nachfrage nach Bankkrediten permanent bestehen[89], wodurch die Industrieunternehmen bei den Banken übermäßig verschuldet werden, wie Tabelle 52 ersichtlich macht.

Eine übermäßige Verschuldung der Industrieunternehmen bei den Banken bringt aber nicht nur eine weitgehende Aufgabe ihrer Selbständigkeit mit sich, sondern verhindert auch, daß Banken und Industrieunternehmen als gleichgestellte selbsthandelnde Geschäftspartner harmonisch kooperieren und sie miteinander bzw. aneinander wachsen.

Der Kreditgewährung der Banken an die Industrieunternehmen schließt sich notwendigerweise die Kreditkontrolle und Kreditüberwachung an, wodurch eine Form der Abhängigkeit zwischen Banken und Industrieunternehmen entsteht.

So werden die Industrieunternehmen einer gewissen Einflußnahme von Seiten der kreditgebenden Banken nicht entgehen können[90]. Manchmal kommt es vor, daß sich die Banken das Recht vorbehalten, die kreditgeschäftlichen Beziehungen jederzeit nach freiem Ermessen aufzuheben, was ihnen die Möglichkeit gibt, die schuldnerischen Industrieunternehmen zu kontrollieren und bei wichtigen Entscheidungen mitzusprechen. Die unternehmerische Selbständigkeit wird dadurch erheblich eingeschränkt.

Geraten die Industrieunternehmen in vollkommene finanzielle Unselbständigkeit durch eine übermäßige Bankverschuldung, kann natürlich keine Beziehung von mit- bzw. aneinander wachsenden Partnern bestehen. Die Banken müssen nämlich bei zunehmender Verschuldung der Industrieunternehmen auch das Risiko von vornherein einkalkulieren; denn die durch übermäßige Bankkredite geschmälerte Eigenkapital-

---

[89] Vgl. S. 90 f. dieser Arbeit.

[90] Vgl. *Vasos*, G.: Die Beziehungen zwischen Banken und Industrie in Griechenland, S. 97.

Tabelle 52

Die Anteile der Finanzierungsmittel bei sämtlichen südkoreanischen gesellschaftsrechtlich gegründeten Unternehmen (in %)

	1963	1964	1965
Selbstfinanzierung	35,1	53,1	34,4
Bankkredite	14,8	11,3	36,5
Sonstige Kredite a)	4,2	0,3	1,8
Aktienemission	22,9	18,9	12,9
Grundkapital	1,0	3,1	0,5
Obligation	4,6	8,5	3,1
Verschuldung bei sonstigen Quellen b)	17,4	4,8	10,8

	1966	1967	1968
Selbstfinanzierung	25,2	21,3	19,5
Bankkredite	18,2	22,6	34,1
Sonstige Kredite a)	1,2	0,7	0,8
Aktienemission	9,6	5,4	8,3
Grundkapital	0,5	2,8	1,0
Obligation	7,3	11,5	3,7
Verschuldung bei sonstigen Quellen b)	38,0	33,0	32,6

a) Kredite außerhalb der Banken (Versicherungsgesellschaften, Mujingesellschaften usw.).

b) Warenkredite und Kredite aus dem schwarzen Geld- und Kapitalmarkt.

Quelle: Bank von Korea (Hrsg.): Artikel „Förderung des Kapitalmarktes und Sparen" in: Sparen und Wachstum (koreanisch), Seoul 1969, S. 215.

basis der Industrie garantiert nicht mehr die Sicherheit der gewährten Kredite.

Die Industrieunternehmen Südkoreas können also sowohl finanziell als auch unternehmenspolitisch streng von den Banken abhängig werden, die ihrerseits wiederum von der Regierung bevormundet werden[91].

Es ist eine feststehende Tatsache, daß die Banken in Sükorea der Gefahr der politischen Beeinflussung unterliegen und auch tatsächlich bereits für parteipolitische Zwecke benützt werden, indem die von den Bankkrediten stark abhängigen südkoreanischen Industrieunternehmen nach rein parteipolitischen Interessen behandelt werden.

---

[91] Vgl. S. 171 f. dieser Arbeit.

In der Erkenntnis der Bedeutung der Banken traten die Regierungen in manchen europäischen Industriestaaten zwar als Förderer aber nicht so sehr als Lenker des Bankwesens auf, so daß die Banken in relativ liberalem Konkurrenzkampf wachsen konnten.

In Südkorea nahm die Entwicklung des Bankwesens einen anderen Verlauf. Die Gesetze über das Bankwesen stellen beispielsweise mehr Zwangsvorschriften dar und lassen damit den Banken wenig Raum zur Entfaltung eines Eigenlebens, das erforderlich ist, um das Wachsen und Erstarken der Banken zu sichern.

Aufgrund bisheriger Erwägungen kommt man zu der Ansicht, daß sowohl die Regierung als auch die Banken die Industrieunternehmen in ihrem Fortbestand ideell und finanziell unterstützen sollten, wobei den Industrieunternehmen ihre unternehmerische Selbständigkeit erhalten bleiben muß; andernfalls werden die Beziehungen zwischen den Banken und Industrieunternehmen kaum als Faktor gesamtwirtschaftlicher Weiterentwicklung angesehen werden können.

Die Banken sollen in sich die Fähigkeit entwickeln, sich der Intensivierung der industriellen Leistungen anzupassen und den Industrieunternehmen Finanzierungsmöglichkeiten anzubieten. Um dies zu erreichen, müssen die Banken von sachfremden Einflüssen, nämlich der politischen Seite, freigehalten werden, um sich mehr und mehr um die industrielle Entwicklung auf der Basis einer engen Zusammenarbeit mit der Industrie zu kümmern.

Es soll also sichergestellt werden, daß der vorhandene Einfluß der Banken auf die Industrieunternehmen für die Beschleunigung der industriellen Entwicklung eingesetzt wird.

Es dürfte nicht bei der Kreditgewährung bleiben, vielmehr sollte sich der Krediteinräumung eine Beratung von Seiten der Banken anschließen. Die Banken sollten sich dabei bemühen, ihre Erfahrung, die sie durch ihre Beziehungen zu Industrieunternehmen zu sammeln in der Lage sind, zur Verfügung zu stellen.

Um solche harmonischen Beziehungen zwischen Banken und Industrieunternehmen herzustellen, wird sowohl eine geschulte Unternehmensführung der Industrie notwendig sein, deren finanzielle Überlegungen von einer ideellen Konzeption ausgehen, als auch eine realistische Industriefinanzierungspolitik der Banken, die fähig ist, als Versorgungspartner der Industrie den ganzen Produktionsvorgang zu überblicken[92].

Oben wurde bereits dargestellt, daß bei südkoreanischen Industrieunternehmen eine große Vorliebe für die Bankverschuldung besteht

[92] Vgl. *Vasos*, G.: Die Beziehungen zwischen Banken und Industrie in Griechenland, S. 81.

und so mit dem Anwachsen der finanziellen Abhängigkeit verständlicherweise die Grundlage des Eigenkapitals der Industrieunternehmen immer mehr geschmälert wird, was zuletzt im Interesse der kreditgebenden Banken liegt.

Falls durch das Eigenkapital nicht die Sicherheit der von der Bank vermittelten Kredite garantiert werden kann, ist die Einstellung der weiteren Kreditgewährung nicht nur für die kreditnehmenden Industrieunternehmen verhängnisvoll, sondern bedeutet für die Bank auch Verluste[93].

Unter solchen Umständen sollen die direkten Wege der Industriefinanzierung, nämlich die Emission von Industrieobligationen und Aktien beschritten werden, wobei die Banken als ein notwendiges komplementäres Finanzierungsinstrument zu betrachten sind.

Die Banken sind berechtigt, die Emissionen von Wertpapieren zu übernehmen, weshalb sie sich bemühen müssen, die kapitalsuchenden Unternehmen zur Emission von Aktien bzw. Obligationen anzuregen.

Es läge sowohl im Interesse der kreditnehmenden Unternehmen als auch der Banken, günstige Bedingungen für die jeweils nötige Kapitalmittelaufbringung durch Aktien oder Industrieobligationen zu beschaffen. Dies kann aber nur dann Erfolg versprechen, wenn eine solide Basis für die Industrieunternehmen als auch für die Banken geschaffen wird.

Die Aufgabe der Zusammenarbeit zwischen Banken und Industrieunternehmen sollte es ferner sein, kleine und mittlere Unternehmen zum Zusammenschluß und zur Einführung rationeller Arbeitsverfahren anzuregen, auf diese Weise die Konkurrenzfähigkeit der südkoreanischen Industrieunternehmen im Rahmen der Weltmärkte zu heben und somit die wirtschaftliche Entwicklung zu sichern.

Die wirtschaftliche Entwicklung eines Entwicklungslandes wie Südkorea macht nun die Mobilisierung aller möglichen Ressourcen notwendig, zu der alle Institutionen herangezogen werden müssen[94]; unter ihnen hat ein funktionsfähiger Kapitalmarkt als eine der wichtigsten Finanzinstitutionen neben dem Bankensystem einen besonderen Platz einzunehmen.

Tatsächlich ist die Bildung eines funktionsfähigen Kapitalmarktes, der den Anforderungen der Industrie in finanzieller Hinsicht gerecht wird, eine Voraussetzung für das Überleben der südkoreanischen Industrie und damit für die gesamtwirtschaftliche Entwicklung.

---

[93] Vgl. *Vasos*, G.: Die Beziehungen zwischen Banken und Industrie in Griechenland, S. 81 f.

[94] Vgl. *Said*, A. T.: Die Bedeutung des Bankensystems im wirtschaftlichen Wachstumsprozeß Syriens, S. 97.

3. Möglichkeiten zur Förderung der kooperativen Beziehungen zwischen dem Bankensystem und dem primären Wirtschaftssektor

Für den primären Wirtschaftssektor gilt in entsprechender Weise das, was im vorangegangenen Abschnitt von der industriellen Entwicklung gesagt wurde. Vor allem muß es zu einer engeren Kooperation zwischen den betroffenen Stellen kommen, wozu jedoch einige Bedingungen zu erfüllen bzw. Hindernisse aus dem Wege zu räumen sind.

Das reale Pro-Kopf-Einkommen der Bevölkerung im primären Wirtschaftssektor bedarf einer beschleunigten Steigerung. Daneben ist eine fortgesetzte Verbesserung der Einstellung der Bauern und Fischer zum Sparen erforderlich, da der außerordentliche Kreditbedarf im primären Wirtschaftssektor immer noch auf ein geringes Kredit- bzw. Kapitalangebot stößt[95]. Im ganzen gesehen hängt jedoch die Beschleunigung und Verwirklichung des Rationalisierungs- und Strukturverbesserungsplanes auf dem primären Gebiet entscheidend davon ab, wie das erforderliche Kapital durch eine günstige Entwicklung des Kontensparens der ländlichen Kreditinstitute aufgebracht wird.

Außer den materiellen Möglichkeiten fehlen aber diesem primären Bereich auch noch die institutionellen Voraussetzungen für die Spartätigkeit und -kapitalbildung.

Die allgemeinen Geschäftsbanken sind, wie oben mehrfach erwähnt, an diesem primären Wirtschaftssektor sehr wenig interessiert, da er nur geringe Erträge abwirft. Daher wurden speziell für diesen Bereich Genossenschaften eingerichtet. Die Genossenschaften sind aber, da sie noch nicht weit genug entwickelt sind, bisher nicht in der Lage, die erforderlichen Bedürfnisse des primären Wirtschaftsbereiches zu befriedigen.

Selbst dort, wo die Spartätigkeit und Geldkapitalbildung aus materiellen Gründen möglich wären, besteht heute noch oft Mangel an den entsprechenden Institutionen. Damit die freiwerdenden Gelder Bankkonten zugeführt werden können, müßten zunächst das Bankensystem und das Filialsystem der ländlichen Genossenschaftsinstitute ausgebaut werden.

Infolgedessen sind funktionsfähige Genossenschaftsnetze von großer Bedeutung[96], um die Bauern und Fischer zum Sparen zu führen. Sie sollen nämlich auch die aus den ländlichen bzw. dorfgesellschaftlichen Gegebenheiten entstehenden Probleme lösen können.

---

[95] Vgl. S. 146 ff. dieser Arbeit.

[96] Die vorhandenen Dorfgenossenschaften (Ri/Donggenossenschaften) der Landwirtschaften und Fischer sind bisher gar nicht in das Spar- und Kreditsystem einbezogen worden. Hierzu S. 83 dieser Arbeit sowie *Geis*, H. G.: Die entwicklungspolitische Wirksamkeit von Entwicklungsbanken, S. 181.

Daher muß ein Agrar- und Fischereikreditinstitut eine möglichst dezentralisierte Organisation entwickeln, um die Distanz zu den räumlich verstreuten Sparern bzw. Kreditnehmern zu überbrücken und damit die Kreditkontrolle und die Beratung in den kreditbedürftigen Dorfschaften sowie die Sparförderung zu ermöglichen[97].

Es ist jedoch zu hoffen, daß den Genossenschaften der Landwirtschaft und Fischerei als der einzigen spezialisierten Kreditinstitutsgruppe im Rahmen des gesamten Bankensystems des primären Wirtschaftssektors die Notwendigkeit und Dringlichkeit einer Regulierung des Agrar- und Fischereikreditsystems noch bewußter werden und daß Mittel und Wege einer wirksamen Realisierung der ländlichen Kreditgewährung gefunden werden.

Die Regulierung des Kreditsystems in diesem Gebiet ist nicht weniger wichtig als die oben dargestellte Hergabe von Industriekrediten, denn die beabsichtigten Investitionen sind zum Ausbau der Produktion im primären Sektor genau so dringlich wie im industriellen.

Um eine entwicklungsfördernde Kreditpolitik betreiben zu können, wäre es außerdem wünschenswert, daß die Genossenschaften der Land- und Fischereiwirtschaft bei der Gewährung von Agrar- und Fischereikrediten schriftliche Aufzeichnungen des Landwirtes bzw. der Fischer zur Voraussetzung machten.

Nur aus einer Buchführung oder wenigstens aus der regelmäßigen Aufstellung eines Vermögensstatus werden sich die Landwirte und Fischer über ihre finanzielle Lage informieren und feststellen können, ob sie mit oder ohne Erfolg arbeiten. Sie sollen vor allem wissen, ob sich eine zinsungünstige Privatkreditaufnahme überhaupt lohnt. Bei der Schaffung dieser Voraussetzung sollen die Genossenschaften dem Bauern und Fischer, insbesondere dem Kleinunternehmen im ländlichen Gebiet, beratend zur Seite stehen. So müssen die Landwirte und Fischer mit der Zeit zu Partnern der organisierten Kreditgeber, der Genossenschaften, werden.

Dies setzt jedoch voraus, daß sich die Kenntnisse des Landwirtes und Fischers vom Kredit und seinem Gebrauch verbessern und sie zu einer aussagefähigen Buchführung für ihre Betriebs- bzw. Wirtschaftseinheit kommen.

Es sollte ferner gefordert werden, daß die Kreditinstitute die Kreditvergabe an den primären Sektor mehr und mehr auf die nachhaltige Ertragskraft der Bauern- bzw. Fischereieinheit abstellen.

---

[97] Vgl. *Geis*, H. G.: Die Geld- und Banksysteme der Staaten Westafrikas, S. 356.

Damit soll in Zukunft bei der Kreditgewährung in diesem primären Gebiet auf sachliche Sicherheiten verzichtet werden können, insbesondere bei lang- und mittelfristigem Kredit.

Diese Rechnungsführung ist außerdem für die Bauern selbst notwendig, weil sie so die Entwicklung ihrer finanziellen Lage beobachten können.

C. Möglichkeiten und Grenzen der Kapitalmarktentwicklung durch das Bankensystem zur Förderung der gesamtwirtschaftlichen Entwicklung

Der durch das Thema dieser Untersuchung aufgezeigte Rahmen muß bewußt so weit gefaßt werden, weil auf eine Darstellung der Entwicklungsmöglichkeit und Problematik des südkoreanischen Kapitalmarktes wegen seiner Bedeutung für die gesamtwirtschaftliche Entwicklung sowie für die Entwicklung des Bankensystems selbst nicht verzichtet werden kann.

Es erwies sich daher als zweckmäßig zu versuchen, in dem gesteckten Rahmen Schwerpunkte hinsichtlich der Aufgabe des einheimischen Bankensystems für die Entwicklung des Kapitalmarktes zu bilden.

Der Begriff des Kapitalmarktes in dieser Untersuchung soll im engeren Sinne verstanden werden, indem der Kapitalmarkt als Synonym für den Wertpapiermarkt verwendet wird[98].

I. Die Notwendigkeit der Förderung eines funktionsfähigen Kapitalmarktes für die gesamtwirtschaftliche Entwicklung

Bei der gegebenen Wirtschaftsstruktur in Südkorea bedarf es in den kommenden Jahren eines enorm steigenden Investitionsvolumens der Industrieunternehmen, wenn weiterhin eine befriedigende Wirtschaftsentwicklung im Rahmen des 5-Jahresplanes realisiert werden soll.

Die Aufbringung der hierfür erforderlichen Finanzierungsmittel ist, wie die bisherige Untersuchung gezeigt hat, ein zentrales Problem der Zukunft südkoreanischer Wirtschaft, bei dessen Lösung dem Bankensystem und dem Kapitalmarkt in gleicher Weise Aufgaben zufallen.

Die südkoreanischen Banken, insbesondere die staatlichen Spezialkreditinstitute, deren Ausleihekapazität allmählich durch Substanzver-

---

[98] Vgl. *Bröker*, G.: Stichwort „Kapitalmarkt“ in: Enzyklopädisches Lexikon für Geld-, Bank- und Börsenwesen, 3. Aufl., Frankfurt a. M. 1967/68, S. 942.

zehr zurückgeht[99], können auf lange Sicht nicht allein die Hauptfinanzierungsquelle der wirtschaftlichen Entwicklung sein. Diese Bedenken gegenüber der notwendigen Sparkapitalbildung durch das einheimische Bankensystem könnten nur dann gemildert werden, wenn der Kapitalmarkt in entsprechendem Maße entwickelt wird.

Die Förderung des einheimischen Kapitalmarktes muß daher notwendigerweise mit der Pflege des Bankensystems parallel laufen, wenn die weitere Möglichkeit nicht ausgeschlossen werden soll, langfristige Mittel zur Investitionsfinanzierung zu mobilisieren.

Die südkoreanischen Industrieunternehmen werden künftig zur Realisierung ihrer Investitionsprojekte in noch stärkerem Maße auf Außenfinanzierung angewiesen sein. Das heißt, daß im Industriebereich weiterhin das Schwergewicht der Investitionsfinanzierung bei der Aufnahme von mittel- und langfristigen Bankkrediten liegen wird.

Was die bankwirtschaftlichen Anforderungen am südkoreanischen Kapitalmarkt anbelangt, wird man in kommenden Jahren von einer forcierten Steigerung der Mittelbedürfnisse der Banken, insbesondere der staatlichen Spezialbanken, die bisher stark von Regierungs- und Auslandsmitteln abhängig waren, ausgehen müssen. Sie werden in Zukunft zur Beschaffung ihrer Mittel für langfristige Investitionskredite auf den Kapitalmarkt angewiesen sein. So müssen sowohl die Industrieunternehmen als auch die Banken selbst an den Kapitalmarkt herangeführt werden. Dies erfordert zugleich, daß die gesetzliche und institutionelle Basis des südkoreanischen Kapitalmarktes diesen Anforderungen, die sich aus der Fortentwicklung der südkoreanischen Gesamtwirtschaft ergeben, angepaßt werden muß.

Damit sollte es ein dringendes Anliegen des südkoreanischen Kapitalmarktes sein, breite Bevölkerungsschichten zu beteiligen, d. h. solche Kreise an der Kapitalaufbringung für die gesamtwirtschaftliche Entwicklung zu interessieren, die diesem Gedanken bisher traditionell fernstanden. Der Kapitalmarkt soll eben darauf spezialisiert sein, den besonderen Bedarf bestimmter Kapitalnachfrager zu befriedigen.

So dient beispielsweise der Markt für Aktien und Industrieobligationen der Befriedigung des langfristigen Kapitalbedarfes der emissionsfähigen Industrieunternehmen, während der Markt für Staatspapiere der Befriedigung des staatlichen Bedarfes an langfristigen Schuldeinnahmen dient[100], was an die Stelle der von der Regierung veranlaßten Zentralbankgeldschöpfung, die die inflatorische Entwicklung verstärkt, treten sollte.

---

[99] Vgl. S. 169 dieser Arbeit.

[100] Vgl. *Gamerdinger*, D.: Der Kapitalmarkt in der Bundesrepublik und die Voraussetzungen seiner Funktionsfähigkeit, Diss. Tübingen 1959, S. 17.

Der Kapitalmarkt ist im allgemeinen in der Lage, durch das Zusammenschließen kleiner Beträge die Bildung von großen Kapitalien[101] und damit die Gründung neuer oder die Erweiterung bestehender Industrieunternehmen zu ermöglichen, wenn sie entsprechende Ertragserwartungen rechtfertigen[102]. In der marktwirtschaftlichen Entwicklung ist der Zutritt neuer Unternehmen als Preis- und Marktregulator erforderlich[103].

Auf dem Kapitalmakt für industrielle Wertpapiere könnten die kurzfristig gewährten Vorfinanzierungskredite in ein langfristiges Eigensowie Fremdkapital verwandelt werden. Also übt ein funktionsfähiger Kapitalmarkt auch eine spezielle Konsolidierungsfunktion aus[104].

Ferner bildet sich auf dem Kapitalmarkt durch den Ausgleich von Angebot und Nachfrage ein Zins, der als Leitlinie für das Zinsgefüge der gesamten Volkswirtschaft dient[105].

Der Kapitalmarkt hat auch eine weitere wichtige Aufgabe, nämlich die Kapitalmittel dorthin zu lenken, wo die Produktivität am größten ist. Da die Kapitalnachfrage, wenn sie zum Zuge kommen soll, sich den Bedingungen des Marktes unterwerfen und auch die Kontrolle dieses Marktes passieren muß, wird das beim Kapitalmarkt gesammelte Geldkapital in produktive Bahnen geleitet und die Finanzierung unrentabler Investitionen weitgehend ausgeschlossen[106]. Dieser Prozeß bewirkt auch eine beschleunigte Steigerung der gesamtwirtschaftlichen Produktivität[107].

Außerdem ist die sozialpolitische Bedeutung, die dem Kapitalmarkt im Rahmen der gesamtwirtschaftlichen Entwicklung zukommen wird, außerordentlich groß. Die soziale Schichtung der Ersparnisbildung bildet die Basis „für die künftige Struktur der Volkswirtschaft, für den Anteil, den der einzelne materiell und ideell an ihren Gestaltungsmöglichkeiten nehmen kann; und weitgehend wird hieraus auch die seelische Einstellung der beteiligten Menschen mitgeformt“[108].

---

[101] Vgl. *Aksu*, Y. Z.: Die Entwicklungsmöglichkeiten der türkischen Finanzmärkte, Diss. Nürnberg 1971, S. 26.

[102] Vgl. *Schmölders*, G. und *Rittershausen*, H.: Moderne Investitionsfinanzierung, Essen 1959, S. 26.

[103] Vgl. ebenda, S. 26.

[104] Vgl. *Aksu*, Y. Z.: Die Entwicklungsmöglichkeiten der türkischen Finanzmärkte, S. 24.

[105] Vgl. *Brahms*, J.: Die Kapitalmarktentwicklung in der Bundesrepublik Deutschland und ihr Einfluß auf die Finanzierung der Unternehmungen, Diss. Münster 1969, S. 18.

[106] Vgl. ebenda, S. 18.

[107] Vgl. *Aksu*, Y. Z.: Die Entwicklungsmöglichkeiten der türkischen Finanzmärkte, S. 27.

[108] *Voigt*, F.: Der volkswirtschaftliche Sparprozeß, S. 436.

Ein funktionsfähiger Kapitalmarkt kann möglicherweise allen sozialen Einkommens- und Vermögensschichten zugleich die Möglichkeit und das Reizmittel zur Vermögensbildung bieten[109].

Die übermäßige Bankkreditfinanzierung der südkoreanischen Industrieunternehmen[110] in der inflatorischen Entwicklung sowie auch die Selbstfinanzierung der Unternehmen[111] führen zu einer sozialpolitisch ungesunden Vermögensakkumulation[112].

Den Unternehmern, die Eigentümer der Produktionsmittel sind, wachsen durch diese Finanzierungsart weitere Vermögen zu; bei diesem ständigen Prozeß würden die Reichen immer reicher. Auf lange Sicht werden dadurch soziale Unruhen und Spannungen nicht vermeidbar sein[113].

Die breite Streuung des volkswirtschaftlichen Vermögens ist somit für die Weiterentwicklung der südkoreanischen Volkswirtschaft sehr von Bedeutung, was am einfachsten durch die Förderung der Kapitalbildung der Haushalte und die Ermöglichung des Zugangs zum Kapitalmarkt erreicht werden könnte[114].

Eine verstärkte Investitionsfinanzierung über den Kapitalmarkt auf Kosten der Selbstfinanzierung bzw. der Bankkredite ist gleichbedeutend mit einer tendenziellen Verbesserung der Rentabilität der industriellen Investitionen und damit der Entwicklung der Gesamtwirtschaft.

Eine so motivierte Förderung zur Entwicklung des Kapitalmarktes wird das Interesse aller an der gesamtwirtschaftlichen Entwicklung Beteiligten finden.

Die Entwicklung eines funktionsfähigen Kapitalmarktes liegt ferner im eigenen Interesse des Bankensystems als Kapitalsammelstelle, wenn es für möglichst große Sicherheit und Rentabilität des ihm anvertrauten Geldkapitals sorgt[115].

---

[109] Vgl. *Gamerdinger*, D.: Der Kapitalmarkt, S. 18.

[110] Vgl. S. 157 ff. dieser Arbeit.

[111] Die Mittel für die Selbstfinanzierung der Unternehmen ergeben sich aus den Gewinnen, die nur über den Preis, nämlich auf Kosten der Verbraucher erfolgen müssen; hierzu vgl. *Blessing*, K., Kapitalmarktfragen, in: Die Aktiengesellschaft, Zeitschrift für das gesamte Aktienwesen, Jg. 2 (1957), H. 11, S. 242.

[112] Vgl. *Jenkis*, H. W.: Funktionsfähiger Kapitalmarkt, Voraussetzung für eine freie und wachsende Wirtschaft, Zum 20jährigen Bestehen der Zeitschrift „Der langfristige Kredit" in: Der langfristige Kredit, Jg. 21 (1970), H. 19, S. 562.

[113] Vgl. *Aksu*, Y. Z.: Die Entwicklungsmöglichkeiten der türkischen Finanzmärkte, S. 28.

[114] Vgl. ebenda, S. 28.

[115] Vgl. *Gamerdinger*, D.: Der Kapitalmarkt, S. 17.

II. Die Lage des südkoreanischen Kapitalmarktes und die Aufgabe des Bankensystems für seine Entwicklung

1. Die Lage des südkoreanischen Kapitalmarktes

Der südkoreanische Kapitalmarkt — verstanden als Wertpapiermarkt — ist im Vergleich zu europäischen Ländern und auch zum einheimischen Bankensystem in Bezug auf seine Institutionen, Instrumente sowie sein Geschäftsvolumen sehr unterentwickelt[116].

Die erste Wertpapierbörse in Korea wurde im Jahre 1919 unter japanischer Herrschaft in Seoul gegründet[117], welche aber nach mehreren Wandlungen im Jahre 1946 aufgelöst wurde[118].

Der neue Anstoß zur Errichtung einer südkoreanischen Wertpapierbörse erfolgte dann im Jahre 1956 und führte zur Gründung der „Stock Exchance of Korea“[119].

Sie bildet jedoch noch keinen funktionsfähigen Kapitalmarkt und damit keine richtige Kapitalsammelstelle für die privaten Ersparnisse, die zur Investitionsfinanzierung geleitet werden könnten.

Aufgrund des niedrigen Einkommensniveaus ist die volkswirtschaftliche Sparkapitalbildung relativ gering. Wie bereits erwähnt, kommt noch hinzu, daß die Kapitalbildung in Sachwerten einen großen Teil der Ersparnisbildung beansprucht. Wegen der ungewöhnlich hohen Zinssätze und der traditionsbedingten Bequemlichkeit deponiert die Bevölkerung ihr Spargeld gern bei der „Kye-Gemeinschaft“[120]. Somit ist die Gewöhnung an Wertpapieranlagen bei privaten Sparern sehr gering, zumal die Wertpapierhaltung im Vergleich zu anderen Anlagen, zum Beispiel Immobilien bzw. private Kreditgewährung, ertragsmäßig nicht so attraktiv ist.

Die ländliche Bevölkerung hat noch keinen Zugang zum Wertpapiermarkt und keine Chance für die Beschaffung von Wertpapieren, denn

---

116 Vgl. *Geis*, H. G.: Die entwicklungspolitische Wirksamkeit von Entwicklungsbanken, S. 18 sowie *Lee*, S. Y.: Neue Geld- und Finanzierungstheorie, 4. Aufl., Seoul 1971, S. 349.

117 Dieser Gründung ging auch eine Vereinigung der Wertpapier- und Warenhändler voraus, deren Beginn auf den im Jahre 1911 entstandenen Aktien- und Warenhändlerverein zurückzuführen war; hierzu vgl. *Koreanische Wertpapierbörse* (Hrsg.): Die 10jährige Geschichte der Koreanischen Wertpapierbörse, Nebenheft (koreanisch), Seoul 1970, S. 21.

118 Vgl. *Koreanischer wirtschaftlicher Entwicklungsverband* e. V. (Hrsg.): Bericht über Probleme der Kapitalmarktförderung (koreanisch), Seoul 1969, S. 154.

119 Vgl. *Geis*, H. G.: Die entwicklungspolitische Wirksamkeit von Entwicklungsbanken, S. 186 sowie *Koreanische Wertpapierbörse* (Hrsg.): Die 10jährige Geschichte der Koreanischen Wertpapierbörse, S. 33.

120 Vgl. S. 162 ff. dieser Arbeit.

es fehlt an entsprechenden Institutionen des Kapitalmarktes. Ohne Zweifel kann außerdem das Fehlen eines weitverzweigten ländlichen Filialnetzes des Bankensystems eine weitere Begründung für die Zurückhaltung gegenüber dem Wertpapiersparen sein. So herrscht wegen der Kommunikationslücke Unwissenheit über die Existenz des Wertpapiersparens.

Diese Tatsachen führen dazu, daß nur ein ganz kleiner Teil der Gesamtersparnisse am Wertpapiermarkt angeboten wird, so daß der absolute Umfang der Wertpapiergeschäfte nur gering ist.

Die Zahl der in Form einer Aktiengesellschaft gegründeten Industrieunternehmen ist in den letzten Jahren mit der wachsenden Wirtschaft sehr gestiegen. Aber meistens sind sie nur der Rechtsform nach Aktiengesellschaften, deren Aktien häufig entweder in den Händen einer Person oder einer Familie liegen. Ihre Anteile werden trotz eines hohen Bedarfs an Kapital zu wenig an der Wertpapierbörse gehandelt. So besteht bei den Industriegesellschaften, die von ihrer Größe und Bonität her emissionsfähig wären, nur eine ganz geringe Neigung zu einer breiteren Aktienemission beim Publikum und zu einer entsprechenden öffentlichen Rechnungslegung und Publizität[121].

Von den über 600 der in Form einer Aktiengesellschaft errichteten Unternehmen mit einem Kapital von über 50 Mill. Won waren Ende 1970 nur etwa 48 im Wertpapiermarkt börsenmäßig notiert[122], wovon jedoch nur ca. 16 aktiv gehandelt wurden[123]. Viele börsenmäßige Notierungen werden zum Zwecke der Steuerersparnis vorgenommen.

Die Regierung emittiert ihre Anleihen, die z. T. zwangsweise von den Banken gekauft werden müssen. Die Staatsanleihen sind im Jahre 1970 zu über 80 % von Banken und etwa 20 % von Versicherungen übernommen worden.

Generell halten sich die Geschäftsbanken weitgehend vom Wertpapiergeschäft zurück, während sie die kurzfristigen lukrativen Geschäfte vorziehen. Der Erwerb von privaten Aktien durch die Geschäftsbanken ist nur in kleinem Umfang erlaubt. So zeigen sich die Banken weder an der Emission der neuen Aktien noch an der Stabilität der Aktienkurse interessiert, was eine echte Zusammenarbeit zwischen Banken und Industrieunternehmen hemmt. Dies zeigt sich auch daran,

---

[121] Vgl. S. 173 f. dieser Arbeit.

[122] Vgl. *Korea Stock-Exchange* (Hrsg.): Stock (koreanisch), H. 3, 1971, Tabellenseite 8.

[123] Von den insgesamt börsenmäßig notierten Aktien waren im Jahre 1970 über ein Drittel im Besitz von staatlichen Regieunternehmen und etwa 25 % bei Banken und Versicherungen. Der Anteil der privaten Unternehmen an den gesamten Aktiennotierungen betrug etwa 37 %.

daß die allgemeinen Geschäftsbanken erst seit dem Jahre 1971 Wertpapierabteilungen haben.

Die Korea Securities Financing Company wurde erstmals 1956 mit der Koreanischen Wertpapierbörse in Seoul als Garantie- und Finanzierungsinstitut mit einem Grundkapital in Höhe von 300 Mill. Won gegründet[124]; sie wurde jedoch im Anschluß an einen Börsenkrach im Jahre 1962 illiquide[125].

Die Gründung der Korea Development Finance Corporation (KDFC) im Jahre 1967 sowie das 1968 erlassene Kapitalmarkt-Förderungsgesetz, wonach auch die Korea Investment Development Corporation (KIDC) sowie als Tochtergesellschaft der KDFC die Korea Investment Finance Corporation (KIFC) 1971 gegründet[126] wurden, führten bisher zu ganz wenigen positiven Resultaten[127].

Trotz der Kapitalbildung und der den Wertpapiermarkt fördernden Maßnahmen kann der südkoreanische Wertpapiermarkt immer noch nicht die Funktion der Mobilisierung inländischen Kapitals erfüllen.

Heute existieren in Südkorea nur zwei Börsen unter der Bezeichnung „Koreanische Wertpapierbörse“ und „Pusanaktienbörse“[128].

Die Gründungen von weiteren neuen Börsen in den verschiedenen Industriezentren würden den Umfang der Finanzierung über den Kapitalmarkt erweitern und seine Funktion als Mobilisator des Kredits besser erfüllen. Vor allem muß dabei vermieden werden, daß durch Zersplitterung und Einengung des Wertpapiermarktes keine echte Wettbewerbspreisbildung zustandekommt.

2. Die Aufgabe des Bankensystems zur Entwicklung des einheimischen Kapitalmarktes

Wie oben bereits erwähnt, liegen die Verhältnisse auf dem südkoreanischen Kapitalmarkt sehr kompliziert. Um die Aufwärtstendenz dieses Kapitalmarktes zu beschleunigen, müssen alle geeigneten Förderungsmaßnahmen eingeleitet werden.

---

[124] Vgl. *Koreanische Wertpapierbörse* (Hrsg.): Die 10jährige Geschichte der Koreanischen Wertpapierbörse (koreanisch), Seoul 1970, S. 290 ff.

[125] Vgl. *Geis*, H. G.: Die entwicklungspolitische Wirksamkeit von Entwicklungsbanken, S. 186.

[126] Vgl. ebenda, S. 246 ff. sowie § IV, Abs. 12 des Gesetzes über die Kapitalmarktsförderung vom 22. 11. 1968.

[127] Vgl. *Geis*, H. G.: Die entwicklungspolitische Wirksamkeit von Entwicklungsbanken, S. 186.

[128] Die im Jahre 1972 in Pusan gegründete „Pusanaktienbörse“ hat noch keine große Bedeutung erlangen können.

Die Entwicklung eines Kapitalmarktes wird aber von vielen Faktoren beeinflußt und bestimmt, und zwar von politischen (währungs- und steuerpolitischen), von wirtschaftlichen sowie von psychologischen[129].

Demnach fällt sowohl dem Staat, dem Bankensystem als auch den Unternehmen bei der Förderung des Kapitalmarktes eine große Aufgabe zu.

Dieser Abschnitt beschränkt sich jedoch auf die Aufgabe des Bankensystems zur Entwicklung des einheimischen Kapitalmarktes und seiner Funktionsfähigkeit[130].

In der derzeitigen Phase der Bemühungen um eine verstärkte Sparkapitalbildung durch den Kapitalmarkt besitzen die Banken eindeutige Vorzüge. Man sollte vor allem hierbei an den möglichen Übergang vom „Kye-Sparen" zum Bankkontensparen sowie vom Kontensparen weiterhin zur Wertpapieranlage denken.

Die Banken können neben ihrer Betätigung im Einlagen- und Kreditgeschäft auch als Emissionsinstitute und Wertpapierhändler fungieren[131]. Bei der Erfüllung dieser Aufgaben kommen nämlich den Banken ihre vielfältigen Verbindungen mit Sparern und Investoren zugute[132].

Sie können leicht und zuverlässig abschätzen, wann ein Kontensparer reif wird, in die Wertpapieranlage überzugehen. Durch die Einwirkung des Bankensystems mit einem weit verbreiteten Filialnetz und der möglichen Beratung bis hin in kleine Ortschaften kann dem Bankensystem eine große Plazierungskraft im breiten Publikum erwachsen und außerdem kann durch die Verbindung von Kreditgeschäften mit dem Emissionsgeschäft eine Qualitätsprüfung des Anleiheschuldners vorgenommen werden.

Die Banken, die seit längerer Zeit Geschäftsbeziehungen zu Unternehmen unterhalten, können sich andererseits zusammensetzen, um als Vertraute in allen Fragen der Finanzierung alle vorkommenden Konsortialgeschäfte eines Unternehmens gemeinsam durchzuführen. Sie können als erste von den anstehenden Finanzierungsproblemen erfahren und durch ihren fachmännischen Rat maßgebend zu ihrer Lösung beitragen, weil sie imstande sind, sowohl den Wünschen der Einleger nach höherer Liquidität ihrer Geldanlage als auch den Wünschen ihrer

---

129 Vgl. *Blessing*, K.: Kapitalmarktfragen, in: Die Aktiengesellschaft, Zeitschrift für das gesamte Aktienwesen, Jg. 2 (1957), H. 11, S. 245.

130 Weitgehende Analysen der übrigen Faktoren müssen im Rahmen einer speziellen Arbeit über den Kapitalmarkt angestellt werden.

131 Vgl. *Feith*, H.: Wachsende Finanzierungsbedürfnisse als Herausforderung an den Kapitalmarkt, hrsg. vom Vorstand der Frankfurter Wertpapierbörse, Frankfurt a. M. 1972, S. 10.

132 Vgl. ebenda, S. 11.

Kreditnehmer nach mittel- und längerfristig verfügbaren Darlehen Rechnung zu tragen. Umgekehrt erweitert der Wertpapiererwerb durch das Publikum den Spielraum der Banken für eine rentablere Direktkreditgewährung und verschafft eine Erleichterung im kurzfristigen Kreditgeschäft, da die Vorfinanzierung der Industrie bei den Banken mittels Emission von Anleihen bzw. Aktien konsolidiert wird[133].

In dieser Hinsicht fällt den Banken zwangsläufig eine wichtige Aufgabe zu. Da nämlich sowohl der Seouler „Koreanischen Wertpapierbörse" als auch der neuen Pusan-Aktienbörse für eine Direktemission die Finanzierungsgrundlage fehlt, kann in Südkorea häufig z. B. die Aktienemission der Industrieunternehmen nicht direkt an der Börse untergebracht werden[134], weshalb sie zunächst von den Banken einzeln oder in Konsortien aufgenommen werden muß.

Die Banken müssen dabei den Eigenkapitalbedarf der Aktiengesellschaften finanzieren und dann deren Aktien langsam, unter Berücksichtigung eines schwankungsfreien Aktienkursniveaus, an der Börse absetzen, um ihre Vorfinanzierung zu konsolidieren. Langfristig gesehen muß aber die Vorfinanzierung durch die Banken an die Börse verlegt werden, damit im Wettbewerb an der Wertpapierbörse eine eigene Finanzierungsbasis aufgebaut werden kann.

Die Banken können also als Träger des Emissions- und Plazierungsgeschäfts sowie als Selbstanleger am Kapitalmarkt eine sehr bedeutsame Rolle spielen. Die Ausgabe von Schuldverschreibungen und Aktienemissionen hat nämlich große Auswirkungen auf die Gegebenheiten des Kapitalmarktes und beeinflußt diesen in starkem Maße. Eine wichtige Aufgabe des Bankensystems besteht somit darin, Empfehlungen hinsichtlich der Reihenfolge, des Umfangs und der Ausstattung der anstehenden Emissionsvorhaben der Schuldner abzugeben und deren Wünsche am Kapitalmarkt zu koordinieren.

Die Banken können durch ihre Beratung auch Einfluß auf die Art und Ausstattung einer Anleihe ausüben und darauf achten, daß solche Finanzierungstitel mit Sicherheiten am Kapitalmarkt angeboten werden, die das Vertrauen der Gläubiger verdienen.

Es soll auch nicht ausgeschlossen werden, daß die Banken als Emissionsbeauftragte bei Neu-Emissionen auf die Marktlage Rücksicht nehmen und durch geeignete zeitliche Abstimmung dafür sorgen, daß der Wertpapiermarkt nicht überlastet wird.

---

[133] Vgl. *Rosen*, R. v.: Der Zentrale Kapitalmarktausschuß, Ein Modell freiwilliger Selbstkontrolle der Kreditinstitute, Frankfurt a. M. 1973, S. 98.

[134] Vgl. *Koreanischer wirtschaftlicher Entwicklungsverband* e. V. (Hrsg.): Bericht über Probleme der Kapitalmarktförderung, S. 155 f.

So setzt die Entwicklung eines Kapitalmarktes die erfolgreiche Abwicklung des Effektengeschäftes der Banken voraus. Sie sollen künftig als Dienstleistungsinstitute ihre Dienste besonders am Effektenmarkt zur Verfügung stellen. Darin ist eine weitere wichtige Aufgabe der Banken zu sehen, nämlich die Entwicklung des einheimischen Kapitalmarktes zu beschleunigen. Diese Aufgabe geht weit über eine reine Kapitalvermittlungstätigkeit hinaus; denn die Banken sollen in der Lage sein, sowohl den Anlegern von Finanzierungsmitteln als auch denjenigen, die Kreditmittel nachfragen, eine breite Palette von Anlagemöglichkeiten bzw. Kreditbeziehungen zu bieten, die den vielfach divergierenden Bedürfnissen gerecht wird[135].

Außerdem sollen sich die Banken darum bemühen, die Freiheit des Kapitalmarktes zu erhalten. In Südkorea erstreckt sich nämlich der Genehmigungszwang auch auf die Aktienkäufe durch die Banken aus, was im Zusammenwirken mit den staatlichen bzw. zentralbankpolitischen Maßnahmen zur Inflationsbekämpfung die Entwicklung des Kapitalmarktes, vor allem aber die Kurse der Wertpapiere am Kapitalmarkt, drückt.

Von diesem entwicklungsbedürftigen Kapitalmarkt müßten somit künftig alle Hindernisse, die durch die Kreditlenkungs- bzw. Restriktionspolitik entstehen, ferngehalten werden.

Eine beschleunigte Entwicklung des Kapitalmarktes und damit die Gewinnung seiner Funktionsfähigkeit, ist notwendig für die gesamtwirtschaftliche Entwicklung Südkoreas.

Ferner soll die Entwicklung des südkoreanischen Wertpapiermarktes die Eigentumsbildung in breiten Volksschichten fördern. Eine breitere Streuung des Eigentums an den Produktionsmitteln kann erreicht werden, indem möglichst breite Kreise für das Wertpapiersparen und den Aktienbesitz interessiert werden. Hierzu können in erster Linie die Banken beitragen. In diesem Zusammenhang liegt die wichtige Aufgabe des Bankensystems in der Beratung des Kunden. Dies ist aber in Südkorea in einer so konsumfreudigen Zeit wie heute sicher kein leichtes Unterfangen.

Aber so würde sie der Entwicklung der wirtschaftspolitischen Zielsetzung entsprechen, das hohe Sparvermögen der privaten Haushalte für die Ausstattung der südkoreanischen Industrieunternehmen mit Eigenkapital zu mobilisieren.

---

[135] Vgl. *Buch*, T.: Die Rolle der Institutionen am deutschen Kapitalmarkt, in: Die Rolle von Institutsgruppen und Kapitalsammelstellen am deutschen Kapitalmarkt, (Probleme des Kapitalmarktes, Kolloquien-Beiträge 4), Frankfurt a. M. 1972, S. 17.

Dazu bedarf es eines funktionsfähigen Bankensystems. Denn wo der Kapitalmarkt gefördert werden muß, muß zuvor das Kontensparen, sowie das sich daran anschließende Wertpapiersparen durch das Bankensystem gefördert werden[136].

---

[136] Vgl. *Becker*, W. D.: Die Sparkassen im Kapitalmarkt, in: Sparkasse, Jg. 88 (1971), H. 12, S. 241.

Schlußbetrachtung

I. Ergebnisse der Untersuchung

Aufgabe der vorliegenden Arbeit war es, die Bedeutung des südkoreanischen Bankensystems für die wirtschaftliche Entwicklung zu analysieren. Daher wurde im Verlaufe dieser Untersuchung versucht zu zeigen, welche spezifische Bedeutung bei der gesamtwirtschaftlichen Entwicklung dem Finanzierungsbeitrag des Bankensystems zukommt und in welcher Weise künftig das südkoreanische Bankensystem bei der Mobilisierung von einheimischen Kapitalmitteln zur Weiterentwicklung der südkoreanischen Volkswirtschaft beitragen kann.

Um auf die gestellten Fragen antworten zu können, wurde überprüft, in welcher Weise und in welchem Maße die Schaffung von Investitionsmitteln zur gesamtwirtschaftlichen Entwicklung auf den Kreditapparat des Bankensystems angewiesen war und ist.

In den ersten beiden Teilen wurde versucht, einen Überblick über den sozio-ökonomischen Rahmen und die historische Entwicklung sowie den gegenwärtigen Stand des Bankensystems in Südkorea zu geben, da sich daraus bereits gewisse Anhaltspunkte über die finanzielle Ausgangslage Südkoreas und die an die Entwicklung der Finanzierungsmöglichkeiten gestellten Anforderungen gewinnen lassen.

In den beiden letzten Kernteilen ging die Untersuchung einmal von dem Gesichtspunkt der quantitativen und qualitativen Einflüsse auf den wirtschaftlichen Entwicklungsprozeß in Südkorea aus, wobei geprüft wurde, inwieweit das Bankwesen als aktives Instrument zur Betonung gesamtwirtschaftlicher Entwicklungsprozesse bisher herangezogen worden ist, und zum anderen von dem Gesichtspunkt der zukünftigen Förderung des wirtschaftlichen Entwicklungsprozesses mit dem Ziel, die Aufbringung der für die weitere Entwicklung der südkoreanischen Volkswirtschaft notwendigen Kapitalmittel durch das einheimische Bankensystem zu erleichtern.

Die Ergebnisse der Untersuchung lassen sich wie folgt zusammenfassen:

Südkorea bemühte sich in den 60er Jahren, durch eine rasche gesamtwirtschaftliche Entwicklung möglichst schnell den Anschluß an den Entwicklungsstand der Industrieländer zu gewinnen.

Das Konzipieren nationaler Entwicklungsziele nach der politischen Unabhängigkeit 1945 sowie die Fünfjahresentwicklungspläne seit Anfang der 60er Jahre führten stufenweise zu einer Anpassung des Bankensystems an die jeweilige wirtschaftliche Situation in Südkorea.

Damit ist die Entwicklung des südkoreanischen Bankensystems eng mit den Fortschritten der südkoreanischen Wirtschaft verbunden.

Die staatliche Wirtschaftsentwicklungspolitik Südkoreas ist bestrebt, die Geld- und Kreditpolitik dem Verfügungsbereich der Regierung zu unterstellen, womit sie dem Bankensystem nur ein Minimum an Freiheit läßt und sämtliche Geschäfte der Bankwirtschaft reglementiert.

Die währungspolitischen Instrumente der Zentralbank sollten auf die Steuerung der Wirtschaftsstruktur nach Prioritätskriterien wirken. Die Exportindustrie wurde dabei bevorzugt gefördert, da die südkoreanische Entwicklungspolitik sehr stark wachstumsorientiert ist und in den vergangenen Jahren nur die Exportsteigerung als Wachstumsindiz betrachtet hat.

Im Verlaufe der wirtschaftlichen Entwicklung in den 60er Jahren wurden beträchtliche Auslandsmittel für Industrieinvestitionen eingesetzt. Unter Einsatz dieser großen ausländischen Kapitalmengen sowie der Zentralbankgeldschöpfung gelang es, in Südkorea die industriellen Fortschritte soweit voranzutreiben, daß die südkoreanische Wirtschaft in einem sicheren Aufwärtstrend zu sein scheint.

Die Weiterentwicklung der südkoreanischen Volkswirtschaft kann in Zukunft nicht mehr primär durch ausländisches Kapital finanziert werden, da der Zustrom von Auslandsmitteln seit Beginn der 70er Jahre nachläßt.

Das Bankensystem soll daher notwendigerweise zur Mobilisierung der einheimischen Sparkapitalbildung verstärkt herangezogen werden.

Die Entwicklung des Kapitalaufkommens des südkoreanischen Bankensystems in den 60er Jahren ist mit großen Problemen verbunden. Während bei den Geschäftsbanken zum Beispiel seit der Zinsreform 1965 die Einlagen erkennbar zunahmen, zeigt die Entwicklung des Kapitalaufkommens bei den Spezialbanken eine enorme Zunahme der Abhängigkeit von der Regierung sowie von ausländischen Quellen.

Die sich daraus ergebende Abhängigkeit des Spezialbankensystems von der Regierung bzw. der Zentralbank sowie von Auslandsmitteln kann insofern ein ernstes Problem werden, als künftig die Existenzfrage einiger Spezialbanken, insbesondere der KDB, dadurch berührt werden kann. Die Analyse zeigt, daß die Entwicklung des Mittelaufkommens des Bankensystems mit dem zwangsläufig expandierenden langfristigen Investitionskreditbedarf nicht Schritt halten konnte.

Da dennoch der überwiegende Teil des Kapitalbedarfes der südkoreanischen Industrieunternehmen durch Bankkredite aufgebracht wird, besteht in Südkorea ein dauernder Trend zur Überschußnachfrage nach Bankkrediten. In der Regel halten viele Unternehmer ihre Gewinnchancen bereits dann für gegeben, wenn sie Bankkredite erhalten.

Allen weit verzweigten Anforderungen der gesamtwirtschaftlichen Entwicklung sind die internen Kapitalbildungsmöglichkeiten in Südkorea nur wenig gewachsen, da der noch niedrige Lebensstandard im Lande lediglich eine bescheidene Zunahme der Kapitalbildung zuläßt.

In dieser Diskrepanz zwischen Finanzierungsanforderungen einer weiteren Industrialisierung und den gegebenen begrenzten Möglichkeiten ist die Hauptproblematik der südkoreanischen monetären Entwicklungspolitik zu sehen, zumal sich das gesetzte Ziel der Industrialisierung Südkoreas nur unter großem Einsatz von Kapitalmitteln verwirklichen läßt.

Die Ursache für den außerordentlichen Investitionsbedarf im Zuge der Industrialisierung ist die Notwendigkeit hoher Investitionen im Bereich der technischen und sozialen Infrastruktur, die als Grundlage des erforderlichen Industrieentwicklungsprozesses dienen soll.

Zudem muß Südkorea mit einer immer noch niedrigen einheimischen Kapitalbildung eine äußerst teure, aber industriell notwendige Maschinerie finanzieren. Dazu kommt noch, daß für die Weiterentwicklung der südkoreanischen Volkswirtschaft ein leistungsfähiges, modernes Transportsystem mit entsprechendem Automobilverkehr erforderlich ist, wozu auch ausgebaute Straßennetze sowie Kraftstoff benötigt werden. Mangels eigener Ölquellen in Südkorea werden daher weitere erhebliche Devisenausgaben notwendig.

Ein weiterer Aspekt kommt hinzu: Mit der Zunahme der Bevölkerung und der wachsenden Industrie ist der Nahrungsmittelbedarf erheblich gestiegen. Um diesen Bedarf decken bzw. unerwünschte Nahrungsmitteleinfuhren vermeiden zu können, muß eine Erhöhung der Produktion der Land- und Fischereiwirtschaft angestrebt werden. So gehört die Steigerung der Nahrungsmittelproduktion zu den Hauptpostulaten der Entwicklungsbemühungen im Bereich des primären Wirtschaftssektors, zumal die Kluft zwischen den ländlichen Gebieten und den Städten wegen der übereilten Industrialisierungsbestrebungen in den 60er Jahren erheblich vergrößert wurde.

Die stagnierenden Fortschritte des Primärsektors sind neben anderen Ursachen zunächst auch aus finanziellen Problemen zu erklären, da eine Steigerung der landwirtschaftlichen Produktion beispielsweise die Intensivierung der Bebauung und die Anwendung von neuen Anbautechniken verlangt, wozu vor allem ein hoher Kapitaleinsatz unerläßlich ist.

Die für die Bauern und Fischer bereits eingerichteten Kreditinstitute — nämlich NACF und CFOFC — sind aber infolge mangelnden Kapitals weit davon entfernt, den gesamten Kreditbedarf des primären Wirtschaftssektors decken zu können.

Nachdem die wesentlichen finanziellen Probleme in der südkoreanischen Wirtschaft, die Notwendigkeit der Industrialisierung sowie der Förderung des primären Sektors analysiert sind, zeichnet sich hinsichtlich der Bedeutung des Bankensystems eine Problematik ab, die auch die Vorschläge im Verlauf dieser Untersuchung zur Mobilisierung der einheimischen Sparkapitalmittel für die Weiterentwicklung der südkoreanischen Wirtschaft bestimmt.

In dem folgenden Teil der zusammengefaßten Ergebnisse sollen die wichtigsten Empfehlungen wiedergegeben werden.

II. Möglichkeiten einer Mobilisierung des einheimischen Sparkapitals durch das Bankensystem für die gesamtwirtschaftliche Weiterentwicklung

Die starke Machtposition der Regierung im Bankbereich und die damit verbundene Zurückhaltung des südkoreanischen Bankensystems gegenüber der Regierung erschweren vor allem die erforderlichen Innovationen der Bankwirtschaft.

Da die Ursachen für die oben erwähnten Mängel weniger bei der Verwaltung der Bankwirtschaft selbst als vielmehr in ihrer Konstruktion sowie dem starken Einfluß der Regierung zu suchen sind, kann eine rasche Verbesserung ihrer Effizienz zur Mobilisierung von Finanzmitteln nur schwer erwartet werden.

Es kommt in erster Linie nur darauf an, daß die Regierung die ernste Absicht hat, die notwendigen Reformen der Bankwirtschaft durchzuführen.

Dazu gehört, daß zunächst die Regierung bzw. die Zentralbank eine gegen die Inflation gerichtete Geld- und Kreditpolitik betreibt. Die von der Regierung vor allem in den 60er Jahren durchgeführte inflationistische Geldschöpfungspolitik muß weitgehend eingeschränkt werden. Um eine Kapitalmobilisierung durch freiwilliges Sparen beim Publikum intensiv zu fördern, muß die Sicherung und Wertbeständigkeit der Ersparnisse gewährleistet sein. Alle Bemühungen, einen großen Teil der Entwicklungsfinanzierung durch das einheimische Sparaufkommen zu realisieren, müssen demzufolge in entsprechenden Maßnahmen der Regierung ihren Anfang finden. Ansonsten läßt sich die erwähnte Problematik des Engagements des gesamten Bankensystems sowie der Effizienz mangels staatlicher Spezialbanken zur Mobilisierung der Finanzmittel aus vorhandenen einheimischen Ersparnissen nicht schnell und leicht lösen.

Die Wirtschaftspolitik Südkoreas basiert aber auf dem Prinzip der direkten staatlichen Einzelsteuerung und negiert die Vorteile der mehr indirekten Lenkung. Daraus folgt, daß jede Kreditentscheidung durch die aufgrund der Kreditselektion bzw. Zinsreglementierung eingeschränkte Konkurrenz unter den Banken mit den Mängeln des administrativen Monopols belastet wird.

Um die Finanzierungslücke bei den für die weitere Entwicklung der südkoreanischen Volkswirtschaft erforderlichen Investitionen decken zu können, muß die Regierung durch den Aufbau eines allgemein verbreiteten Sparkassensystems das einheimische freiwillige Sparaufkommen der Bevölkerung mobilisieren. Die Bevölkerung kann ihr Sparverhalten nicht ändern, wenn nicht genügend Bankfilialen vorhanden sind, um die Einlagen des Sparers entgegenzunehmen.

Von dem gesamten südkoreanischen Bankensystem sind die Korea-Entwicklungsbank (KDB) und die Bank für Mittel- und Kleinbetriebe (MIB) die größten Entwicklungsbanken, die in der Hauptsache als Vollzugsapparate der Regierung fungieren und im Laufe der 60er Jahre ihren Beitrag zum Aufbau der südkoreanischen Industrie geleistet haben.

Der Mangel an anlagebereitem Geldkapital bei gleichzeitig wachsendem Bedarf wirkte sich in einer Verteuerung bzw. Knappheit des Geldkapitals für Investitionen in der Industrie aus. Die südkoreanische Großindustrie ist also in der Regel gezwungen, ihren langfristigen Kapitalbedarf überwiegend mit Hilfe dieser Spezialkreditinstitute zu dekken.

Die überwiegende Bankkreditfinanzierung der Industrieunternehmen schränkt aber die Unabhängigkeit der Unternehmen ein, da die verschuldete Industrie in die Abhängigkeit des Bankensystems gerät, das seinerseits wiederum von der Zentralbank bzw. der Regierung abhängt. Deshalb sollten die Banken von sachfremden Einflüssen, nämlich von politischer Seite, freigehalten werden, um sich lediglich um die industriellen Fortschritte auf der Grundlage einer engen Zusammenarbeit mit der Industrie zu kümmern.

Die Bankwirtschaft sollte aus unabhängigen Instituten mit Erwerbscharakter bestehen, die ausreichende Wettbewerbsmöglichkeiten haben und mit eigenem Entscheidungs- und Verantwortungsbereich über die Ablehnung oder Bewilligung von Krediten im Rahmen der ihnen zur Verfügung stehenden Mittel ausgestattet sind.

Es wäre daher zu wünschen, daß die Regierung zu einer liberalen Geld- und Kreditpolitik überginge, so daß die Zentralbank ihre Bemühungen um die Herstellung von Wettbewerbskonditionen in der Bankwirtschaft ernsthaft intensivieren könnte und eine kreditpolitische Autonomie der Bankwirtschaft hinreichend gegeben wäre.

Außerdem sollen unter allen Umständen die direkten Wege der Industriefinanzierung über die Emission von Industrieaktien bzw. -obligationen beschritten werden, wobei das Bankensystem als ein notwendiges komplementäres Finanzierungsinstrument betrachtet wird.

Das Bankensystem ist berechtigt, die Emissionen von Wertpapieren zu übernehmen, weshalb es sich bemühen müßte, die kapitalsuchenden Industrieunternehmen zur Ausgabe von Aktien oder Obligationen anzureizen.

Es läge sowohl im Interesse der kreditnehmenden Unternehmen als auch des Bankensystems, günstige Bedingungen für die jeweils nötige Kapitalmittelaufbringung durch Emissionen der Aktien bzw. Obligationen zu schaffen.

Dies kann aber nur dann Erfolg versprechen, wenn eine solide Grundlage sowohl für die Unternehmen als auch für das Bankensystem durch gute kooperative Zusammenarbeit geschaffen wird.

Die gesamtwirtschaftliche Entwicklung des Landes Südkorea macht die Mobilisierung aller möglichen Ressourcen erforderlich, zu deren Aktivierung alle Institutionen herangezogen werden müssen, unter denen neben dem Bankensystem ein funktionstüchtiger Kapitalmarkt als eines der wichtigsten Finanzinstitute einen besonderen Platz einzunehmen hat.

Die Förderung des einheimischen Kapitalmarktes muß daher notwendigerweise mit der Pflege der Bankwirtschaft parallel laufen, wenn die weitere Möglichkeit nicht ausgeschlossen werden soll, langfristige Mittel zur Investitionsfinanzierung zu mobilisieren.

Das südkoreanische Bankensystem, insbesondere das staatliche Spezialbankensystem, wird in Zukunft zur Beschaffung seiner Mittel für langfristige Investitionskredite auf den Kapitalmarkt angewiesen sein. Damit soll es ein notwendiges Anliegen des südkoreanischen Kapitalmarktes sein, breite Bevölkerungsschichten zu beteiligen, d. h. solche Kreise an der Kapitalaufbringung für die gesamtwirtschaftliche Entwicklung zu interessieren, die diesem Gedanken bisher aus historischen Gründen fernstanden.

Daneben müßte der Versuch unternommen werden, den aufgrund der traditionellen „Kye“ bestehenden privaten Geldmarkt so schnell wie möglich in den organisierten Kreditmarkt zu integrieren.

Dafür sind in erster Linie die Volksbank und die neu entstandene, aber noch nicht als vollwertiges Kreditinstitut anzusehende Bürgerkasse, deren Arbeitsweise der traditionellen Spargemeinschaft „Kye“ zugrundeliegt, sehr geeignet.

Dies wird allerdings nur dann erfolgversprechend sein, wenn der Bürger dem betreffenden neuen Institut volles Vertrauen entgegenbringen kann. Ferner ist es erforderlich, die neuen Gründungen der Lokalbanken mit einem weitreichenden Zweigstellennetz aufzubauen, um die Mobilisierung der ländlichen Sparmittel intensiv zu fördern.

Zwischen dem primären Wirtschaftssektor und dem Bankensystem muß es zu einer engeren Kooperation kommen, wozu jedoch einige Bedingungen zu erfüllen sind.

Die NACF und CFOFC müssen bei der Gewährung von Agrar- und Fischereikrediten schriftliche Aufzeichnungen des Landwirtes und der Fischer im Sinne einer Buchführung zur Bedingung stellen.

Durch eine regelmäßige Aufstellung eines Vermögensstatus würden sich die Landwirte bzw. Fischer über ihre finanzielle Lage informieren und feststellen können, ob sie mit oder ohne Erfolg arbeiten. Sie müssen vor allem wissen, ob sich eine Privatkreditaufnahme mit hohem Zinssatz überhaupt lohnt.

In diesen Überlegungen wird also die zentrale Aufgabe deutlich, die dem südkoreanischen Bankensystem bei der Mobilisierung der für die gesamtwirtschaftliche Entwicklung erforderlichen Kapitalmittel zufällt.

Kurz gefaßt lassen sie sich formulieren als ein Hinüberführen vom historischen „Kye“-Sparen zum Sparen beim Bankensystem, verbunden mit dem Aufbau eines weitverzweigten Filialnetzes. Weiterhin gehört es bei einer autonomen Abwicklung aller Kredit- und Spargeschäfte des Bankensystems dazu, vom Bankkontensparen auch zu Wertpapieranlagen zu kommen.

Summary

I. Research-Results

It was the object of this thesis to analyse the meaning of the South-Korean banking system for the economic development. In the course of this inquiry it was therefore attempted to show first which specific value the financial contribution of the banking system has for the over-all economic development, and in which way the South-Korean banking system can contribute in future to the mobilizing of national capital for further development of the South-Korean economy.

In order to answer the question at hand, it was investigated in which way and to which degree the procuring of investment capital for the national economic development has been and still is dependent on the credit mechanism of the banking system.

In the first two parts it was attempted to give a survey of the social and economical background and the historical development as well as a survey of the present form of the banking system in Korea, as from here certain criteria of the financial starting position of South-Korea and the demands in the development of financing possibilities can already be gained.

In the last two main parts the investigation once proceeded from the point of view of the quantitative and qualitative influences on the economical development in South Korea, whereby it was investigated to what extent the banking system has been made use of as an active instrument for supporting the national economic developing process. On the other hand the investigation proceeded from the point of view of the future support of the economic development with the aim to alleviate the raising of necessary funds through the domestic banking system for the further development of the South-Korean national economy.

The research results can be summarized as follows: South Korea attempted in the sixties, to attain the level of development of the industrialized nations as quickly as possible through a rapid economic growth.

After the political independence in 1945 the set aims for the national development as well as the Five-Year-Development-Plans since the beginning of the sixties gradually led to an adaption of the banking system to the respective economic situation in Korea.

Hereby the development of the South-Korean banking system is closely related to the progress of the South Korean economy. The economic state developing policy of South Korea is inclined to submit the financial and credit policy under the influence of the government, hereby granting the banks only a minimum of freedom and controlling all transactions of banking.

The instruments of monetary policy in the hands of the Central Bank are intended to influence the economic structure according to criteria of priority.

The export industries are hereby given preference, as the South Korean development policy is very growth oriented, and only the increase in exports has been considered the indication of growth in past years.

In the course of the economic development in the sixties considerable foreign capital was invested in the industries.

Through applying these large foreign capital means as well as through procuring of finances through the Central Bank, South Korea succeeded in promoting its industrial progress so far that the South Korean economy seems to be in a sound upward development.

The future development of the South Korean economy can no longer be financed through foreign capital, as the flow of foreign capital declined in the seventies.

The banking system therefore must apply itself necessarily more to the mobilization of domestic capital development.

The development of capital growth in the sixties in the South-Korean bank system is connected with large problems.

While the savings in the banks increased noticeably since the "Interest Reform" in 1965, the development of capital growth of the "Special Banks" shows a strong increase of dependence on the government as well as on foreign resources.

The resulting dependence of the "Special Bank System" on the government, respectively on the Central Bank, as well as foreign capital can become a serious problem in so far, as hereby the question of existence of some special banks, especially the KDB is raised.

The analysis showed that the development of the average savings of the bank system could necessarily not keep up with the expending long term demand for investment capital.

But since nevertheless the larger part of the investment capital for South Korean industries has to be raised through bank loans, a continous tendency to excessive capital demand exists. Many companies as a rule already are confident of gains, if they can acquire any form of bank loans.

The domestic possibilities of capital raising cannot cope with the widespread demands of the over-all economic development, since the low standard of living in the country permits only a modest increase in capital raising.

In this discrepency between financial demands through further industrialisation and the limited given opportunities lies the main problem of the South Korean monetary development policy, since the set aim of South Korea's industrialisation can only be realized through massive investment of capital.

The reason for the extraordinary investment needs in the course of the industrialisation is the necessity of high investments in the complex technical and social areas, which are to be the basis for the required industrial development process.

Still having a low domestic capital development herself, South Korea in addition has to finance an extremely expensive, but industrially necessary machinery. Besides, further development of the South Korean economy needs an efficient, modern traffic system with automobile traffic. Therefore a well-developed road system and fuel are required. Lacking oil resources herself, South Korea will therefore have to spend additional substantial financial means.

A further point has to the mentioned. With the growing of population and industries the food demand has risen considerably. In order to meet the demand and to avoid undesirable food imports, the country has to aim at a rise in the production in the agriculture and fishing industries. So the increase of food production is one of the major aims in the endeavours for developing the primary economic field, especially since the difference between the towns and the country has been enlarged through the precipitated attempts to industrialize in the sixties.

The slow progress in the primary economic field can also be explained through financial problems besides other reasons, since an increase in agricultural production, for instance, requires an intensification in farming and the application of new farming methods, wherefore high capital investment is necessary.

The banks NACF and CFOFC, established for the farmers and fishermen, are far from coping with the entire financial demands of the primary economic field, due to lack of funds.

After the basic financial problems of the South Korean economy and the necessity of industrialisation as well as the support for the primary economy have been analysed, a problem becomes evident for the significance of the bank system, which during this thesis is the basis for suggestions how to mobilize domestic savings for further development of the South Korean economy.

In the following part of the summarized results the most important suggestions shall be lined out.

II. Possibilities of mobilizing domestic savings through the bank system for the over-all further development

The powerful position of the government in the banking system and the related caution of the South Korean bank system towards the government burden the required innovations in the banking economy most of all.

Since the basic reasons for the above named weaknesses are less to be sought in the administration of the banking system itself rather than in its construction as well as in the strong influence of the government, a rapid improvement for their efficiency for mobilizing financial means can hardly be expected.

In the first place it is important that government has the serious intention to carry through the necessary reforms in the banking system.

To this end it is essential that the government, respectively the Central Bank, practices a finance and credit policy against inflation. Therefore, the inflationary money-creating policy practised by the government chiefly in the sixties has to be curbed(in) considerably. For, to mobilize capital growth through voluntary savings among the public intensively, the securita as well as the stability have to be guaranteed. Therefore all endeavours to realize a large part of the finances necessary for development through domestic savings must be started through appropriate measures of the government. However, the above mentioned problem of engaging the entire bank system as well as the question of efficiency due to the lack of special state banks for mobilizing finances existing domestic savings cannot be solved quickly and easily.

The economic policy of South Korea is based on the principle of direct and individual control and rejects the advantages of a more indirect government. The consequence is that every credit decision is encumbered through the limited competition of the banks due to the credit selection and interest control, and every decision is hampered through the unfavourable administrative monopoly.

In order to fill the gap for the investions required for the further development of the South Korean national economy, the government has to mobilize domestic voluntary saving of the people through developing a widespread savings bank system. For the people cannot change their attitude towards saving, if not enough bank branches exist to accept the funds of the clients.

Of the entire South Korean bank system the "Korea Development Bank" (KDB) and the "Bank for Small and Middle-Sized Firms" (MIB) are the largest development banks, which function mainly as executive instruments of the government and which contributed their share to the build-up of the South-Korean economy in the sixties.

The lack of investment capital at a time growing demand meant rising interest, respectively a shortage of investment capital for the industries. As a rule the large South Korean industries are therefore forced to cover their long-term financial demands through these special credit institutions.

But massive bank-credit financing of the industries curbs the independence of the companies, as the indebted industries become indebted to the bank system, which again depends on the Central Bank, that is on the government itself. Therefore the banks should be kept free from outside influence, namely from the political side, to be kept free, to devote themselves exclusively to the industrial progress on the basis of a close cooperation with the industries.

The banking system should consist of independent business institutions, which have sufficient possibilities for competition, and which are endowed with the right of independent decision and their own responsibility to reject or to grant loans in accordance with the means at their disposal.

It would be desirable that the government accepted a more liberal money and credit policy, so that the Central Bank could intensify its endeavours to establish competitive conditions for the banks, and that a sufficient political autonomy was granted for credit decisions of the banks.

Besides, the direct ways of industrial financing through issuing stocks and shares should be taken by all means, whereby the bank system is considered a necessary financial instrument.

The bank system has the right to give out stocks, therefore is should endeavour to stimulate capital-seeking companies to give out shares.

It would be in the interest of these credit-seeking companies, as well as the banks, to create favourable conditions for the necessary required capital through giving out stocks and bonds.

But such a move can only promise success if a solid foundation for the undertakings as well as for the banking system is guaranteed through good cooperation.

The over-all economic development of South Korea requires mobilizing of all resources possible. All institutions have to participate in this activating process, in which a functioning capital market besides the bank system will have to gain special meaning as one of the most important financial institutions.

The development of the domestic capital market must therefore run parallelly with the support of the banking system, if further possibilities shall be opened to mobilize long-term means for financing investments.

The South Korean bank-system, especially the state special banks, will in future depend on the capital market for further supplies of long-term investment credits. Therefore it has to be a necessity for the South Korean capital market to interest large groups of the population, i. e. such circles in raising capital for the economic development that so far have stood aside for historical reasons.

For this purpose the People's Bank and the newly founded Citizen's Bank, which has not yet gained full recognition as a credit institute, are well suited. The latter is working on the traditional basis of the Saving Corporation "Kye".

This, however, will only be promising if the citizen can fully trust in the respective new institution. Further it is important to build the new local bank system with a wide-spread network of branches, to mobilize intensively the savings in the rurel areas. Between the primary economy and the bank system a close cooperation has to develop, whereby, however, some conditions have to be met.

The NACF and CFOFC should demand book-keeping in the sense of accounting from the farmers and fishermen, when giving agricultural loans or fishery credit.

Through regular accurate survey of the farmers' and fishermen's state of property, these debters would inform themselves about their financial situation and would recognize, if they had worked with or without profit. First of all they have to know if taking private loans with high interest is at all worth-while.

In these thoughts the central meaning becomes apparent which the South Korean bank system has to assume in mobilizing the capital, required for the development of the national economy.

In short: It is the task to lead away from historically saving with the "Kye" system to saving at the banks and to form a wide network of branches.

It is further essential for an autonomous management of granting credit from saving in the banks to move from saving in bank accounts to dealing with bonds and obligations.

Literaturverzeichnis

I. Bücher, Dissertationen, Aufsätze in Zeitschriften und Sammelwerken

Ajam, M.: Kapitalbildung in landwirtschaftlichen Betrieben Westpakistans, in: Kuhnen, F. (Hrsg.): Sozialökonomische Schriften zur Agrarentwicklung, Saarbrücken 1971

Aksu, Y. Z.: Die Entwicklungsmöglichkeiten der türkischen Finanzmärkte, Diss. Erlangen-Nürnberg 1971

Alhadeff, D. A.: Competition and Controls in Banking, A Study of the Regulation of Bank Competition in Italy, France and England, Berkeley und Los Angeles 1968

Assad, M. M.: Das zentralbankpolitische Instrumentarium in ausgewählten Ostasiatischen Ländern, Diss. Erlangen-Nürnberg 1972

Aust, E.: Der Wettbewerb in der Bankwirtschaft, Grundzüge und Anregungen für eine allgemeine Theorie, Frankfurt/a. M. 1963

Baade, F.: Die Beziehungen zwischen landwirtschaftlicher und industrieller Entwicklung, in: Weltwirtschaftliches Archiv, Bd. 83 (1959)

Barth, H. J.: Zum Einfluß der schleichenden Inflation auf das wirtschaftliche Wachstum, Tübingen 1969

Bauer, P. T. und B. S. *Yamey*: The Economics of Under-Developed Countries, Cambridge 1957

Baumberger, H. B.: Möglichkeiten eines inflationsfreien Wirtschaftswachstums in Entwicklungsländern, Zürich und St. Gallen 1968

Becker, W. D.: Die Sparkassen im Kapitalmarkt, in: Sparkasse, Jg. 88 (1971), H. 12

Behrens, W. E.: Die Bedeutung staatlicher Entwicklungsplanung für die wirtschaftliche Entwicklung unterentwickelter Länder, in: Broermann, J. (Hrsg.): Volkswirtschaftliche Schriften, H. 94, Berlin 1966

Bela, B.: Industrial Policies in Taiwan and Korea, in: Weltwirtschaftliches Archiv, Bd. 106 (1971/I)

Bellinger, B.: Langfristige Finanzierung, Wiesbaden 1964

Blessing, K.: Kapitalmarktfragen, in: Die Aktiengesellschaft, Zeitschrift für das gesamte Aktienwesen, Jg. 2 (1957), H. 11

Blüm, G.: Die monetären Aspekte des wirtschaftlichen Wachstums, Diss. Marburg 1963

Boekedorff, J. v.: Bankpolitik im Wandel, in: Österreichs Bank-Archiv, Jg. 20 (1972), H. 6

Bombach, G.: Zur Theorie des wirtschaftlichen Wachstums, in: Weltwirtschaftliches Archiv, Bd. 70 (1953/I)

Borchardt, K.: Zur Frage des Kapitalmangels in der ersten Hälfte des 19. Jahrhunderts in Deutschland, in: Jahrbücher für Nationalökonomie und Statistik, Bd. 173 (1961)

Bosch, H. D.: Zur Vermögenssituation der privaten Haushalte in der Bundesrepublik Deutschland, Teil II, Ein tabellarischer Vergleich für die Jahre 1960/61 und 1969 aufgrund statistischer Erhebungen des Deutschen Sparkassen- und Giroverbandes, in: Voigt, F. (Hrsg.): Untersuchungen über das Spar-, Giro- und Kreditwesen, Bd. 60/II, Berlin 1971

Brahms, J.: Die Kapitalmarktentwicklung in der Bundesrepublik Deutschland und ihr Einfluß auf die Finanzierung der Unternehmungen, Diss. Münster 1969

Bremeier, E.: Struktur des Bankwesens in der Schweiz, Frankfurt/a. M. 1968

Breuer, H.: Die Industrialisierung Indiens unter dem Druck der steigenden Auslandsverschuldung, in: Broermann, J. (Hrsg.): Volkswirtschaftliche Schriften, H. 112, Berlin 1967

Bröker, G.: Kapitalmarkt, in: Enzyklopädisches Lexikon für Geld-, Bank- und Börsenwesen, 3. Aufl., Frankfurt/a. M. 1967/68

Buch, Th.: Die Rolle der Institutionen am deutschen Kapitalmarkt, in: Die Rolle von Institutsgruppen und Kapitalsammelstellen am deutschen Kapitalmarkt, (Probleme des Kapitalmarktes, Kolloquien Beiträge 4), Frankfurt/a. M. 1972

Büschgen, H. E.: Das Universalbankensystem, Frankfurt/a. M. 1971

Cammann, H.: Bankverstaatlichung — Ein Irrweg für Wirtschaft und Gesellschaft, in: Bank-Betrieb, Jg. 14 (1974)

Campbell, C. D. und G. *Tullock:* Some Little-Understood Aspects of Korea's Monetary and Fiscal Systems, in: The American Economic Review, Bd. 47 (1968)

Chandavarkar, A. G.: Wie wichtig ist Finanzierung für die Entwicklung? in: Finanzierung und Entwicklung, Jg. 10 (1973), H. 3

Choi, H. C.: The Economic History of Korea — From the Earliest Times to 1945, Seoul 1971

Choi, T. M.: Die graphische Erklärung der Koreanischen Wirtschaft (koreanisch), Seoul 1972

Claassen, E. M.: Probleme der Geldtheorie, Berlin, Heidelberg und New York 1970

Cramer, P.: Gunnar Myrdal und die Entwicklungsländer, in: Jahrbuch für die Ordnung von Wirtschaft und Gesellschaft, Bd. 19 (1968)

Denk, A.: Zahlungsbilanz, Wechselkurse und Währungsreserven nach dem Ende des Bretton-Woods-Systems, in: Österreichs Bank-Archiv, Bd. 9 (1974)

Deppe, H. D.: Die Ausdehnung des Zweigstellennetzes von Kreditinstituten als bankbetriebliches Führungsproblem, Sonderdruck aus Gegenwartsfragen der Unternehmensführung, Festschrift für W. Hasennack, Herne-Berlin 1966

Dittmar, M.: Inflation in Entwicklungsländern als strukturbedingtes Problem, Berlin 1966

Dobrinski, W.: Die Beziehungen zwischen moderner Wettbewerbstheorie und ökonomischer Realität im Realkreditsektor, Berlin 1964

Düvel, C.: Wettbewerbsfragen im Bankgewerbe, in: Zeitschrift für das gesamte Kreditwesen, Jg. 16 (1963), H. 18

Effenberger, H.: Wirtschaftssystem und Industrialisierung in den Entwicklungsländern, in: Broermann, J. (Hrsg.): Volkswirtschaftliche Schriften, H. 128, Berlin 1968

Ehrlicher, W.: Zur Neuordnung des Instrumentariums der deutschen Bundesbank, in: Kredit und Kapital, Jg. 6 (1973), H. 2

— Die volkswirtschaftliche Bedeutung der Formen des Sparens, in: Beiträge zur Theorie des Sparens und der wirtschaftlichen Entwicklung, in: Voigt, F. (Hrsg.): Untersuchungen über das Spar-, Giro- und Kreditwesen, Bd. 1, Berlin 1958

— Finanzierung des Wachstums in den Entwicklungsländern, in: Entwicklungsländer und Entwicklungspolitik, Nürnberger Abhandlungen zu den Wirtschafts- und Sozialwissenschaften, H. 21, Berlin 1963

Eisermann, G.: Die Rolle des Unternehmens in den Entwicklungsländern, in: Wirtschaft und Gesellschaft, Bd. 178 (1965)

Eisert, E.: Die Beeinflussung des Wirtschaftswachstums in Deutschland von 1883 bis 1913 durch das Bankensystem, Eine theoretische-empirische Untersuchung, in: Voigt, F. (Hrsg.): Untersuchungen über das Spar-, Giro- und Kreditwesen, Bd. 51, Berlin 1970

Emery, R. F.: The Financial Institutions of Southeast Asia, A Country-By-Country Study, New York, Washington und London 1970

Engel, G.: Geldmenge, Zinssatz, Bankenverhalten und Zentralbankpolitik, in: Weltwirtschaftliches Archiv, Bd. 165 (1970)

Esenwein-Rothe, I.: Die Struktur des Bankwesens als Gegenstand wirtschaftlicher Analyse, in: Voigt, F. (Hrsg.): Untersuchungen über das Spar-, Giro- und Kreditwesen, Bd. 9, Berlin 1959

Feith, H.: Wachsende Finanzierungsbedürfnisse als Herausforderung an den Kapitalmarkt, hrsg. vom Vorstand der Frankfurter Wertpapierbörse, Frankfurt/a. M. 1972

— Notenbankpolitik und Kapitalmarkt aus der Sicht der Banken, in: Bundesverband deutscher Banken (Hrsg.): Bank-Betrieb, Zeitschrift für Bankpolitik und Bankpraxis, Köln 1974

Fischer, J. A.: Zur Theorie der optimalen Währungsräume, Diss. Erlangen-Nürnberg 1973

Florschütz, W.: Das Geldsystem in einer Zentralverwaltungswirtschaft, am Beispiel DDR, Diss. Frankfurt/a. M. 1970

Floss, E.: Auswirkungen der Mindestreservepflicht unter besonderer Berücksichtigung der Sparkassen, in: Voigt, F. (Hrsg.): Untersuchungen über das Spar-, Giro- und Kreditwesen, Bd. 4, Berlin 1956

Frerich, J.: Ursachen und Wirkungen der regionalen Differenzierung der privaten Spartätigkeit in Industrieländern, in: Voigt, F. (Hrsg.): Untersuchungen über das Spar-, Giro und Kreditwesen, Bd. 45, Berlin 1969

Friedman, I. S.: Inflation — das weltweite Übel, dt. Übersetzung von Doris Schäfer, München 1974

Friedman, M.: The Quantity Theory of Money — A Restatement, in: Studies in the Quantity Theory of Money, Chicago 1956

Gamerdinger, D.: Der Kapitalmarkt in der Bundesrepublik und die Voraussetzungen seiner Funktionsfähigkeit, Diss. Tübingen 1959

Geiger, W.: Neuregelung der Sparförderung, Stuttgart 1969

Geis, H. G.: Die Geld- und Bankensysteme der Staaten Westfafrikas, München 1967

— Die entwicklungspolitische Wirksamkeit von Entwicklungsbanken, Fallstudien in Südostasien, Bd. 2, Fallstudien Thailand und Korea, Berlin 1972

Geis, H. G. und H. G. *Braun:* Entwicklungsbanken und Gewerbeförderung in afrikanischen Ländern, Stuttgart 1970

Glaeser, R.: Private Investitionen in Korea — Gesamtwirtschaftlicher Hintergrund und unternehmerische Daten — hrsg. von der Bundesstelle für Außenhandelsinformation, 1967

Gleske, L.: Notenbankpolitik, in: Enzyklopädisches Lexikon für das Geld-, Bank- und Börsenwesen, 3. Aufl., Frankfurt/a. M. 1967/68

Gräber, W.: Die Wirkungsgrenzen der amerikanischen Notenbankpolitik, Das Dilemma der Restriktionspolitik des Federal-Reserve-System, Frankfurt/a. M. 1966

Gropengießer, P.: Determinanten der Investitionsentscheidung in südasiatischen Entwicklungsländern, Diss. Berlin 1965

Gumpert, H.: Das kanadische Kreditwesen, Struktur und Tendenzen, Bankwirtschaftliche Studien, Folge 5, Würzburg 1971

Günther, H.: Die Wettbewerbssituation der Banken, in: Zeitschrift für das gesamte Kreditwesen, H. 10 (1972)

Gutenberg, E.: Grundlagen der Betriebswirtschaftslehre, Erster Band, Die Produktion, Berlin, Göttingen und Heidelberg 1963

Guth, W.: Der Kapitalimport in unterentwickelten Ländern, Tübingen und Basel 1957

Hahn, O.: Geldverleiher und Kreditvermittler = Winkelbankiers und Kredithaie? in: Zeitschrift für das gesamte Kreditwesen, H. 22 (1963)

— Die Währungsbanken der Welt, Bd. I, Institutionen und Organe, Stuttgart 1968

— Die Währungsbanken der Welt, Bd. II, Die Abhängigkeiten der Zentralbankleitung, Stuttgart 1968

— Struktur der Bankwirtschaft, 1. Teil, Typologische Betrachtung der Banken, Erlangen-Nürnberg 1972

— Struktur der Bankwirtschaft, 2. Teil, Die Universalbanken, Erlangen-Nürnberg 1972

— Struktur der Bankwirtschaft, 3. Teil, Die Spezialbanken im nationalen Bereich I (Die Investitionsbanken), Erlangen-Nürnberg 1973

— Bankpolitik in Nepal II, in: Zeitschrift für das gesamte Kreditwesen, H. 3 (1966)

Han, K. C.: Die Ursache von Sparbehinderung unseres Landes, in: Bank von Korea (Hrsg.): Sparen und Wachstum (koreanisch), Seoul 1969

Hankel, W.: Währungspolitik, Geldwertstabilisierung, Währungsintegration und Sparerschutz, 2. Aufl., Stuttgart, Berlin, Köln und Mainz 1972

Hax, K.: Japan, Wirtschaftsmacht des Fernen Ostens, Köln und Opladen 1961

Heil, J.: Die Pflege des Spargedankens, Bonn 1960

Hemmer, H. R.: Die Bedeutung ausländischer Direktinvestitionen für die wirtschaftliche Entwicklung der Dritten Welt, in: Zeitschrift für Wirtschafts- und Sozialwissenschaften, Jg. 92 (1972), H. 2

Herbert, S.: Räumliche Wirkung der Investitionen im Industrialisierungsprozeß, Analyse des regionalen Wachstums, Köln und Opladen 1966

Hesse, H.: Die Industrialisierung der Entwicklungsländer in ihren Auswirkungen auf den internationalen Handel, in: Jahrbuch für Sozialwissenschaft, Bd. 14 (1964)

— Der Einfluß des Staates auf die wirtschaftliche Entwicklung, in: Zeitschrift für die gesamte Staatswissenschaft, Bd. 117 (1961)

Hesse, K.: Das System der Entwicklungshilfen, Berlin 1969

Hesse, K. und W. *Ischinger*: Die Entwicklungsschwelle, Der Übergang vom Entwicklungsland zum entwickelten Land unter Einbeziehung von drei Testfällen, Berlin 1973

Hesselbach, W.: Funktion und Aufbau eines Bankensystems in Entwicklungsländern, Vortrag auf der Tagung der Friedrich-Ebert-Stiftung in Dakar 1970

— Die Bedeutung der Gemeinwirtschaft in der deutschen Volkswirtschaft, Schriftenreihe Gemeinwirtschaft, Nr. 1, Frankfurt/a. M. 1974

— Gemeinwirtschaftsbanken in Entwicklungsländern, Eine Modellstudie, in: Solidarität, Festschrift für A. Nau, Bonn-Bad Godesberg 1971

Hieber, M.: Außenhandel, wirtschaftliche Expansion und Preisniveau, in: Voigt, F. (Hrsg.): Untersuchungen über das Spar-, Giro- und Kreditwesen, Bd. 34, Berlin 1967

Hintner, O.: Geld-, Bank- und Börsenwesen, 36. Aufl., Stuttgart 1967

Hirschman, A. O.: The Strategy of Economic Development, New Haven und London 1958

Hoffmann, W. G.: Stadien und Typen der Industrialisierung, in: Weltwirtschaftliches Archiv, Bd. 103 (1969/II)

— Wirtschaftliche und Soziologische Probleme des technischen Fortschritts, Köln und Opladen 1952

Ho, F. Sh.: Das Bankwesen in China und seine Probleme, Diss. Müssen 1932

Holthus, M.: Der Aufstieg Japans zur Industrienation, in: Ortlieb, H. D. u. a. (Hrsg.): Hamburger Jahrbuch für Wirtschafts- und Gesellschaftspolitik, Jg. 14, Tübingen 1969

Hoynden, Y.: Arbeiterbanken in Japan, in: Bank für Gemeinwirtschaft (Hrsg.): Schriftenreihe Gemeinschaft, Frankfurt und Köln 1974

Huhle, F.: Sparwille und Sparfähigkeit als Komponenten der Spartätigkeit, Zur Entwicklung des privaten Kontensparens, in: Beiträge zur Theorie des Sparens und der wirtschaftlichen Entwicklung, in: Voigt, F. (Hrsg.): Untersuchungen über das Spar-, Giro- und Kreditwesen, Bd. 1, Berlin 1958

Hwang, B. J.: The Development Plan and Policy of Korean Industry (koreanisch), Seoul 1971

Hwang, J. H.: Das Schulwesen in Südkorea, Aufbau und Probleme, hrsg. vom Deutschen Institut für internationale Pädagogische Forschung, Weinheim/Berlin 1968

Ikeda, K., Y. Kato und J. *Tayoji:* Die industrielle Entwicklung in Japan unter besonderer Berücksichtigung seiner Wirtschafts- und Finanzpolitik, in: Voigt, F. (Hrsg.): Schriftenreihe zur Industrie- und Entwicklungspolitik, Bd. I, Berlin 1970

Janberg, H.: Zum Wettbewerb in der Bankwirtschaft, in: Zeitschrift für das gesamte Kreditwesen, Jg. 16 (1963), H. 9

Jenkis, H. W.: Funktionsfähiger Kapitalmarkt, Voraussetzung für eine freie und wachsende Wirtschaft, zum 20jährigen Bestehen der Zeitschrift „Der langfristige Kredite", in: Der langfristige Kredit, Jg. 21 (1970), H. 19

Johnson, H. G.: Beiträge zur Geldtheorie und Geldpolitik (Essays in Monetary Economics), dt. Übersetzung von Rudloff, H., in: Voigt, F. (Hrsg.): Untersuchungen über das Spar-, Giro- und Kreditwesen, Bd. 18, Berlin 1969

Jun, J. Y.: Entwicklung der koreanischen Wirtschaft (koreanisch), Seoul 1967

Kamp, M. E.: Aspekte der industriellen Entwicklung in der Bundesrepublik Deutschland, Vorträge aus Nationalökonomie und Finanzwissenschaft, Bonn 1968

Kanzenbach, E.: Die Funktionsfähigkeit des Wettbewerbs, Göttingen 1966

Kästner, K.: Gesamtwirtschaftliche Planung in einer gemischten Wirtschaftsordnung, Göttingen 1966

Kath, D.: Die Bedeutung des staatlichen Sparens für die Kapitalbildung und das Wirtschaftswachstums, in: Voigt, F. (Hrsg.): Untersuchungen über das Spar-, Giro- und Kreditwesen, Bd. 35, Berlin 1968

Kebschull, D.: Wachstum in Entwicklungsländern durch Exportsteigerung?, Kritische Anmerkungen zu einem Konzept, in: Ortlieb, H. D. u. a. (Hrsg.): Hamburger Jahrbuch für Wirtschafts- und Gesellschaftspolitik, Jg. 18, Tübingen 1973

Kiani, M.: Ansätze und Möglichkeiten der Geld- und Fiskalpolitik als Finanzierungsinstrumente einer gesamtwirtschaftlichen Entwicklungspolitik, dargestellt am Beispiel Persiens, in: Voigt, F. (Hrsg.): Untersuchungen über das Spar-, Giro- und Kreditwesen, Bd. 58, Berlin 1971

Kim, B. H.: „Kye", in: Das Große Wirtschaftslexikon (koreanisch), Seoul 1964

Kim, B. K.: Central Banking Experiment in a Developing Economy, Case Study of Korea, The Korean Studies Series, Bd. 12, Seoul 1965

Kim, C. Y.: Der Beitrag von Partnerschaftsunternehmen (Joint Ventures) zum Entwicklungsprozeß, dargestellt am Beispiel der Republik Korea, Diss. Köln 1971

Kim, H. C.: Die industriellen Mittel- und Kleinunternehmen in Korea als Basis der wirtschaftlichen Entwicklung, Diss. Köln 1961

Kim, J. I.: Möglichkeiten und Grenzen der Sozialpolitik in der gegenwärtigen sozial-ökonomischen Lage der Republik Korea, Diss. Münster 1972

Kim, J. U.: Das Finanzsystem (koreanisch), Seoul 1967

Kim, Y. S.: General Park Chung-Hee und Südkorea, in: Internationales Asien Forum, Jg. 1 (1970), H. 2

Klatt, S.: Zur Theorie der Industrialisierung, Hypothesen über die Bedingungen, Wirkungen und Grenzen eines vorwiegend durch technischen Fortschritt bestimmten wirtschaftlichen Wachstums, in: Voigt, F. (Hrsg.): Die industrielle Entwicklung, Abt. A, Untersuchungen zur Volkswirtschaftspolitik, Bd. 1, Köln und Opladen 1959

Klein, Ch.: Das zentralbankpolitische Instrumentarium der afrikanischen Entwicklungsländer im Commonwealth, Diss. Erlangen-Nürnberg 1970

Knall, B.: Wirtschaftserschließung und Entwicklungsstufen, in: Weltwirtschaftliches Archiv, Bd. 88 (1962)

Köhler, C.: Geldwirtschaft, Erster Band, Geldversorgung und Kreditpolitik, Berlin 1970

— Thesen und Gegenthesen, Bemerkungen zu Milton Friedmans monetärem Konzept des „New Liberalism", in: Weltwirtschaftliches Archiv, Bd. 105 (1970/I)

Köner, H.: Industrie und Landwirtschaft im Prozeß der wirtschaftlichen Entwicklung, in: Jahrbuch für Sozialwissenschaft, Bd. 17 (1966)

König, H.: Wachstum und Entwicklung der Wirtschaft, Berlin und Köln 1968

König, N.: Probleme der Kapitalbildung in Entwicklungsländern, Das thailändische Beispiel, in: Schriften der Bundesstelle für Außenhandelsinformation, Bd. 8, Berlin 1968

Köser, R. und H. *Pfisterer:* Die Notenbank, Ihre Aufgabe und Instrumente, Stuttgart 1969

Kraus, W.: Wirtschaftliche Integrationsbestrebungen in Ostasien, in: Internationales Asien Forum, Jg. 1 (1970), H. 3

Krelle, W.: Sparen und Investieren in der volkswirtschaftlichen Gesamtrechnung, in: Jahrbücher für Nationalökonomie und Statistik, Bd. 167, Heft 2/3, Stuttgart 1955

Krier, H.: Bedingungen und Wege industrieller Entwicklung in einem landwirtschaftlichen Gebiet wie der Bretagne, in: Weltwirtschaftliches Archiv Bd. 93 (1964)

Krusse, A.: Außenwirtschaft, Die internationalen Wirtschaftsbeziehungen, 2. Aufl., Berlin 1961

Kunze, Ch.: Änderungen in Bankpolitik und Bankwesen als Teil der Wirtschaftsreform der DDR, in: Voigt, F. (Hrsg.): Untersuchungen über das Spar-, Giro- und Kreditwesen, Bd. 62, Berlin 1972

Lang, S. M. und M. E. *Ruban:* Veränderungen im Bankensystem der DDR, in: Deutsches Institut für Wirtschaftsforschung (Hrsg.): Vierteljahreshefte zur Wirtschaftsforschung, H. 1, Berlin 1968

Lau, L.: Die Wechselkurspolitik der Entwicklungsländer, Diss. Hamburg 1961

Lee, C. S.: Die Problematik der Bestimmung der optimalen Investitionskriterien in der langfristigen Volkswirtschaftsplanung, Die gegenwärtigen Theorien und Kontroversen, Diss. Köln 1965

Lee, C. Y.: „Kye" und Sparen unseres Landes, in: Bank von Korea (Hrsg.): Sparen und Wachstum (koreanisch), Seoul 1969

— Struktur und Kreislauf der koreanischen Volkswirtschaft (koreanisch), Seoul 1962

— Financing and Capital Formation in Korea (koreanisch), Seoul 1970

Lee, H. I.: Project Selection and Evaluation, Formulation of an Investment Program, in: Adelman, J. (Hrsg.): Practical Approaches to Development Planning, Koreas Second Five-Year-Plan, Baltimore 1969

Lee, H. J.: Förderung des Kapitalmarktes und Sparen, in: Bank von Korea (Hrsg.): Sparen und Wachstum (koreanisch), Seoul 1969

Lee, J. H.: Neugestaltungsrichtung des Finanzsystems unseres Landes, in: Bankiersverein von Korea, Finanz (koreanisch), H. 4 (1971)

Lee, S. Y.: Neue Geld- und Finanztheorie (koreanisch), Seoul 1971

Lewis, W. A.: Die Theorie des wirtschaftlichen Wachstums, Tübingen und Zürich 1956

Lim, M. M.: Die Bankengeschichte in Korea (koreanisch), Seoul 1963

Lüthje, B.: Die Funktionsfähigkeit der deutschen Aktienbörse, Wirtschaftspolitische Studien 18, Göttingen 1970

Meimberg, R. und H. *Jürgensen:* Probleme der Finanzierung von Investitionen in Entwicklungsländern, in: Schriften des Vereins für Socialpolitik, Bd. 16 (1959)

Meyer-Dohm, P.: Entwicklungsprobleme unterentwickelter Länder, in: Ortlieb, H. D. u. a. (Hrsg.): Hamburger Jahrbuch für Wirtschafts- und Gesellschaftspolitik, Jg. 3, Tübingen 1958

Michaelies, A.: Wirtschaftliche Entwicklungsprobleme des Mittleren Ostens, in: Kieler Studien, Bd. 52 (1960)

Muddathir, A.: Die Industrialisierung der wirtschaftlich unterentwickelten afrikanischen Länder und ihre Auswirkungen auf die Weltwirtschaft, Ein Beitrag zur Lösung des Problems der wirtschaftlichen Arbeitsteilung, in: Broermann, J. (Hrsg.): Volkswirtschaftliche Schriften, H. 31, Berlin 1957

Mühlbauer, M.: Der Wettbewerb zwischen den Sparkassen und den ländlichen Kreditgenossenschaften, Diss. Nürnberg 1963

Mühl, J.: Bestimmungsgründe der Kapitalmarktentwicklung, in: Probleme der Ordnung und Regulierung des Kapitalmarktes, Frankfurt/a. M. 1973

Mujuni, F.: Das Auftreten inländischer Unternehmer in den Entwicklungsländern und ihre Beeinflussung durch die staatliche Wirtschaftspolitik, Diss. Erlangen-Nürnberg 1971

Mülhaupt, L.: Strukturwandlungen im westdeutschen Bankwesen, Wiesbaden 1971

Nam, D. W., S. Y. *Lee* und B. K. *Kim*: Determinants of Money Suppley and the Scope of Monetary Policy (koreanisch), Seoul 1966

— Probleme der Industrialisierung in Pakistan, Eine Untersuchung der Möglichkeit zu einer Übernahme des gemischten Bankensystems, Diss. Berlin 1961

Nurkse, R.: Problem of Capital Formation in Underdeveloped Countries, New York 1955

Nußbaumer, A.: Der Einfluß des Bankensystems auf Geldmenge, Masseneinkommen und Zinsbildung, in: Zeitschrift für Nationalökonomie, Bd. 20 (1960)

Oberhaus, M.: Die Entwicklung des Kapitalmarktes in der Bundesrepublik Deutschland seit 1958, Kieler Studien, Bd. 103 (1969)

Park, H. B.: A Study of Economic Growth in Korea (koreanisch), Seoul 1970

Park, H. K.: Die Finanzierung von Mittel- und Kleinbetrieben in Westdeutschland und Südkorea, Diss. Mannheim 1971

Park, S. J.: Die Wirtschaftsbeziehungen zwischen Japan und Korea 1910—1968, Schriften des Instituts für Asienkunde in Hamburg, Bd. 24, Wiesbaden 1969

Park, S. S.: The Banking System in Korea, Seoul 1968

Paschke, W.: Bestimmungsgründe des persönlichen Sparens, in: Voigt, F. (Hrsg.): Untersuchungen über das Spar-, Giro- und Kreditwesen, Bd. 17, Berlin 1961

Pearson, B.: Der Pearson-Bericht, Bestandsaufnahme und Vorschläge zur Entwicklungspolitik, Bericht der Kommission für Internationale Entwicklung, Wien, München und Zürich 1970

Pauw, E. J.: Das Bankwesen in Ostafrika, München 1969

Peter, H.: Die unterschiedlichen Auffassungen von der Wirkung des Sparens und die moderne Wachstumstheorie, in: Voigt, F. (Hrsg.): Untersuchungen über das Spar-, Giro- und Kreditwesen, Bd. 11, Berlin 1960

Predöhl, A.: Gedanken zu einer Theorie der wirtschaftlichen Entwicklung, in: Jürgensen, H., Predöhl, A., Schelsky, H. und F .Voigt (Hrsg.): Jahrbuch für Sozialwissenschaft, Bd. 18, Göttingen 1967

— Industrialisierung der Entwicklungsländer, in: Sieber, E .H. (Hrsg.): Entwicklungsländer und Entwicklungspolitik, Nürnberger Abhandlungen zu den Wirtschafts- und Sozialwissenschaften, H. 21 ,Berlin 1963

Rhee, P. W.: Die aktuelle Bedeutung von Friedrich List's Theorie der produktiven Kräfte für die Wachstums- und Entwicklungstheorie, Diss. Köln 1970

Rittershausen, H.: Bankpolitik, Frankfurt/a. M. 1956

Roll, Ch.: Hinterlassenschaften des Rhee-Regimes in Südkorea, in: Außenpolitik, Jg. 11, Stuttgart 1960

Rosen, R. v.: Der zentrale Kapitalmarktausschuß, Ein Modell freiwilliger Selbstkontrolle der Kreditinstitute, Frankfurt/a. M. 1973

Rostow, W. W.: Stadien wirtschaftlichen Wachstums, Eine Alternative zur marxistischen Entwicklungstheorie, Göttingen 1960

Rüstow, H. J.: Sparen, Investieren und wirtschaftliches Gleichgewicht, in: Jahrbücher für Nationalökonomie und Statistik, Bd. 167, Stuttgart 1955

Said, A. T.: Die Bedeutung des Bankensystems im wirtschaftlichen Entwicklungsprozeß Syriens, in: Voigt, F. (Hrsg.): Untersuchungen über das Spar-, Giro- und Kreditwesen, Bd. 67, Berlin 1972

Scharf, T.: Finanzierungsprobleme in den Entwicklungsländern, Methoden der makroökonomischen Eigen- und Fremdfinanzierung, in: Broermann, J. (Hrsg.): Volkswirtschaftliche Schriften, H. 90, Berlin 1965

Schick, W.: Das Bankwesen in Israel, Tübingen 1964

Schiller, K.: Möglichkeiten einer rationalen Entwicklungspolitik, in: Wirtschaftsdienst, Jg. 44, 1964

— Zur Wachstumsproblematik der Entwicklungsländer, in: Boettcher, E. (Hrsg.): Entwicklungstheorie und Entwicklungspolitik, Tübingen 1964

Schiller, O.: Die Stellung der Landwirtschaft und Industrie im Wachstumsprozeß der Entwicklungsländer, Berlin 1965

Schirmer, U.: Der Einfluß paramonetärer Institutionen auf die Vermögensbildung, das Kreditangebot und die Geldpolitik, in: Voigt, F. (Hrsg.): Untersuchungen über das Spar-, Giro- und Kreditwesen, Bd. 55, Berlin 1971

Schmölders, G.: Der Umgang mit Geld im privaten Haushalt, Berlin 1969

Schmölders, G. und H. *Rittershausen*: Moderne Investitionsfinanzierung, Essen 1959

Schneider, E.: Einführung in die Wirtschaftstheorie, III. Teil, 9. Aufl., Tübingen 1965

Schneider, P.: Die Stellung der Entwicklungsländer in der Weltwirtschaft, in: Konrad-Adenauer-Stiftung (Hrsg.): Aktuelle Probleme der Entwicklungspolitik, Beiträge zu Wissenschaft und Politik, Bd. 7, Mainz 1973

Schnittger, L.: Staatshaushalt und Finanzierung in Entwicklungsländern, Der öffentliche Haushalt im wirtschaftlichen Wachstum der Entwicklungsländer, Darmstadt 1963

Schüller, H.: Die Bedeutung von Zwangssparprozessen für die Industrialisierung der Entwicklungsländer, Diss. Bonn 1969

Schultze-Kimmle, H. D.: Japans Banken, in: Institut für Bank- und Kreditwirtschaft der Bayerischen Julius-Maximilian-Universität Würzburg (Hrsg.): Bankwirtschaftliche Studien, Folge I, Würzburg 1968

Schumpeter, J. A.: Das Wesen des Geldes, Göttingen 1970

Seifert, J.: Der Unternehmer in den Entwicklungsländern als Phänomen und Problem in der entwicklungswissenschaftlichen Forschung seit 1950, Diss. Mainz 1973

Shahin, A. M.: Rolle und Bedeutung von Geld und Banken in unterentwickelten Ländern, dargestellt am Beispiel Ägyptens, Diss. Basel 1970

Singer, H. W.: Probleme der Industrialisierung in unterentwickelten Ländern, in: Zeitschrift für Nationalökonomie, Bd. 15 (1956)

Somogiji, J.: Kapitalmarktzins, Sparen und Investieren, Frankfurt/a. M. 1971

Song, C. J.: Die Neugestaltung des Bankwesens in der Republik Korea nach dem Ende des Zweiten Weltkrieges, Diss. München 1963

Song, K. C.: Die Industrialisierung Koreas 1876 bis 1956 unter besonderer Berücksichtigung der wirtschaftlichen Probleme, Diss. Köln 1960

Spaetling, D.: Die Beziehungen zwischen dem institutionellen Aufbau des Geld- und Kreditsystems und dem wirtschaftlichen Wachstum, in: *Voigt*, F. (Hrsg.): Untersuchungen über das Spar-, Giro- und Kreditwesen, Bd. 32, Berlin 1966

Spindler, J. v.: Das wirtschaftliche Wachstum der Entwicklungsländer, Stuttgart 1963

Steffen, F.: Die Voraussetzung für einen funktionierenden Kapitalmarkt, in: Der langfristige Kredit, Jg. 21 (1970)

Stopper, E.: Der Ausbau des Instrumentariums der Schweizerischen Nationalbank, in: Gsell, E. (Hrsg.): Banken und Bankgeschäfte in der Schweiz, Bern und Stuttgart 1969

Strümpe, B.: Agrarische Stagnation und Bildungsstrategie in Entwicklungsländern, in: Zeitschrift für die gesamte Staatswissenschaft, Bd. 122 (1966)

Stützel, W.: Banken, Kapital und Kredit in der zweiten Hälfte des zwanzigsten Jahrhunderts, in: Strukturwandlungen einer wachsenden Wirtschaft, Schriften des Vereins für Socialpolitik, Bd. 30/I (1964)

Suhaib, M.: Sonderziehungsrechte und die Entwicklungsländer im Kontext der internationalen Handelsstrukturen, Diss. Frankfurt 1971

Suh, B. K.: Währungs- und Kreditpolitik Koreas (koreanisch), Seoul 1970

Stein, H. H.: Strukturwandlungen in der Anlagepolitik der Kreditbanken in der Bundesrepublik Deutschland von 1950 bis 1960, in: *Voigt*, F. (Hrsg.): Untersuchungen über das Spar-, Giro- und Kreditwesen, Bd. 23, Berlin 1964

Tarigul, A.: Einige Gesichtspunkte inländischer Kapitalbildung in Entwicklungsländern unter besonderer Berücksichtigung Pakistans, Diss. Berlin 1964

Timmermann, V.: Probleme und Möglichkeiten der Entwicklungsplanung, Die Strategie des Balanced Growth, in: *Schachtschabel*, H. J. (Hrsg.): Veröffentlichungen der Wirtschaftshochschule Mannheim, Bd. 17, Köln und Mainz 1967

Tjiam, T. G.: Die Beziehungen zwischen Inflation und Wachstum in den Entwicklungsländern, Diss. Köln 1969

Uhlig, C.: Entwicklungsländer und Gewerkschaften, Hamburg 1967

— Entwicklungshilfepolitik, Hamburg 1971

— Das Problem der Sozialkosten in der Entwicklungspolitik, Stuttgart 1966

Vakil, C. N., und *Brahmanand*, P. P.: Wirtschaftlicher Fortschritt in unterentwickelten Gebieten, in: Zeitschrift für Nationalökonomie, Bd. 15 (1956)

Vasos, G.: Die Beziehungen zwischen Banken und Industrie in Griechenland, Diss. Freiburg im Breisgau 1968

Veit, O.: Grundriß der Währungspolitik, Frankfurt/a. M. 1969

Villanuera, D. P.: Das Finanzsystem und der Spar-Investitionsprozeß in Korea und den Philippinen, in: Finanzierung und Entwicklung, Jg. 8 (1971), H. 2

Vogt, W.: Theorie des wirtschaftlichen Wachstums, Berlin 1968

Voigt, F.: Aussagefähigkeit und Erkenntnisgrenzen der modernen Wirtschaftstheorie, in: Beiträge zur Theorie des Sparens und der wirtschaftlichen Entwicklung, in: *Voigt*, F. (Hrsg.): Untersuchungen über das Spar-, Giro- und Kreditwesen, Bd. 1, Berlin 1958

— Der öffentliche Haushalt im Wirtschaftskreislauf, in: *Voigt*, F. (Hrsg.): Beiträge zur Finanzwissenschaft und Geldtheorie, Festschrift für Stucken, R., Göttingen 1953

— Der volkswirtschaftliche Sparprozeß, Berlin 1950

Voigt, F.: Die volkswirtschaftliche Bedeutung des Verkehrssystems, in: Verkehrswissenschaftliche Forschungen, Bd. 1, Berlin 1960

— Die Mitbestimmung der Arbeitnehmer in den Unternehmungen, in: Zur Theorie und Praxis der Mitbestimmung, Schriften des Vereins für Socialpolitik, Bd. 24/I (1962)

— Entwicklungshilfe und Entwicklungspolitik, unveröffentlichtes Manuskript, Bonn 1970

— Geld und Sparen im volkswirtschaftlichen Entwicklungsprozeß, in: Vorträge auf der Mitgliederversammlung des Verbandes der Deutschen Öffentlichen Sparkassen e. V., in Travemünde 1963, H. 8

— Industrie- und Gewerbepolitik, unveröffentlichtes Manuskript, Bonn 1970

— Probleme der Kapitalbildung, in: Sparkasse, Jg. 7 (1953), H. 2

— Verkehr und Industrialisierung, in: Zeitschrift für die gesamte Staatswissenschaft, Bd. 109 (1953)

— Währungspolitik, in: Handwörterbuch der Betriebswirtschaft, Bd. 4, 3. Aufl., Stuttgart 1962

Voigt, H. G.: Die Rolle der Stahlindustrie im Industrialisierungsprozeß der Entwicklungsländer, in: *Pfister*, B. (Hrsg.): Investitions- und Industrialisierungsprobleme in Entwicklungsländern, Berlin 1971

Voß, P.: Zielkonforme Ausgestaltung der Mindestreservepolitik, Neue Vorschläge zur Reform des traditionellen Systems, in: *Voigt*, F. (Hrsg.): Untersuchungen über das Spar-, Giro- und Kreditwesen, Bd. 61, Berlin 1972

Weise, H.: Probleme der Geld- und Kreditpolitik im Lichte des Radcliffe-Reports, in: Kieler Studien, Bd. 67 (1967)

Wessels, T.: Über die wirtschaftspolitische Konzeption des Wettbewerbs, in: *Greis*, F., und *Meyer*, F. W. (Hrsg.): Wirtschaft, Gesellschaft und Kultur, Berlin 1961

Wicke, L.: Der Einfluß der schleichenden Inflation auf die Vermögensbildung, hrsg. von der Konrad-Adenauer-Stiftung, Bonn 1972

Wilbrandt, H.: Agrarkrise und Rationalisierung, Landwirtschaftliche Einkommenssteigerung durch Produktionssteigerung, Diss. Berlin 1930

— Wandel der Agrarstruktur in den Entwicklungsländern, in: *Sieber*, E. H. (Hrsg.): Entwicklungsländer und Entwicklungspolitik, Nürnberger Abhandlungen zu den Wirtschafts- und Sozialwissenschaften, H. 21, Berlin 1961

Willms, M.: Der Inflationsprozeß in der Bundesrepublik und die Geldpolitik der Bundesbank, unveröffentlichtes Manuskript, Bonn 1971

Wolf, C.: Some Comments on Interest Rates in Korea, in: Monthly Economic Research, Bd. 6 (1961), Nr. 3

Woll, A.: Kritik in Friedmanns Konzept, in: Der Volkswirt, H. 46 (1969)

Zimmermann, L. J.: Arme und reiche Länder, Köln 1960

Zo, K. Z.: Die koreanische Wirtschaftsgeschichte (koreanisch), Seoul 1968

II. Amtliche und sonstige Veröffentlichungen sowie Zeitungen

Bankiersverein von Korea: Die 20jährige Geschichte der Finanzierung in Korea (koreanisch), Seoul 1967

Bank of Korea: Economic Statistics Yearbook 1971 and 1972

— Der 22. Jahresbericht für das Jahr 1971 (koreanisch)

— Die 15jährige Geschichte der Bank von Korea (koreanisch), Seoul 1965

— Die 20jährige Geschichte der Bank von Korea (koreanisch), Seoul 1970

Bundesstelle für Außenhandelsinformation (BfA): Mitteilungen der BfA, Jg. 22, Nr. 71, März 1972

— Mitteilungen der BfA, Jg. 23, Nr. 52, März 1973

Cheilbank: Die 40jährige Geschichte der Cheilbank (koreanisch), Seoul 1969

Choheungbank: Die 65jährige Geschichte der Choheungbank (koreanisch), Seoul 1962

Deutsche Bundesbank: Die Währungspolitischen Institutionen und Instrumente in der Bundesrepublik Deutschland (Sonderdrucke der Deutschen Bundesbank), Frankfurt/a. M. 1971

Economic Planning Board (Republic of Korea): Major Economic Indicators, Febr. 1970, Mai 1972

— Quarterly Economic Research, Bd. 15, Nr. 1, März 1970

— Korea Statistical Yearbook 1970 and 1971

— Wirtschaftsweißbuch für das Jahr 1971 (koreanisch)

Frankfurter Allgemeine Zeitung: „Südkorea ist auf dem Weg zur Industrienation" vom 25. 11. 1970

Generalkonsulat der Republik Korea in Hamburg: Gesetz über die Einfuhr von Auslandskapital, in der Fassung vom 12. April 1973, Hamburg 1974

Government of Republic of Korea: The Second Five-Year Economic Development Plan 1967—1971, Seoul 1966

— The Third Five-Year Economic Development Plan 1972—1976, Seoul 1971

Handelsblatt: „Südkorea forciert Industrialisierung mit niedrigsten Löhnen in Asien" vom 13. 3. 1969

Handels- und Industriekammer von Korea: Die ausgeglichene Entwicklung der Wirtschaft und Gesellschaft (koreanisch), Seoul 1971

Korea Development Bank: Industry in Korea, Seoul 1971

Korea Exchange Bank: Monthly Review, Bd. 2, Nr. 3, 1968

— Monthly Review, Bd. 3, Nr. 2, 1969

Korea Kommerzbank: Die 70jährige Geschichte der Korea Kommerzbank (koreanisch), Seoul 1969

Korea Stock Exchange: „Stock" (koreanisch), Okt. 1971 and März 1971

— Die 10jährige Geschichte der Koreanischen Wertpapierbörse (KSE), Seoul 1968 (koreanisch)

— Die 10jährige Geschichte der Koreanischen Wertpapierbörse (KSE), Nebenheft, Seoul 1970 (koreanisch)

Medium Industry Bank: Monthly Statistical Review, Nr. 67, Juli 1968

— Monthly Statistical Review, Nr. 69, Sept. 1968

Ministry of Foreign Affairs (Republic of Korea): The Laws and Regulations Pertaining to Foreign Capital Inducement 1970

Ministry of Finance (Republic of Korea): Weißes Papier des Sparens (koreanisch), 1971

— Bericht über die ähnliche Bürgerfinanzierungsunternehmen, unveröffentlichtes Material, Seoul 1972

— Gesetze über das Finanzwesen

Statistisches Bundesamt Wiesbaden: Allgemeine Statistik des Auslandes, Länderberichte Südkorea 1972

The Hankook Ilbo: (Koreanische Tageszeitung) vom 27. 3. 1974 sowie 28. 5. 1974 „Neue Erscheinung der privaten Kredite“

The Joongang Daily News: (Koreanische Tageszeitung) vom 3. 8. 1972

The Seoul-Kyungje-Sinmun: (Koreanische Wirtschaftszeitung) vom 11. 11. 1973

Verband für die Wirtschaftsentwicklung von Korea: Untersuchung über die Neugestaltung des Aufbaufinanzierungssystems (koreanisch), Seoul 1971

— Forschungsbericht über das Problem der Kapitalmarktentwicklung (koreanisch), Seoul 1969

Zentralverband der Landwirtschaftlichen Genossenschaften (ZVLG): Die Geschichte der Koreanischen Agrarfinanzierung (koreanisch), Seoul 1963

Sachwortverzeichnis

Druck:
CPI Druckdienstleistungen GmbH
im Auftrag der
Kolibri 360 GmbH
Ferdinand-Jühlke-Str. 7
99095 Erfurt

Kolibri 360 GmbH
Ferdinand-Jühlke-Straße 7
99095 Erfurt, Deutschland
produktsicherheit@kolibri360.de